JN299376

ロスト近代

資本主義の新たな駆動因

橋本 努

LOST MODERNITY
Tsutomu Hashimoto

弘文堂

はじめに

宴は終わり、下り坂を迎えた日本社会。私たちはこれから、どこへ向かうのだろう。

二〇〇六年にピークを迎えた日本の人口は、五〇年後にはその三分の二まで減るのではないかと言われている。平均的な可処分所得はすでに、一九九七年を境にして下落傾向に転じている。一人当たりの実質GDPもまた、二〇〇七年から下落傾向にある。大学生（下宿生）が一か月に使える平均的な生活費（住居費を除く）は、二〇一〇年には、最大時の一九九二年に比べて、四分の三の六万三、〇〇〇円にまで下がっているという。

「ポストモダン消費社会」を謳歌した日本の栄華は、もはや過去の話となってしまったのであろうか。代わって「失われた一〇年」とか「二〇年」といわれる低成長の時代が、すっかり定着してきた。ひょっとするとあと数年もすれば、日本はギリシアのような財政破綻国家になるかもしれない。あるいは日本の経済レベルは、新興諸国に追いつかれるかもしれない。そんな不安が、私たちの脳裏をよぎっている。

先々のことを考えると気が滅入ってくる。そうした時代の在り様を、本書はひとまず「ロスト近代」と呼んでみた。「ロスト近代」とは、「ポスト近代」社会が終焉し、斜陽に包まれた社会である。「ポストモダン」＝「ポスト近代」の後に訪れた社会である。贅沢な記号消費に彩られた「ポスト近代」社会が終焉し、斜陽に包まれた社会が到来した結果、私たちの思考習慣はいま、根底から揺らいでいる。かかる現代の歴史的位相を、大局的に掴んでみようというのが本書の狙いである。

日本社会はむろん、決して脆いわけではないだろう。私たちは新興諸国の勢いを目の当たりにして、相対的な「剝奪感」を感じているだけなのかもしれない。だがそんな最中に生じた出来事が、二〇一一年三月一一日の東日本大震災と原発事故であった。とりわけ原発事故は、戦後最大の危機であり、この時代の困難をさらに深刻なものにしている。日本社会を一つの身体にたとえるならば、私たちはあたかも、自らの身体から血を流すかのように、福島の原子力発電所から放射性物質を撒き散らしているのではないだろうか。このおぞましさに、私たちはどこまで耐えられるのだろう。

大震災とその後の原発事故によって、多くの人命と生活が奪われてきた。ある人は故郷を追われ、ある人は最愛の人を失った。私たちはまた依然として、放射性物質による生命の緩やかな致死におびえている。原発行政を主導した官僚制マシーンとしての近代国家の威信も揺らいでいる。こうした諸々の喪失は、「ロスト近代」の本質を抉り出しているのではないだろうか。この時代に失われたものとは、端的に言えば「未来」である。未来を根拠として現在の否定性を受け入れるという、精神のメカニズムである。そのような喪失の感覚が広がる現代において、私たちはどんな社会構想を企てることができるのだろうか。本書ではとりわけ、ゼロ年代の社会を診断しながら、時代を導くための規範理念について考えてみたい。

以下、本書の内容を要約しよう。

第一章「近代・ポスト近代・ロスト近代」は本書の「理論編」であり、導入であると同時に中核をなしている。新たに「近代」「ポスト近代」「ロスト近代」という時代認識の枠組みが提示され、「ロスト近代」社会の駆動因が探究される。ごく簡単にいえば、「近代」とは人々の勤勉な労働によって駆動される社会であった。これに対して「ポスト近代」とは、人々の欲望消費の増大によって駆動される社会であった。では「ロスト近代」は、どんな駆動因をもっているのだろう。ネグリ＝ハートのマルチチュード論、センのケイパビリティ論、あるいは「第五の競争軸」論などを手がかりに、「潜在的可能性」をめぐる新たな理論を示したい。

つづく第二章から第八章までは、主としてゼロ年代の社会を対象とした「分析編」である。第二章「ロスト近代　表層から深層へ」は、「リベラリズム」と「自己愛消費」が構造的なカップリングをなしていた九〇年代から、グローバル化とともに「サヴァイヴ感」を増していったゼロ年代への転換を描きだし、「記号消費」から「価値消費」への変化、「貧困」問題のシンボリックな意義上昇、あるいは「寄与経済」の発達といった特徴から、「ロスト近代」の新しい駆動因に迫っていく。

これを受けて第三章「格差社会論　ゼロ年代の中心」では、ゼロ年代の論壇の中心にあった「格差社会」論を正面から検討している。格差意識の増大をもたらした要因は、およそ三つあるだろう。(1)高齢化、(2)「ポスト近代」社会の成功、および、(3)経済の鈍化である。これらの原因を究明することによって、それぞれに相応しい対応策を立てることができるが、加えて本章では「可能性剝奪テーゼ」と「物質的阻害テーゼ」という論理を立て、「ロスト近代」においてはとりわけ「子どもへの支援策」が必要であることを明らかにする。

第四章「北欧型新自由主義の到来」は、「格差社会」を克服するためのビジョンとして語られることの多い「北欧型」の社会モデルについて検討している。実はすでに、北欧諸国は新自由主義化している。するとその理想は「北欧型の新自由主義」ということになるだろうか。有名なエスピン＝アンデルセンの類型論を超えて、比較制度分析の新たな地平を示しつつ、北欧型新自由主義のモデル（潜在能力促進型の福祉国家）が「ロスト近代」に対応した普遍性をもつことを示したい。加えて、イギリスで導入された「チャイルド・トラスト・ファンド（子供信託基金）」が、このモデルに接合されることも示したい。

「北欧型新自由主義」のモデルは、福祉国家と市場経済の新たな地平融合であり、ギデンズの「第三の道」とは異なる「第四の道」であると言うこともできる。それは「ロスト近代」の駆動因を提供する点でも魅力的である。ただこのように述べると、新自由主義が宿すさまざまな問題を過小評価することになりかねない。新自由主義は、リーマン・ショックのような世界金融危機をもたらしたのではないか。

かかる問題に応じるべく、第五章「ローマ・クラブ型恐慌への不安と希望」は、新自由主義をめぐる金融政策と財政政策、および、政府主導の資源政策と技術開発について検討している。まず、リーマン・ショック後の経済危機は、政府主導の重商主義政策に起因したものであり、必ずしも市場に内在的な危機ではないことを明らかにする。しかし資源問題に対する私たちの不安は、新たな重商主義を呼び寄せている。現代の市場経済は、内在的な不安定性を抱えないとしても、ルーマン的な意味での「残余リスク」を構造化するために、実効的な政策は重商主義にならざるを得ない。だがいったい、重商主義は、私たちをどこへ導くのだろうか。本章では、「ロスト近代」の位相を見定めつつ、ローマ・クラブ型恐慌に対する私たちの「不安」が、祝福された精神（エートス）になりうることを示したい。

ローマ・クラブ型恐慌とは、世界的な資源問題に起因する社会変動である。実際問題として、「ロスト近代」社会は、グローバル化とともに到来している。グローバリゼーションは、私たちの生活に「遠心力」をもたらし、さまざまな潜在的可能性をもたらしてきた。ところがグローバリゼーションは、実際には私たちの可能性を奪っている。この逆説に抗して、人々の「潜在的可能性」の全面開花という理想を掲げたのが、反グローバリズム運動であった。グローバル化と反グローバリズムの弁証法は、いかなる止揚を遂げるのか。第六章「グローバル化の逆説」では、ロスト近代の駆動因という観点から過去約二〇年間の世界史を振り返り、反グローバリズム運動が果たした意義を評価したい。

つづく第七章と第八章は、3・11大震災と原発事故の問題を検討している。第七章「3・11大震災と原発事故を考える」は、3・11大震災と原発事故が「明治維新」（一八六八年）や「敗戦」（一九四五年）と並ぶ時代の転換点になるとの認識から、その歴史的な位相を分析する。「明治維新」との比較で言えば、私たちに求められているのは「第二の文明開化」である。また「敗戦」との比較で言えば、求められているのは「無責任体制の克服」である。しかし原子力発電の体制は、「サブ政治」がはらむ問題ゆえに、責任倫理の問題を制度的に解決することができない。その理由を本章では、とりわけ原子力安全委員会委員長の斑目春樹の言動を分析しつつ、明らかにしたい。「無責任の体制」を克服するためには、私たちが「安楽の全体主義」を超える精神をもたなければならないと主張する。

だがしかし、精神論を超えて、私たちは電力供給をめぐるどんな制度構想を掲げることができるのだろうか。この問いは「ロスト近代」の根幹に関わってくる。思想的には「リベラリズム」も「国家型コミュニタリアニズム」も明快な答えをもたない。「社会的費用論」や「競争入札理論」のような経済学説も答えにならない。第八章「グリーン・イノベーション論」は、自生化主義（ないし成長論的自由主義）の理念に基づいて、電力の中央計画経済体制を超えるための、自律分散型の人工市場システムをデザインしたい。環境税、市場プル戦略、優先接続などの政策理念を体系的に検討し、地方自治体に期待される役割についても示唆を与えたい。

最終章となる第九章「ロスト近代の原理」では、ふたたび理論的な問題に立ち返って、この時代の駆動因を思索する。環境問題への対応、あるいはエコロジカルな生活様式の企ては、いかにして資本主義の新たな駆動因となりうるのか。「自然の本来的価値」論から出発して、自然の模倣（バイオミミクリー）論に進み、環境市民の実践思想を展開することでもって、「環境駆動型資本主義の思想的根拠」を明らかにする。環境市民は、すでに確立された第一級の文化を取り巻くよりも、もっと高貴な生き方があると考える。ポスト近代文化の煮詰まった停滞を打破するための「高貴な野生人」の理想があると考える。その理想について、最後に検討したい。

目次

第3章 格差社会論　ゼロ年代の中心——75

第4章

北欧型新自由主義の到来 127

第5章

ローマ・クラブ型恐慌への不安と希望 189

第8章

グリーン・イノベーション論

第9章

ロスト近代の原理

第 1 章

近代・ポスト近代・ロスト近代

0 はじめに

私たちはいま、どんな時代を生きているのだろう。従来の思考枠組みでは、「近代（モダン）」から「ポスト近代（ポストモダン）」への転換、ということが語られてきた。「近代（モダン）」とは、怠惰を排して勤勉に働くことがむくわれるような社会であった。努力すれば、経済的に豊かになれる。そうした勤勉さの動機づけによって、国民経済の全体を発展させてきたのが、「近代」[1]の社会であった。

ところが、近代の果実を手に入れた人々は、しだいに豊かな生活を楽しむようになる。生産よりも消費を重視したほうが、経済にドライブがかかってくる。「ポスト近代」社会の到来である。日本ではとりわけ、一九八〇年代になって、「ポスト近代」の社会が到来した、と言われている。「ポスト近代」とはすなわち、勤勉（＝産業「インダストリー」）よりも、旺盛な消費によって、経済を導くような社会であった。

「ポスト近代」の社会は、しかしその後、どうなったのであろうか。一九九〇年前後の日本社会は、「バブル経済」の絶頂期にあって、きらびやかな消費を享受していた。けれどもあの頃の狂乱した空気は、もはや私たちのものではない。いま、私たちが経験している現実は、社会全体がしだいに劣化していくという、「喪失（ロスト）」の感覚ではないだろうか。

とりわけゼロ年代に入ってから、「格差」や「貧困」の問題が語られるようになっている。もちろん、消費生活そのものがなくなったわけではない。私たちは相変わらず、豪華で旺盛な消費生活を楽しんでいる。にもかかわらず、「ポスト近代」の時代は、すでに終わってしまったかのようにみえる。バブル経済を駆動していたあの消費欲は、私たちの社会を新たに変動させるための動因ではなくなったためだ。

この十数年間、経済はほとんど成長せずに、低迷をつづけている。人口も減少化傾向にある。少子高齢化は、ますます深刻になっている。あと一〇年もすれば、労働者ひとりで高齢者ひとりの生活を支える時代になるだろう。二〇年後には、労働者ひとりで高齢者ふたりを支えるような「超福祉社会」が訪れるであろう。将来の負担増は、私たちの希望を遮る壁として立ちはだかっている。

こうした気の滅入るような将来像に照らしてみると、私たちの時代は、すでに新たな局面を迎えたのではないだろうか。ここではとりあえず、「喪失」の感覚を表す言葉を用いて、私たちの時代を「ロスト近代」と呼んでみることにしよう。「ロスト近代」とは、近代が終わって、前近代的な封建社会に戻っていくような社会ではない。「ロスト近代」とは、自由権や社会権などの近代的な社会の枠組みを維持しながらも、しだいに衰退していくような社会である。それは第二のモードとしての「ポスト近代」、あるいは、第三のモードとしての「近代」ともいえるだろう。

私たちの社会は、「ポスト近代」の繁栄がしだいに瓦解していくという、そんな哀愁を帯びている。およそ九〇年代の後半あたりから、私たちの社会は、「ロスト近代」の時代に突入したとみることができるだろう。

「近代」、「ポスト近代」、そして「ロスト近代」。この三つの時代区分は、あくまでも大づかみの枠組みであって、厳密なものではない。けれどもここで大風呂敷を広げて、歴史認識の大枠について考えてみたい。歴史認識の大枠は、社会の骨組みを理解するための、マクロ的な視点を与えてくれる。と同時に、歴史の大きな物語を構築する際の下絵を準備する。戦後の日本社会は、どのような経験をしてきたのだろうか。それを物語的に再構築するために、ここではざっくりと大づかみに、「近代／ポスト近代／ロスト近代」という三つの期間に分類してみよう。

1 不可能性の時代

戦後の日本社会を三つに区分するという試みは、実はすでに、社会学者の見田宗介と大澤真幸によって、それぞれ別の仕方で提起されてきた。私たちはここで、この二人の社会学者の認識を、まず簡単に検討しておくべきだろう。

見田は、一九九〇年の段階で、戦後の日本社会を、「理想の時代」「夢の時代」「虚構の時代」の三つに区分している。[2] 一九四五年から一九六〇年までの「理想の時代」、一九六〇年から七〇年代前半までの「夢の時代」、そして一九七〇年代後半以降の「虚構の時代」という三つの区分である。

ここで「理想の時代」とは、いわば高度経済成長の助走期であり、当時の日本人は、二つの理想をいだいていたとされる。一つは「アメリカン・デモクラシー」、もう一つは「ソビエト・コミュニズム」である。アメリカから民主主義を学び、ソ連から共産主義を学ぶというのが、当時の進歩派の人たちの目標であった。またこの時期は、現実派の人々も、やはり理想を追い求めていた。「理想の結婚」「理想の職業」「理想の住まい」「理想の炊飯器」等々の話題が、現実派の人びとの意識にのぼっていた。こうしてつまり、当時は、イデオロギー上の「理想」が掲げられると同時に、物質的な生活を向上させるという実現可能な「理想」も掲げられていた。これら二つの「理想」は、敗戦後の日本を復興するための原動力となっていた、とみることができる。

ところが見田によれば、一九六〇年代に入ると、「夢の時代」が訪れる。人々の生活は、このころから「衣食住」の基本的ニーズを満たすようになり、大衆の幸福と経済成長は好循環をなして、しだいに高度経済成長の波に乗った。見田は、この時期の「夢の時代」を、前半と後半の二つに分けている。「前半」は、テレビ、洗濯機、冷蔵庫などの電化製品の普及によって、「家庭の幸福」が可能になった時期である。ところが六〇年代末以降の「後半」になると、例えば東京大学における安田講堂事件に代表されるような、学生運動の「熱い夢」が噴出する。過激な行動に走る当時の学生たちは、いったい何を求めていたのだろうか。それはつまるところ、抑圧的な管理社会からの解放であり、熱い実存の証であったというのが、見田の分析である。

むろん、学生たちの「熱い夢」は、やがて失速していく。一九七四年になると、「終末論」と

「やさしさ」という二つの言葉が流行するようになる。時代は「熱さ」をそぎ落として、平凡な日常性を取り戻していった。七〇年代の新たな日常は、しかし、それ以前の日常生活と同じものではなかった。新たな日常は、軽やかな虚構性をおびていた。そんな時代を代表する文学作品は、『限りなく透明に近いブルー』（村上龍）や『なんとなく、クリスタル』（田中康夫）であった。これらの作品には、現実のあくせくした感覚が忌み嫌われ、透明感への希求が増していくという、新しい時代の意識が反映されていた。一九八三年になって、東京ディズニーランドが開園すると、都市の空間は、ますますハイパーリアルな演出の度合いを強めていく。「家庭の幸福」は、わざわざ演技されるものとなり、ビジネスマンは、ひたすら情報を操る生活にエネルギーを注ぎこむようになっていく。こうしたハイパーリアルな現象をもって、見田は、七〇年代後半以降の私たちの社会を、「虚構の時代」と呼んだのであった。

「理想の時代」「夢の時代」、そして「虚構の時代」。見田のこの分類は、しかし、うまくいっているだろうか。問題は、「夢の時代」にあるように思われる。この時代の前半の「家庭の幸福」と、後半の「熱い夢＝学生たちの革命願望」のあいだには、断絶があるのではないか。前半の夢は、平凡な日常を追い求めるものである。これに対して学生たちが求めた後半の夢は、平凡な日常生活とは異質の、社会全体が覚醒された祝祭的な世界であった。

私たちは見田の枠組みを見直して、別の分類を提起することもできるだろう。実際、大澤真幸は、見田のいう「夢の時代」を、実現可能な将来の夢という理想に近い前半と、夢か幻か分からないような感覚の後半にわけて、前半を「理想の時代」、後半を「虚構の時代」に、それぞれ解消できると指摘している。戦後から六〇年代後半までを「理想の時代」、七〇年代前半から九〇年代中頃までを「虚構の時代」とみなして、大澤は新たに、九〇年代中頃以降の私たちの時代を「不可能性の時代」と名づけたのであった。[3]

では大澤のいう「不可能性の時代」とは、どんな時代であろうか。大澤は、現代社会の次のような、一見すると脈絡のない諸現象に注目している。例えば、アニメ・オタクたちが執拗に求めた、データベース消費と呼ばれる神経系の生理的刺激。格差社会を救済するための、包摂的な倫理や視点の不在。人々のあいだで共有された、さまざまな規範の衰退（第三者の審級の喪失）。原理主義とリベラル多元主義という、相反するベクトルが同時に登場する状況。多重人格者の増大傾向、等々である。こうしたさまざまな現象から、大澤は、もはや現実を秩序づけるための準拠点が、不可能になっていると診断する。大澤のいう「不可能性の時代」とは、つまり、私たちの諸文化や諸規範が、葛藤をひき起こさずに共存するための、共通の空間が失われた時代である。

大澤によれば、現代人はもはや、共有された規範に信頼を寄せることができず、ネット上の虚構空間に逃避している。ところが人々は、ネット空間において「虚構」を求めているのかといえば、そうではない。むしろネット上の空間で、生理的な刺激を与えてくれるような、コミュニケーションの直接性（無媒介性）を求めている。サイバー少女の享受や、暴言の書き込みなど、仮面をかぶって暴力的に振舞う自身の姿に、リアルな体験を見出している。もちろん、ネット空間で暴れる人間は、現実社会においては、内気でやさしい人であるにちがいない。「不可能性の時代」においては、現実社会はますますリベラルで寛容になっていく一方で、私たちの信念やエネルギーは、ひたすら凶暴な我欲へと向かってもいる。ネット上の熱い直接経験と、現実の冷たい自由主義的コミュニケーションのあいだには、共犯関係がある。しかしこの共犯関係においては、もはや、新たな社会規範を生みだすような活動は生じない。私たちは、信念を傾けて創造すべき社会規範を見失ってしまったのではないか、というのが大澤の診断であった。

　この大澤の認識は、現代社会の病理を、深いところで捉えているだろう。リベラルな社会が、人びとの情念や信念を動員できないという深刻な現実を、うまく捉えているように思われる。だが大澤は、「不可能性」と言いながら、将来の社会にまったく希望を抱いていないわけではない。不可能性の時代にあっても、希望はあるという。例えば大澤は、アフガニスタンで全長二四キロの用水路を完成させた、日本人医師の中村哲の仕事に注目している。中村の取り組みは、日本とアフガニスタンという異質な共同体のあいだに、新しい共通規範を生み出すための、一つの類まれな実践を示している。私たちの世界が、個々の共同体や国民国家を超えて、グローバルな次元で連帯を実現するためには、中村のような仕方で活動することができる、というのが大澤の着眼点であり希望であった。[4]

　不可能性の時代にあっても、新しい規範を生みだす可能性は、十分にある。古い共通規範が失われる一方で、新たにグローバルな包括的規範が生まれていく。そうした社会の変動に注目するなら、私たちは、別の時代診断を下すこともできるのではないだろうか。考えてみたいのは、人びとの信念や情念といったものが、それぞれの時代において、いかにして社会を駆動してきたのか、という問題である。個々の時代には、新たな社会を創造するための、駆動因（＝ドライビング・フォース）というものがある。その力に注目してみると、戦後の日本社会は、「近代化」の時代、「ポスト近代化」の時代、「ロスト近代化」の時代、という三つに区分することができないだろうか。

大澤の分類では、戦後の日本社会は、「理想の時代」「虚構の時代」「不可能性の時代」の三つに区別された。だが本書では、社会を動かす「駆動因」に着目して、「近代」「ポスト近代」「ロスト近代」の三つに区別してみたい。大まかに、終戦直後から六〇年代までを「近代」の時代、七〇年代から九〇年代中頃までを「ポスト近代」の時代、そして九〇年代中頃から現在にかけての時代を、「ロスト近代」と呼んでみることにしよう。[5]

するとまず、「近代」とは、人々が生活水準の向上を目指して、勤勉に働くことが駆動因となっているような社会である。これに対して「ポスト近代」とは、人々が豊かな消費社会を謳歌して、欲望のあくなき増幅が、駆動因となっている時代である。ところが「ロスト近代」においては、もはや勤勉さも消費欲も相対化され、新たに「別のもの」が駆動因となっている。いやもしかすると、私たちの「ロスト近代」社会は、時代を動かす駆動因そのものを失っているのかもしれない。そうだとすれば、「ロスト近代」の社会は、可能性として、どんな駆動因をもちうるのだろうか。それがあらためて問われなければならない。

むろん、これは奇妙な問いであるかもしれない。私たちの社会は、もはや何によっても駆動されていないのであって、新たな停滞期に入ったのではないか、と見ることもできよう。この日本社会が長期不況・長期停滞に陥った、と語られたのは、ゼロ年代の前半であった。けれども政策論的には、私たちは「ロスト近代」においても、国家の文明的繁栄という物語＝シナリオを描かなければならない。私たちは、現代というこの時代を動かす企てに、諸々の政策を律する基準を見出したいと願っている。ではその基準は、どんな駆動因によって与えられるのであろうか。本書では、国家の文明的繁栄という広い意味での「富国論」の問題を、経済思想の本義に立ち返って考えてみたい。以下ではまず、「近代」「ポスト近代」「ロスト近代」という時代区分を、理論的に捉えてみることにしよう。

2 「近代」の駆動因

ここで「近代」と名づける時代は、さしあたって、一九四五年から一九六〇年代にかけての日本社会である。この時代の駆動因は、一般に「近代化論」と呼ばれる、諸々の社会学理論によって論じられてきた。例えばドイツの社会学者、テンニースのいう「ゲマインシャフト（共同体関係）からゲゼルシャフト（利益社会関係）へ」という図式がある。前近代的な共同体の人間関係が失われ、それに代わって、利益を優先する近代社会が到来するという、近代化の一般的な方向性を描いたものである。けれども、近代化の駆動因はなにかといえば、それこそ、さまざまな要因を挙げることができる。例えば、技術革新、啓蒙された理性の拡大、宗教勢力の衰退、勤勉に働くエートス（倫理）の誕生、株式取引所の組織化、などである。ただ、社会構造の変化に即して言えば、近代化の駆動因は、「物象化」という言葉を用いて、一般化して表すことができるだろう。

実は当時の社会を、「物象化」という現象に即して理論化した記念碑的な著作がある。真木悠介（見田宗介）の『現代社会の存立構造』[6]である。真木はこの本のなかで、マルクスが論じるところの資本主義社会の基本構造を、あざやかに、しかもコンパクトに理論化してみせた。

それによると、「近代」社会においては、実態としてまず、「自然発生的な分業の体系」がある。これはつまり、自生的に発展してきた市場経済である。この市場経済の必然的な帰結として、一方では、社会的な活動の固定化（機械化・無味乾燥化）という、「物象化」の現象が生じる。ところが他方では、人間同士のつきあいが疎遠になって対立しあう「疎外」の現象が生まれる。この「物象化」と「疎外」という二つの現象は、市場における自然発生的な分業という、関係性の特殊形態の必然的な帰結である、と真木は捉えたのであった（図1－1を参照）。[7]

図 1－1. 物象化と疎外の同時発生図式

R（関係性の特殊形態） ↗ O（物象化された対象性）
　　　　　　　　　　 ↘ S（疎外された主体性）

　市場経済という特殊な関係性のもとでは、人間味のないコミュニケーションが全般化している。人びとはそのなかで、孤独感を感じている。これが「物象化」と「疎外」の状況である。かかる状況を打破するためには、どうすればよいのか。当時のマルクス主義者たちは、こうした問題関心に導かれて、現状を理論的に把握しようとした。けれども六〇年代になると、多くの人びとは、「物象化」と「疎外」のもとで、しだいに豊かな生活を享受しはじめる。市場経済を受け入れたほうが、生活が豊かになる。多くの若者たちはそのように考えて、市場システムに適合すべく、型にはまったサラリーマン生活を選ぶようになっていった。

　本来であれば、革命的に打破すべきところで、資本主義の体制に惰性的に適応してしまう。若者たちのこうしたなし崩し的な現実適応に対して、真木（見田）＝マルクス主義の社会理論は、次のように捉えた。すなわち、資本主義社会は、各人に対して、システムに適合的な「欲求」や「理念」を植えつけている。疎外された主体は、みずからを物象化して、この市場社会の法則に従属させられてしまう。システムに抑圧されながらも、なんとか生き延びなければならないという要請から、人々は月並みなサラリーマンになって、人並みの「欲求」を満たしたい、と考えてしまうのだと。

つまり真木によれば、「物象化」の機制は、資本主義システムが、システムを再生産するために必要な欲求を自ら生み出し、そのシステム適合的な欲求を人々に植え付けることでもって、システム自身をダイナミックに運動させていく、というのである。真木（見田）＝マルクスの社会理論は、システムによるシステムの再生産という機制をひとまず認めた上で、そのダイナミズムにまきこまれる人々の姿を理論的に描いたのであった。

真木（見田）＝マルクスの社会理論は、さらに次のように展開する。人びとはまず、物象化の機制のもとで、「労働（対象化による享受）の回路」と「交通（交換による享受）の回路」を、しだいに発達させていく。ここで「労働の回路」とは、ある対象物をそのまま消費＝享受するのではなく、その素材を元にしてある商品（農作物や工業製品）を生産し、しかる後に消費するという「時間の遅延化」のことである。これに対して「交通の回路」とは、自分で作った商品を、そのまま自分で消費するのではなく、交換＝交換を通じて、他者が作った商品を消費するという、「コミュニケーションの相互性」のことである。こうした「労働の回路」と「交通の回路」とは、物象化された資本主義のシステムにおいて、複雑に形成されていくだろう。迂回生産の高次化によって、生産力は、加速度的に発展していくだろう。

すると人々は、自分の生を直接・無媒介に享受するよりも、自身をシステムに適合させた方が、もっと多くの利益を得られることを理解するだろう。資本の運動に導かれて、時間とコミュニケーションに媒介されながら生きたほうが、いっそう多くの財を享受できることを知るだろう。その日暮らしをするよりも、勤勉に働いて賃金を稼いだほうが、有意義に見えてくるだろう。賃労働は、それ自体としては忌避すべき仕事であり、抑圧的な生をもたらすとしても、私たちは賃労働を通じて、ますます大きな経済発展を享受することができる。だから人々は、疎外を受け入れ、賃労働という「死せる労働」を担おうとする。それは同時に、物象化された資本主義システムの発展を担うこと意味する。

こうして、真木（見田）＝マルクスの理論によると、「近代（モダン）」の社会においては、人々が物象化と疎外のメカニズムを受け入れて、そのなかで勤勉に働くことによって、資本主義が駆動されている。人々は、まず自生的に成長してきた市場経済のもとで、疎外と物象化の現実を受け入れる。そのなかで人々は、勤勉に働いて賃金を得るという「欲求」を植えつけられる。するとシステムは、「労働の回路」と「交通の回路」をつうじて、複雑な迂回生産を発展させていく。人々は将来、その迂回生産によって生み出されるはずの、大きな富を約束される。人びとはそのときまで、現在をがまんして禁欲的に働くことに意義を見出す。こうした一連のメカニズムが、「近代」の社会を駆動している、と考えられたのであった。

以上の議論を整理すると、「近代」社会においては、①システムの物象化、②人間の疎外（抑圧化）、③勤勉の倫理、④迂回路の発達、⑤現在をがまんする態度、という五つの要因によって、社会の発展が可能になっている。むろん、真木（見田）の『現代社会の存立構造』は、このような仕方で議論を整理してはいない。けれども本書から読み取ることのできる資本主義の駆動因は、およそこれらの五つの要因にまとめることができるだろう。

「近代」社会とは、疎外された労働が全般化した社会であり、人間味が失われた社会である。抑圧された生を余儀なくされた社会である。けれどもその一方で、マクロ的には、莫大な富が蓄積されていく社会であった。こうした近代社会の両義性のなかで、私たちはいかにして人間性を取り戻すことができるのか。当時の思想家たちは、物象化や疎外を克服して、人間味のあるコミュニティの構築を展望した。あるいは、勤勉や忍耐を避けて、現在をそのまま楽しむためのオルタナティブを模索した。見田もまた、システムに対する抵抗のためのビジョンとして、「交響圏」というモデルを提起している。[8] 人々は、自由に選んだ他者と響き会うことができるように、多様なコミューンを築いていかねばならない。さまざまな交響圏があって、それらの交響圏を互いに尊重できるような社会。そんな美しい社会が描かれたのであった。

ところが、「近代」の後に訪れた「ポスト近代」社会は、そのような交響圏を十分に生み出したわけではない。むしろ人々は、社会の別の駆動因によって、「ポスト近代」のなかに巻き込まれていった。では「ポスト近代」をドライブする新しい駆動因とは、どんなものであったのか。私たちは、ポスト近代の思想的バイブルといわれるドゥルーズ＝ガタリ著『アンチ・オイディプス』（一九七二年）を手がかりに、その要因を析出してみることにしよう。

3 「ポスト近代」の駆動因

　ここで「ポスト近代（モダン）」と名づける時代は、さしあたって、七〇年代から九〇年代中頃までの日本の社会である。この時期の日本人は、高度経済成長からバブル経済にいたるまでの、歴史的にみてもたぐいまれな繁栄を謳歌していた。産業構造はしだいに、工業中心からサービス業中心へ、あるいは情報産業中心へと移っていった。人々はその流れのなかで、きらびやかな消費生活を楽しむようになった。もはや日本人は、勤勉に働くだけでは豊かになれない。長い残業時間に耐えるだけでは、生活の質は改善されない。むしろ余暇をうまく使って消費額を増やさなければ、経済を好循環させることができない。そのような課題に直面した日本人は、政官民が一体となって、「ゆとり」を創出する方向に向かった。「ポスト近代」とは、端的に言って、消費社会の到来である。

　むろん、人々が「ゆとり」や「消費」を重視したからとって、資本主義の基本的な構造が変化したわけではない。「ポスト近代」社会においても、物象化や疎外は存在している。「労働の回路」や「交通の回路」も存在している。変化したのは何かと言えば、それは資本の駆動因であった。「近代」においては、「物象化」の機制が、その駆動因を規定してきた。人々は、システムの物象化と人間の疎外を受け入れ、そのもとで勤勉に働き、労働と交通の迂回路を発達させながら、将来の富のために現在の生活をがまんしてきた。その忍耐力でもって、生産力を爆発的に増大させてきた。ところが物象化の機制は、しだいに失速していく。もはや将来のために現在をがまんして働いても、社会全体としては資本が増大しない。必要なのはむしろ、現在の生活の質を上昇させることであり、消費によって資本を動かすことである、とみなされるようになってきた。「ポスト近代」の社会において必要とされたのは、人びとの欲望を、かぎりなく増殖させていくようなメカニズムであった。ドゥルーズ＝ガタリの表現にならっていえば、それは「欲望機械」と呼ぶことができるだろう。「欲望機械」とは、たとえば、分裂症の患者が、あらゆる形態の深い生命や石、金属、水などに触れるという仮想経験を通して、自身の内側で、かぎりない至福を生産するような、身体の装置である。分裂症の患者は、ある目的を達成したいという、「確定した欲求」をいだいているのではない。分裂症の患者は、たえず目的をずらしていく。目的を断片化しながら、バラバラでチグハグな「欲望」をうみだしていく。明確なかたちをもった欲求ではなく、無定形の混沌とした欲望の増殖。ドゥルーズ＝ガタリが描く分裂症患者の欲望は、「ポスト近代」の社会において、資本を動かすための、一つの駆動因となっていった。

「近代」においては、物象化された世界のもとで、各人はシステムに適合的な「欲求」を与えられた。各人はいわば、型にはまったサラリーマンや主婦となって、あらかじめ確定した欲求を抱き、その欲求を実現するために勤勉に働いた。そしてその勤勉な労働が、資本主義を発展させる動力源となっていた。ところが「ポスト近代」においては、システムに適合しない「欲望」が多様に現れてくる。

システムに適合しない欲望は、まず、分裂症的（スキゾフレニック）な資質をもった人びとをつうじて、いろいろな方向に増殖していった。分裂症的な人々は、近代の資本主義システムに適合せず、あらゆる奇怪なもの、悪魔的なもの、異常なもの、逸脱したものを生み出しはじめた。そのような欲望は、「近代」においては不適合とみなされ、排除されていたものである。ところが「ポスト近代」の社会になると、分裂症的な幻想や妄想は、必ずしも排除されず、それどころか新しい欲望消費となって現れてくる。

これは不思議な事態である。いったいもし、分裂症者たちの欲望があふれ出したとしたら、社会は機能しなくなるのではないだろうか。いびつな欲望は、社会を脅かす力を秘めているだろう。それらは社会の臨界にあるものだろう。ところが「ポスト近代」においては、無形の欲望を増殖させる装置が一つの極となって、資本主義の生産にドライブがかかっていく。例えば、オタクたちのいだく欲望は、多様なサブカルチャーを生み出し、日本の文化産業がグローバルに発展していくことに貢献した。一見すると、オタクたちの欲望の一部は非社会的で、逸脱的な性格を持っている。ところが実際には、そのような欲望が文化資本を形成し、商品化されることによって、グローバル資本主義を牽引しはじめたのである。「ポスト近代」の社会においては、臨界にある分裂症的な欲望が、一般大衆の潜在的な欲望を目覚めさせ、多様な増殖過程へと導いていった。

「近代」の資本主義は、型にはまったサラリーマン家庭の幸せという、システムに適合的な欲求を人びとに与えることでもって、資本の運動を駆動してきた。ところが「ポスト近代」の資本主義は、人々の欲求を、無形の「欲望」の極限へと向かって、たえずズラしていく。「ポスト近代」においては、「近代」のコードから逸脱した欲望が、脱コード化の運動を開始する。その運動の駆動因は、資本主義の外部の極限にあって、システムとは無縁のところで欲望を増大させるという、分裂症の力であった。別のブランドのファッション、別の色のウォークマン、別の型の自動車、等々。人びとは「ポスト近代社会」において、たえず自身の欲望をズラしながら、旺盛な消費活動にかり立てられていった。それらの欲望は、もとはと言えば、必要のないものであった。ところが「ポスト近代」の社会は、人々の欲求をズラして増殖するという「脱コード化」の運動を、資本主義的生産の拡大のために取り込んだ。脱コード化は、それ自体としては破壊的な作用をもたらすかもしれない。ところがその力を資本の駆動因として利用したのが「ポスト近代」の社会であった。

むろん、欲望が肥大化すると、人びとは自分の欲求を制御できなくなるかもしれない。例えば、ある服を購入しても、次の日には別の服がほしくなってしまう。ある欲求を満たしても、「欲望」はさらに肥大化し、あるいはズレてしまう。すると人は、いつになっても満足することがない。つぎからつぎへと欲望が生まれては拡散し、変容していく。飽き足らない欲望に自身が飲み込まれ、過剰な消費行動に向かっていく。そのような消費行動は、しかし、無限の容量（キャパシティ）をもっているわけではないだろう。

「ポスト近代」においても、やはり一方には「近代のコード」があって、それが勤勉な労働と生産の増大を促してきた。けれども他方では、それとは異質な「脱コード化」の原理があって、その逸脱の作用が、人びとの過剰な欲望を駆り立ててきた。つまり、「ポスト近代」社会の機制とは、「近代コード」とその「脱コード化原理」という、二つの極をもつ資本の運動によって、特徴づけられる。

図1－2は、ポスト近代が駆動する仕組みを単純化して示したものである。ポスト近代社会は、勤勉に働いて富を蓄積するための「近代コード」と、欲望を増殖させて消費対象を拡大するための「脱コード化」という、二つの極をもっている。この二つの極をもった楕円によって、ポスト近代の資本主義は駆動されている。ポスト近代の社会とは、いわば生産と消費の二つのコードによって、楕円運動を運命づけられた社会である。

図1-2. ポスト近代社会のメカニズム

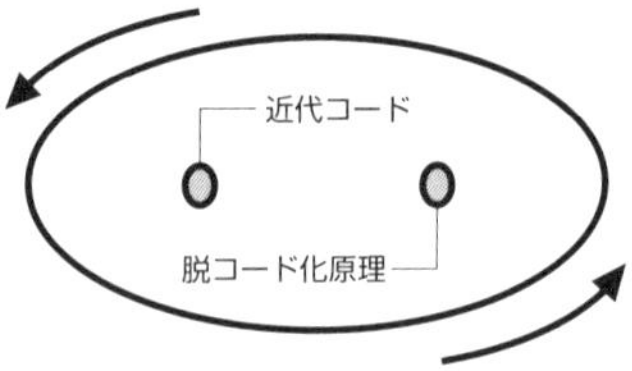

このような楕円のメカニズムは、しかし、普遍的なものではない。この原理から逃れようと思ったら、私たちは、次のいずれかを企てることができる。一つは、「近代コード」を捨て、勤勉に働く態度を放棄してしまうことである。もう一つは、「脱コード化」の原理を極限にまで推し進めて、欲望の極限を目指すことである。ドゥルーズ＝ガタリの描く革命は、後者、すなわち、欲望の極限を徹底的に追求するものであった。分裂症的な欲望によって、脱コード化の生産力を、資本主義システムの外部に措定する。そのような究極の分裂症的企てが、資本主義の枠組みから

逃れる方法であるとみなされたのであった。

ドゥルーズ＝ガタリは、そのために、社会が排除しがちな奇怪なもの、悪魔的なもの、異常なもの、あるいは逸脱したものなどを、まるごと肯定し、それらを束ねることによって、外部に開かれた社会を展望した。そしてポスト近代の左派活動家たちは、このドゥルーズ＝ガタリの考え方をベースにして、排除されがちな多様性を節合し、脱コード化の勢力を結集させるという戦略を立てた。

ところが私たちの時代は、こうした欲望の増殖という意味での「ポスト近代」の駆動因を、しだいに失ってきたのではないだろうか。少なくとも私たちは、ドゥルーズ＝ガタリが夢見たような、逸脱的なものによって資本主義を解体するという、終局的な革命を展望することができない。現代社会においては、逸脱という「脱コード化」のエネルギーは、減退しているようにみえる。多元的な価値をそなえた現代社会において、異質なものはもはや異質ではなくなり、排除されがちなものはもはや排除されなくなってきた。すると、近代のコードに抵抗して逸脱するというエネルギーは、システムに包摂されてしまうのではないか。現代社会においては、ポスト近代の駆動因は失われ、社会は別の方向に動いているようにみえる。するといったい、どんな力が、私たちの社会を駆動しているのであろう。節をあらためて検討してみることにしよう。

4 「ロスト近代」の駆動因

現代の社会、あるいはここで「ロスト近代」と呼ぶ時代は、九〇年代の中頃から出現してきた時代の新たなモードである。バブル経済が崩壊して以降、日本の経済社会は「失われた一〇年」とか「失われた二〇年」などと言われている。もはや高度経済成長を望むことができず、停滞したシステムのなかで、経済のミニ・バブルの波に翻弄されているというのが、私たちの社会の実情であるだろう。日本経済はこれから、どんな政策によって再生することができるのか。さまざまな議論が噴出するなかで、経済の低迷がつづいている。

もはや欲望消費の増大によっては、大きな経済成長は望めそうにない。かといって、人々が勤勉に働けば経済が成長するのかというと、そうでもなさそうである。現代の資本主義社会は、「近代」の駆動因によっても、「ポスト近代」の駆動因によっても、いずれによってもうまく発展しそうにない。私たちの社会は、新たに別の駆動因をもたなければ、大きな発展を見込むことができないようにみえる。

「ロスト近代」とは、さしあたって「近代」と「ポスト近代」を駆り立てていたそれぞれの要因が、いずれもその役目を果たし終えた（あるいは相対的に重要度を失った）時代であるだろう。むろん正確に言えば、近代の駆動因である物象化も、ポスト近代の駆動因である欲望消費も、いずれも存在している。その意味で、私たちの時代は重層的な原理で動いている。けれどもこれらの要素は、時代を動かすための動因としては、いずれもあまり見込みがない。そのような「失速感」こそが、私たちの時代を規定しているのではないだろうか。

とりわけ一九九〇年代中盤以降の現実として、「護送船団方式」と呼ばれる官主導の社会運営が機能しなくなってきた。社会があまりにも複雑になり、官主導の経済政策は、思ったほどの成果をあげることができなくなってきた。そこで政府は、さまざまな規制緩和政策を打ち出して、いわゆる「勝ち組」と呼ばれる新たな富裕層に、経済成長の牽引力を期待するようになった。ときはちょうど、グローバリゼーションが話題となった時代とも重なり、「勝ち組／負け組」という格差が問題化した時期でもあった。

ところが自由競争のもとで、日本社会は思わぬ事態に陥った。負け組と呼ばれる低所得層の人びとは、もはやいっしょうけんめいに働いても、「努力が報われない」と感じるようになる。人びとは、「ワンランク上」を目指して努力するよりも、欲求水準そのものをクール・ダウンするようになっていく。「勤勉」に働くことが報われず、「欲望」消費の快楽を期待できないような社会になる。するともはや、富裕層による消費の拡大は、経済全体を牽引することができなくなる。自分よりもワンランク上の「勝ち組」の欲望を模倣（エミュレーション）するためには、一定の所得が必要である。ところがそのような所得が見込めないところでは、人びとはさしあたって、各私化された欲望を抱くようになる。欲望のエネルギーは、「勝ち組の欲望を真似する」のではなく、「自分がしたいことをする」という水準にまで、収縮してしまう。けれどもいったい

「自分がしたいこと」とは、何であろうか。セレブな生活に羨望を抱かず、「自分がしたいこと」をして満足できるためには、まず自分を好きになる必要がある。「自己への愛」でもって満足する必要がある。だが自分とは、何なのか。それが分からなければ、「自分探し」の旅に出なければならない。けれども旅に出るだけの余裕がなければ、人々はさしあたって、ネット上に「自己の快楽」を求める主体へと向かうのではないだろうか。

実際、人びとは、ネットを通じた情報消費によって、蛸壺化した選好を抱くようになっていった。インターネットやスマートホンなどに、一か月の定額基本通信料を支払ってしまえば、私たちは自身の欲望を、さらなる資本の論理と結びつける必要がない。基本料金を支払ってしまえば、あとは無料でさまざまなコンテンツを楽しむことができる。動画、音楽、ラジオ、ゲーム、等々、私たちは無料の情報を享受するだけで、人生を楽しむようになってきた。欲望を肥大化させて「勝ち組」のライフ・スタイルを手に入れなくても、自己愛消費によって生活する術を学べば、人生を楽しむことができるようになってきた。

他方では、近代的な勤勉精神の喪失（ロスト）、および、ポスト近代的な欲望の喪失（ロスト）、というこの二つの「ロスト」は、それぞれの時代における「対抗運動」の意義も失効させてしまった。「近代」においては、物象化や疎外に対抗するコミューン運動が、抵抗のライフ・スタイルを導いてきた。また「ポスト近代」においては、逸脱的な欲望の表現が、抵抗の政治表現を提供してきた。ところが「ロスト近代」になると、こうした抵抗の戦略は、もはや時代に対抗するための象徴的意義を失っていく。これまでのような抵抗の表現は、時代の支配的な駆動因に対抗する機能を発揮できないためである。

「ロスト近代」の社会においては、その支配的なモードに抵抗する活動は、時代の本質的な駆動因に迫るものでなければならない。ではそれは、いったい何であろうか。それを見定めるためにも、私たちはこの時代の駆動因を分析しなければならない。

そこでまず、「ロスト近代」の背景をなす諸条件について考えてみたい。ロスト近代は、人びとがしだいに、欲望消費のバカバカしさに気づきはじめたところから生まれている。宣伝に踊らされ、欲望をかきたてられ、欲しいと思ったブランド商品を買っても飽き足らない。そんな生活のむなしさ、あるいは欲望の飽き足らなさから逃れたいと感じ始めた人々は、しだいに欲望消費に巻き込まれず、自然で本来的な経験を求めるようになってきた。例えば、中高年層の登山ブーム、若者たちの古着志向、ロハスと呼ばれる自然なライフ・スタイルの探究、ユニクロや無印良品で楽しむシンプル・ライフ、もはや自動車に関心を向けず、ランニング・シューズや自転車を購入する若年層、フェアトレードへの関心、職場や学校に自前のお弁当を持参する草食系男子の出現、等々。こうした新しい生活の現象を、一つの言葉でくくることは難しい。だがそこには、共通する一つの志向、すなわち、「自然の本来的価値」への志向があるといえないだろうか。

私は以前、拙著『自由に生きるとはどのようなことか』のなかで、「創造階級（クリエイティブ・クラス）」と呼ばれる新しい支配階級の台頭について論じたことがある。創造階級とは、情報産業の新たな担い手たちである。彼・彼女らは、自分の欲望を満たすよりも、自分の潜在能力をできるかぎり引き出すことに、関心を示している。創造階級の人びとは、欲望消費には踊らされない。むしろ、クリエイティブな作品や商品を生み出すために、発想の源泉として、豊かな体験をすること、あるいは創造的な環境に身を置くことに、大きな関心を寄せている。創造階級の人びとが求めているのは、創造の源泉である。その源泉を手に入れるために、自然の本来的な価値に触れたり、自然の多産性を身につけたりすることに、関心をもっている。

創造階級は、必ずしも高所得をかせぐことに成功した人たちではない。経済的に成功しなくても、クリエイティブに生きることには、十分な意義があるとみなされる。たとえば私たちは、できることなら環境にやさしい生活をしたいと思うことがある。賢く消費して、自然と融和したい。そのようなエコロジーへの関心は、高い給料を稼ぐ生活よりも、むしろ想像力（イマジネーション）を豊かに発揮して、自然と調和するような生活を求めるだろう。エコロジーへの関心は、真に創造的な生活と、さまざまな点で一致する。いずれも、イマジネーションを活用してはじめて実現できるような生活なのである。

では、真にエコロジカルな生活とは、どんなものであろうか。それはたんに、リサイクルをしたり、有機野菜を食べたりするというのではなく、もっと自然の神秘に迫るような、脱日常的な経験を必要としているのではないだろうか。自然の神秘をつかみ取るためには、日常生活においては隠されている「自然の多産な真理」に触れなければならない。多産な自然の神秘をつかみと

図1－3. ロスト近代の駆動因

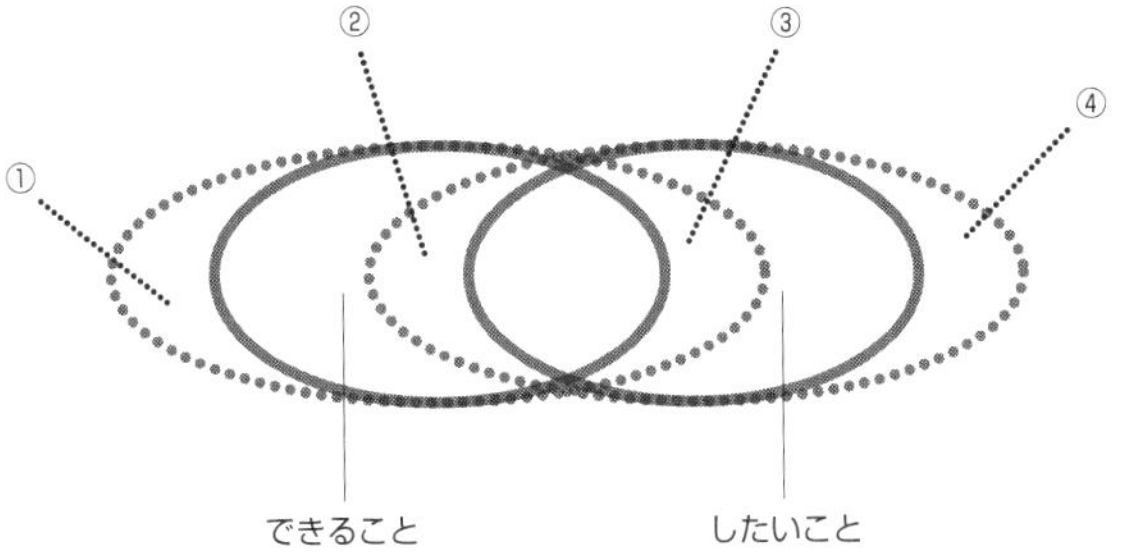

ったときに、私たちはエコロジーの担い手として、精神的にも豊かに生活していくことができるのではないか。

自然の多産性を、自分の生き方の原理とする。そのような生き方は、創造階級だけでなく、「真の豊かさとは何か」について関心をもつすべての人々に、魅力的な理想を提供している。私たちの社会は、エコロジカルな融和のために、クリエイティブな仕方で環境と向き合うことを、一つの理想としている。そのような営みへの関心は、資本主義の原理を、新たに動かす駆動因となりうるのではないだろうか。

図1－3は、「ロスト近代」社会の駆動因を、「ポスト近代」社会の駆動因との対比で描いたものである。私たちは日々の生活で、「できること（可能）」の束と、「したいこと（欲望）」の束をもって暮らしている。「できること」と「したいこと」は、一部重なっているが、その重なり方は、人によってさまざまであるだろう。

「ポスト近代」の社会とは、欲望を肥大化させる原理をもった社会であり、「したいこと」を肥大化するような社会である。この場合、「したいこと（欲望）」は、「できること」と「できないこと」の両方向（図の②と④）に、それぞれ拡張されるであろう。「ポスト近代」の社会は、図の「したいこと」が、②と④の方向に駆動される社会だと言えるだろう。

これに対して「ロスト近代」の社会は、人々がみずからの可能性、すなわち、能力や潜在力、あるいは創造力を高めることに、価値をおく社会である。「自身の可能性」は、「したいこと」と「したくないこと（しなくてもいいこと）」の両方向（図の①と③）に、拡張されうる。「ロスト近代」の社会とは、図の「できること」が、①と③の方向に駆動される社会であるだろう。

むろん、正確に言えば、「できること（可能）」の領域を拡張する運動は、「できるようになりたいこと」の拡張であって、その意味では、「なりたい」という欲望を駆動因としている、とみることもできる。ただしここでは、概念を単純化して、「欲望の原理」と「可能の原理」を区別してみたい。「欲望の原理」は、「したいこと」をかぎりなく拡張していく原理である。これに対して「可能の原理」は、「なんでもできる」という可能性を追求する原理である。

「可能の原理」は、場合によっては、「したいこと」がなにもなくなる状態に至るであろう。例えば、私たちは、ある種の麻薬的なトランス感覚に満足することができるかもしれない。トランス感覚は、自分の可能性を極限にまで高めた状態である。だがその結果として、トランスの感覚は、「したいこと」がなくなる危険性を秘めている。「可能の原理」は、「欲望の原理」を極小化するかもしれない。しかし他方で「可能の原理」は、湧き上がる創造の源泉へと向かうこともできる。それは一つの駆動因となって、社会をダイナミックに変化させることもできるだろう。

ロスト近代とは、「可能の原理」を中核においた社会である。「可能の原理」は、それが創造的な活動へと向かうなら、資本主義社会において新たな富を生み出すための、文化資本を形成する。そしてその場合、創造性（クリエイティビティ）は、エコロジーの取り組みへと接合される。新しいエコロジー社会において求められている原理は、「創造的多産性」である。ロスト近代の社会現象、あるいは諸問題については、次章でくわしく検討することにして、以下ではその枠組みについて、大まかに描いてみたい。

先に触れたように、私たちの社会においては、「ワンランク上」の生活を目指して模倣するという「欲望消費」に、ドライブがかからなくなっている。むしろ人びとは、勝ち組とされる人々のライフスタイルに抗して、別のオルタナティブを掲げるようになっている。代表的な思想理念は、アントニオ・ネグリとマイケル・ハートの「マルチチュード」や、アマルティア・センの「ケイパビリティ」であろう。こうした思想家たちの理念は、ロスト近代の駆動因を、いわば側面から言い当てているように思われる。

ネグリ＝ハートは、もともと、ドゥルーズ＝ガタリのポストモダン思想に学ぶところから出発した。かれらが関心を寄せてきたのは、移民や障碍者、金融トレーダーや少数民族といった、社会の周辺的なところで生活する有象無象の民（＝マルチチュード）であった。マルチチュードは、凡庸さとは異質の、型にはまらない欲望をもっている。かれらは自身の欲望を増幅して、国民国家の規範を侵食し、あらたなコミュニケーションのネットワークを築いていく。ネグリ＝ハートは、そうした寄る辺なきマルチチュードたちがもつ「潜在力（ポテンツ）」に注目したのであった。

マルチチュードは、いわゆる顕示的な欲望消費には踊らされていない。むしろ地下の空間で、潜在的な力能を高めることに関心をもっている。その力能は、「逸脱的」というよりも「全幅的」であり、人間のなかに潜む、あらゆる可能性を踏破しようとする。マルチチュードは、商品アイテムによって自己のアイデンティティを飾るという消費文化には、関心がない。マルチチュードはむしろ、自身の可能性そのものに、誇りをもちたいと考えている。マルチチュードは、自身の潜在力、あるいは全能感を得ることに、至福の快楽を感じることができる。そのような快楽への関心は、資本主義社会が要請する能力形成の基準を超えて、人間の可能性全体を開花させるという、爆発的なエネルギーを秘めているだろう。

他方で、アマルティア・センのいう「ケイパビリティ（潜在的可能性）」は、こうした可能性とは少し異なる関心から特徴づけられている。ケイパビリティの理念は、通常の市民がもつ一般的な「潜在能力」を問題にする点では、マルチチュードの理念よりも、もっと実効的な目標を与えている。人びとは例えば、すぐれた教育機会や住環境を与えられても、それをうまく利用できないかもしれない。機会を利用するための能力が不足すれば、のぞましい厚生のレベルを実現することができないかもしれない。そのような場合には、政府は、人びとの潜在能力をさまざまな仕方で支援して、社会的な厚生水準を上げることができるだろう。ケイパビリティ・アプローチは、およそこのように発想して、人びとの潜在能力を高めるためのさまざまな施策を考える。人びとは、欲望消費によって自分の「厚生（＝善き生）」を満たすのではない。人々はむしろ、教育の機会や、図書館、美術館、コンサート・ホール、公園、市民センターなどの文化的な環境を利用しながら、自身の潜在能力を高めていくことが期待されている。また人びとは、なにが重要なケイパビリティであるかをめぐって、市民的な議論を通じて、ケイパビリティ形成のための政策を合意形成していくことが期待されている。センのケイパビリティ・アプローチは、欲望消費とは別の次元で、人びとの潜在能力を高めていく方向性を与えている。

こうしたマルチチュードやケイパビリティの思想に加えて、経営学の分野では、「第五の競争軸」という議論もある。[9] それによると、従来、二〇世紀型の市場社会においては、四つの競争軸があった。一つは「自己変革力」（企業が短期的な業績の達成に留まることなく、長期にわたって反映し続けられるかどうかという革新の能力）をめぐる競争。第二に、マーケット・シェアをめぐる競争。第三に、価格をめぐる競争。そして第四に、品質をめぐる競争である。これらに加えて、二一世紀型の市場経済においては、「第五の競争軸」として、「グリーン・イノベーション」、すなわち持続可能性の追求が、市場競争を特徴づけるという。例えば消費者たちは、「環境にいいものを作ってくれ」「社会の健全な発展に貢献してくれ」「私たちの子どもや孫にも明るい未来を残せるように行動してくれ」といったニーズを抱くようになっている。こうしたニーズは、商品の使用価値そのものではなく、「潜在的な可能性」を喚起する商品を評価するという、消費者たちの新たな志向の現われであろう。「第五の競争軸」は、私たちの欲望（「ポスト近代」）を刺激するものではない。それはまた、私たちの勤勉な努力や長期的な計画性（「近代」）を刺激するものでもない。「第五の競争軸」は、持続可能な環境価値を市場の評価（商品価値や企業価値）に組み入れる。それは「ロスト近代」社会の駆動力を与えている、と言えないだろうか。

マルチチュード論にせよ、ケイパビリティ論にせよ、あるいは「第五の競争軸」論にせよ、これらは「ポスト近代」がかかげた「欲望消費」とは別の、あらたな駆動因を示唆しているように思われる。いずれも、経済的な繁栄のために欲望消費を増大させるのではなく、私たちの潜在的な可能性を高めていくこと、それ自体に関心を示している。人々の潜在能力は、地下の空間において、あるいは文化的・政治的・経済的なさまざまな空間において、いろいろな仕方で増幅され、実現されるだろう。潜在的な可能性を増大させるという私たちの関心は、もちろんそれだけでは資本の駆動因と結びつかないかもしれない。ところが潜在能力への関心は、めぐりめぐって、新たな資本を動かす駆動因となりうるかもしれない。

5　自然の本来的価値を求めて

そこで検討してみたいのは、自然に対する私たちのある特殊な関心についてである。ある種の自然志向は、一方における「潜在能力への関心」と、他方における「資本の駆動因」を、結びつけることができる。本書の最終章では、「ロスト近代」社会の駆動因について詳述する予定であるが、以下ではその議論の輪郭を描いてみることにしよう。

最初に、「自然は本来的な価値をもっている」という発想から出発してみたい。最近になって、環境倫理学において論じられることの多い「自然の本来的価値」論というものを検討してみると、その含意は、人間の生き方と自然のもつ潜在的な可能性のあいだに、ある架け橋をかけている。人は、自然の豊饒性に触れることで、自身の潜在的可能性を高めていくことができる。

そのような関係性を、今度は資本の論理へと結びつけるために、たんなる人文主義を超えて、工学的な発想へと向かってみよう。自然の本来的価値は、それを理解し、解明し、また工学的に応用することによって、私たちの生活に豊饒な作用をもたらしてくれる。「バイオミミクリー」――生命（バイオ）を模倣する術（ミミクリー）――の観点は、新たなテクノロジーと自然の本来的価値を結び付けるための、有効な発想法の一つであろう。

むろん、自然の生態を模倣するための技術を開発するだけでは、商品化に結びつかない。技術と商品を媒介するためには、商品開発力を持った人々がいなければならない。またその商品を、先駆的に試すような、環境に敏感な消費者（＝環境市民）がいなければならない。環境市民は、技術者の先駆的な技術を取り入れて、新たなライフ・スタイルの価値を提案するだろう。そのフォロワー（追従者）たちは、リーダーのライフ・スタイルを模倣して、運動の一端を担っていくだろう。バイオミミクリーの技術を取り入れた生活を、環境市民たちがロマン主義的に演出していくならば、そのような演出によって、バイオミミクリーの技術に資本のプレミアムがついていく。自然の本来的価値を、経済的なプレミアムとして流通させるためには、技術者と市民の生活創造的な連携が必要になってくるだろう。

以上の内容を簡潔に示すと、次のようになる。

自然の本来的価値
→ ①アリストテレス的な「善＝卓越」理論の拡張
→ ②自然の模倣（バイオミミクリー）による技術開発
→ ③環境市民によるライフ・スタイルの啓蒙

この三つの企てを連携したところに、私たちは、「ロスト近代」の駆動因を求めることができるのではないだろうか。「ロスト近代」を動かす動因は、一言で言えば、「自然の本来的価値」である。自然は、それ自体として、豊穣な多産性をもっている。その価値を、自分自身の潜在的な可能性の拡張へと結びつけることによって、社会はエネルギッシュに変革されていく。次章では、この駆動因が必要とされる現代の状況について分析してみたい。

第2章

ロスト近代
表層から深層へ

0 はじめに

八〇年代の後半から九〇年代の初頭にかけて、日本社会はバブル経済の狂乱に酔いしれていた。一人当たりのGDPは、アメリカ人のそれを追い越し、人びとはまるで、世界の頂点に立ったかのように浮かれていた。ところがバブルが崩壊すると、以降の日本経済は、「失われた一〇年」とか「失われた二〇年」などと言われる時代に突入していく。「ロスト近代」の到来である。

ロスト近代の社会は、「失われた」という感覚とともに訪れている。築き上げられた社会の繁栄が、しだいに失われていく。そんな感覚とともに、私たちはさまざまなストレスに見舞われてきた。なによりも内需の伸び悩みによって、経済が長期的に低迷することになった。デパートの売り上げは大きく減少し、新たに、「シンプル族」や「草食系男子」と呼ばれる人たちの生活スタイルが話題となっている。消費を控えて、できるだけシンプルな生活をする。そんな美徳が、若者たちのあいだで広がってきた。

だが、そんな消費の仕方では、内需は回復しない、日本経済は再浮上しない、と経済学者たちは憂いている。いったい、この社会をどんな方向に舵取れば、資本は駆動因を得るのだろうか。本章では、前章でスケッチした「ロスト近代」の構造について、分け入って検討してみたい。社会の表層分析からはじめて、その背後にある駆動因を探り当ててみよう。

1　社会の新たな変動がはじまった

現代社会の一面を切り取ってみると、それは、「欲望消費の減退」によって特徴づけることができるだろう。その兆候は例えば、デパート産業の苦境に表れている。デパートの売り上げは、一九九一年のバブル経済時に約一〇兆円のピークを迎えたものの、最近では、六兆五八四一億円にまで落ちている。ある予測によると、二〇一五年には、ピーク時と比べて約半減の、五兆円規模にまで縮小するともいわれている。

デパートに代わって人気を集めているのは、ユニクロやH&Mなどの、低価格で高品質の商品を売る店である。これらの店の売り上げが伸びているのは、自社で作って自社で売り切る「製造小売（SPA）」の方法を確立したからだといわれるが、この方法に対抗できる流通方法を見いださなければ、デパート業界の生き残りは難しいかもしれない。もはやブランド品なら何でも揃うという品揃えの仕方では、人びとの欲望を喚起しなくなってきた[10]。

デパートの凋落の背景には、家計の収入減という歴然とした事実もある。例えば、三〇代前半の男性の年収は、バブル期のピークと比べて約二〇〇万円も減少しているという。しかもこの世代においては、「中の下」意識をもった人が、半数弱を占めている[11]。あるアンケート結果によると、「このまま働いていれば生活が良くなる」と回答した三〇代前半の人は、一五％にすぎなかったという。ネットでの別のアンケート調査によれば、団塊ジュニアを代表する三五歳の三分の一以上は独身であり、そのなかの男性の四割は、未婚の理由として「収入の少なさ」を挙げているという[12]。

どうも若者たちは、経済の低迷とともに、守りの人生に入っているのだろうか。海外旅行に行く若者たちも、減少の一途をたどってきた。一九九六年から二〇〇六年にかけて、二二歳から二九歳の若者で海外旅行に行った人は、三六%も減少している。海外旅行が「できない」というわけではない。インターネットその他の情報環境の発達によって、疑似体験をすることができるようになり、海外に「行きたい」と思わない人が増えてきたようである。ハワイに行ったことのある人のブログを読めば、ハワイに行った気分になる。そういう既視感（デジャビュ）が広がっている。

では現代の若者たちは、どんな生活を求めているのだろうか。『日経流通新聞』の記事「巣ごもる20代」[13]によると、「お酒をまったく飲まないか月に一回以下しか飲まない」という二〇代の人たちは、三四・四%もいるという。また、休日は「ほとんど家にいる」「家にいることが多い」と答えた人たちは、四三・一%もいる。一六歳から四九歳の男女三、〇〇〇人を対象とした別の調査[14]によると、二〇一〇年の段階で、「セックスに関心がない・嫌悪している」と答えた人は、男性で一八%、女性で四八%であった。この数値は、二〇〇八年の同調査と比べると、男性の場合は七ポイント、女性の場合は一一ポイントの増加であるという。ネットで豊富な「擬似体験」をすることができる結果として、人々はしだいに、「実体験」への欲望を衰退させているのかもしれない。

　むろん、「ロスト近代」の社会においても、欲望消費にドライブがかかっている分野はある。携帯電話やデジタル・カメラなどの分野である。けれどもこれらの分野の商品も、今後は大きな需要を見込めそうにない。若者たちは、ブランドの「記号消費」も、家電製品などの「実需消費」も、いずれも控える傾向にあるという。高所得を得ているはずのホワイトカラーも、長時間労働にあえぐ結果として消費する暇がない。そんな人たちが買うのは、通勤に便利な駅に直結したマンションであり、いったんマンションに住みはじめると、自動車は必要ない[15]。服もユニクロで間に合わせるという、「嫌消費の時代」になってきた[16]。こうした諸傾向をあわせて考えると、現代の若者たちは、次のような消費心性をもっていると言えそうである。

(1) 若者たちは、すでに豊かな生活を享受しているので、「近代」が追い求めた「実需消費」に、急いで手をだす必要がなくなった。
(2) 若者たちは、インターネットの発達によって疑似体験ができるようになり、海外旅行やセックスなどの実体験をあまり求めなくなった。
(3) 若者たちは、インターネットの発達によって、モノを買う前に十分に吟味するようになり、デパート空間を通じた記号消費に踊らされなくなった。
(4) 若者たちは、所得が減少した結果として、高額商品の消費で満足を得るよりも、やりがいのある仕事や趣味に関心を示すようになった。

(5) 高所得をかせぐ若者たちは、長時間労働に適応すべく、資産価値のある駅前マンションなどを購入するようになった。

これらの諸傾向は、「ポスト近代」の若者たちの傾向とは、まったく対照的である。三浦展は、「現代の若者＝シンプル族」と「バブル時代の若者＝バブリー族」の生活をそれぞれ比較して、興味深い比較を行っている。[17] シンプル族の年齢層は、一九七〇年代生まれの「団塊ジュニア」以降の世代（現在の三〇代）であり、これに対してバブリー族は、一九六〇～六四年生まれのいわゆる「新人類」（現在の四〇代）である。すると両者のあいだには、次のような違いが見出されるという。

バブリー族は、海外の高級ブランドを好むが、シンプル族はブランド志向が弱く、ユニクロや無印良品を好んでいる。バブリー族は、ベンツやBMW、アウディなどの車を好むが、シンプル族は、ハイブリッド車か、あるいは自動車よりも自転車や散歩を好んでいる。バブリー族は、イタリア料理とワインを好むが、シンプル族は、自然食、あるいはフェアトレードで輸入されたコーヒー豆を好んでいる。バブリー族は、ウェッジウッドやロイヤル・コペンハーゲンなどの高級食器を好むが、シンプル族は、日本の作家の陶磁器や中古家具などを好んでいる。バブリー族はゴルフ、スキー、テニスなどのスポーツを好むが、シンプル族は読書、手作りの料理や裁縫などを好んでいる。バブリー族は都心のタワー・マンションを好むが、シンプル族は天然木造の家や、古民家、あるいはコーポラティブ・ハウスを好んでいる。バブリー族は、大型画面のテレビを好むが、シンプル族はテレビよりもインターネットに時間を割いている、等々。

このように、ロスト近代の「シンプル族」は、ポスト近代の「バブリー族」とは対照的に、「欲望消費」を減退させている。もはや現代人の欲望は、欲望を拡張したり増幅したりすることよりも、しだいに「自己愛消費の蛸壺」へと退却し、資本をダイナミックに駆動するような要因を失ってきたようである。しかしいったい、私たちはなぜ、欲望そのものを減退させているのだろうか。

2 自己愛消費の終焉

予兆はすでに、バブル経済期に生じていた。オタク文化が興隆していた当時、浅羽通明は著書『天使の王国 「おたく」の倫理のために』[18]のなかで、いわゆる知識人と呼ばれる人たちの説教的な態度を批判して、オタク文化の担い手たちを謳歌している。当時は、アメリカとイラクのあいだに、湾岸戦争が勃発した時期でもあった。浅羽はこの戦争をめぐって、良識的な知識人のように「反戦」を訴えるのではなく、人びとが等身大の、「矮小なエゴイスト」として振舞うべきだと主張した。

かりに、湾岸戦争が拡大したとしよう。すると日本人も、海外へのＰＫＯ派遣のために、戦争に巻き込まれて死ぬ可能性があるだろう。そのときに私たちは、どのように振舞うべきだろうか。浅羽によれば、私たちは、「せせこましい日常を生きている矮小なエゴイストである等身大の自分を直視する」必要があるという。戦争というグローバルな問題に対して、「ウォークマンを聴いていたいとか、山奥へ彼女と逃げたいとか、荷物運びなら徴兵されてもいい、といった、これだけは譲れない欲望を自分のなかに捜すこと」が必要であるという。求めるべきは「反核運動」よりも「シェルター」である。自分だけは生き延びたいという、エゴイスティックな欲望である。このように浅羽は、学校ですりこまれた私たちの道徳観を、まるごと破棄せよと主張したのであった。

九〇年代に生じたことは、この浅羽的な、オタクたちの恥じらいなき自己愛の追求であったといえるかもしれない。サイバーゲームにおいては、いわゆる公の社会規範から逃れたところにある、自己のエゴイスティックな欲望が満たされる。例えば、東浩紀が「データベース消費」と呼ぶゲーム形態は、各人が自分の欲望にあわせて、プレイをデザインできるようなっている。もっぱら自分に都合のいい仕方で欲望を満たすことができるようになると、人びとは欲求充足のために、自己の洞穴的な世界を掘りはじめる。その洞穴のなかで、他人の視線を気にせずに、自己愛を満たすようになる。自己愛を満たすことができれば、それ以上の欲望消費に巻き込まれなくなる。

こうした「自己愛消費」は、九〇年代においては興味深いことに、リベラリズムと呼ばれる思想と、構造的なカップリングをなしていた。リベラリズムとは、各人が、他人の自尊心（プライド）を傷つけないように振る舞うべし、と求める教義である。他者に対して、できるだけ寛容に接する。どんなに嫌な人でも、その人のプライバシーには干渉せず、ただひたすら、公的なコミュニケーションの空間において承認してあげる。九〇年代においては、こうしたリベラリズムの考え方と自己愛消費の徹底が、いわば共犯関係をなしていた。人びとは、できるだけ他者を傷つけないように振る舞いながらも、自分だけの世界に没入していったのである。

するとと人々の関係は、表面的で他人を傷つけないものとなり、おせっかいな介入や権威的なアドバイスは避けられるようになった。もはや「主体的になれ」という近代的な道徳の要請は通用せず、代わって主体化を遂げることのできない「アダルト・チルドレン」を癒すような言説が支配的となった[19]。大人になれなくてもいい。この社会は、アダルト・チルドレンを認めることができる。そういう寛容な態度が浸透していった。

ところが二〇〇〇年以降になると、こうしたリベラルな社会の構造は、もろくも崩れていく。考えてもみれば、ひたすら自分の欲求を満たすという自己愛消費は、底の浅い欲望でしかないだろう。「戦争で死にたくない」という欲求は、ただそれだけの欲求であって、欲望を肥大化させる原理ではない。また「データベース消費」にしても、いったん自分の世界の蛸壺にはまってしまえば、それ以上の欲望を喚起させることはない。蛸壺のなかに没入するかぎり、「欲望」はそれほど肥大化しない。欲望とは本来、他人に触発されて増大していくものであって、内閉的な環境のなかで自己増殖するには限界がある。ところが自己愛消費には、そのようなメカニズムが働かない。

欲望は、その本質的な意味において、他者の欲望を模したものであるだろう。私たちは欲望を通じて、他者に魅了され、他者性へと開かれていく。異他的なものに触れなければ、欲望は萎えていく。自己愛を満たすだけでよいのなら、欲望消費の経済は、収縮していかざるをえないだろう。

ゼロ年代になって生じたことは、オタクたちが蛸壺化した自己愛消費を求める一方で、経済全体が低迷するという事態であった。事態を打開するために必要とされたのは、グローバル化であった。人びとはもっと、異他的なものに開かれて、他者の欲望を生きなければならない。かくしてグローバリズムの圧力は、この要請を外から与えることになった。グローバリズムは、自己愛消費にふける個人に対して、大きな遠心力の作用をもたらした。日本政府もまた、グローバルな市場競争に対応すべく、ゼロ年代になっていっそう大胆な規制緩和策を打ち出していく。例えば、郵便局の民営化、タクシー業界の規制緩和、民間会社による公共施設の運営、等々の政策である。ゼロ年代のグローバル化は、人々の日常生活を、ふたたびダイナミックな市場競争のもとに投げ入れたのであった。

ゼロ年代の社会は、やがて、生存をかけた熾烈な闘争のゲームと化していく。人びとは、そうした環境の変化に適応するために、自己の内的な「サヴァイヴ感」を増していった。[20] 遠心力が働く市場競争においては、もはや自己愛の肯定感情は、通用しない。社会はもはや、リベラルな個人が、水平的な地平で互いに自尊心を承認しあうという関係ではありえない。むしろ社会は、市場における「勝ち組」と「負け組」の非対称的な権力関係を露呈していくのであって、「勝ち組」と「負け組」が分断される危機感のなかで、左派は、反グローバリゼーションによる国民統合やセーフティ・ネットによる社会統合を掲げ、右派は、セキュリティの強化（例えば警視庁による「体感治安」の強化）を求めていった。その一方で、たとえ「負け組」といわれようとも、サヴァイヴ感をもってたくましく生きる人びとに関心が集まり、ヤンママやヤンキーを再評価する言説も生み出されていった。

こうしてつまり、ゼロ年代に生じたことは、市場競争社会におけるサヴァイヴ感の上昇と、その反動としての、国民統合原理の新たな提案（例えばセキュリティや包摂の言説）であった。グローバリゼーションの遠心力と、その反動として包摂・統合への希求。これら二つのベクトルは、いずれもリベラリズムとは異質の要請であった。なんじ、自己愛消費に閉じこもらずに、サヴァイヴせよ。だがその不安を解消するために、国家は人民を包摂せよ、というわけである。こうした二つの要請は、先に述べたような、自己愛消費とやさしさの倫理（消極的な他者承認）のカップリングとして成立していた九〇年代的なリベラリズムの世界とは、異質のモードであろう。

ゼロ年代を代表するマンガは、『バトル・ロワイヤル』や『デス・ノート』などであった。いずれも登場人物たちは、過酷な状況において、自己愛とは無縁の、悪魔的な欲望を激昂させていく。この悪魔的な欲望は、ゼロ年代の資本を駆動する一つの動因であったと言えるだろう。もはや「ポスト近代」における欲望消費の原理は通用しない。「ロスト近代」においては、資本を駆動する原理は、グローバリズムによるサヴァイヴ意識の覚醒となって現れた。

しかし他方で、このサヴァイヴ感覚は、思わぬ壁にぶちあたる。インターネットの発達のおかげで、人びとはあまり所得を稼がなくても、あるいはあまりサヴァイヴ感をもたなくても、魅力的な文化を無料で楽しめるようになってきた。ユーチューブやウィキペディア、グーグルやツイッター、フェイスブックやニコニコ生放送などのサイトを利用すれば、さまざまな情報がほとんど無料で手元に入ってくる。パソコンの画面と向きあっているだけで、何時間でも楽しめるような時代になってきた。すると問題は、はたして市場社会において勝者となるべく、必死にサヴァイヴすべきなのか、それとも、インターネット上に繰り広げられる魅力的な文化を享受しながら、自由気ままに暮らしていくべきなのか。悩ましい選択となってきた。

どうも、ロスト・ジェネレーションと呼ばれる三〇代の人たちは、サヴァイヴ感をけん制して、質素で豊かな生活を求めるようになってきたようである。『週刊ダイヤモンド』[21]の「サラリーマン実感調査」によると、三〇代のサラリーマンは、特殊な意識を抱いていることが分かる。アンケートでは、各質問項目に対して、世代ごとの結果が示されている。たとえば「あなたが住みたいと思うのはどんな社会ですか」という問いに対して、三〇代の人びとは、「能力主義」でも

「平等主義」でもない社会がよいと考えている。[22]「能力主義か平等主義か」という問いに対して、どちらでもないと答える人の割合が、他の世代に比して圧倒的に多いのである。

このほか、「個人主義か集団主義か」という問題に対しては、二〇代と三〇代は「個人主義」を選好するのに対して、四〇代は、個人主義と集団主義をほぼ同じ割合で選好している。「競争社会か相互扶助社会か」という問いに対しては、全体として「相互扶助社会」を選ぶ人が多いものの、三〇代と五〇代は「競争」を著しく避ける傾向にある。「高成長社会か低成長社会か」という問いに対しては、「高成長社会」を望む人が全般的に多い。「大量消費社会かリサイクル社会か」という問いに対しては、どの世代においても、全体的に「リサイクル社会」を選ぶ人が多い。

ロスト・ジェネレーションと呼ばれる三〇代の人たちは、能力主義と平等主義のいずれも避けて、個人主義を重んじる傾向にあるようである。じつはこの三〇代の人たちの意識は、平均的な女性の意識とほぼ一致する。おそらく三〇代の人びとは、仕事において能力主義と平等主義のいずれを好むかについては、あまり有意な意見がないのであろう。けれども消費生活においては、個人主義的でありたいのだろう。大型テレビにはあこがれず、ローンをしてまで車を買わず、デートは高級レストランに行かずに家で鍋をする。こうした消費のつつましさは、もしかすると、新たなライフスタイルを提起しているのかもしれない。若い世代は、周りからバカにされないために、外食を避け、インターネットを賢く利用し、節約に貢献してくれるものを買う傾向にあるといわれる。[23] この倫理感覚は、もはや現代の資本主義が、実需の「欲望」では駆動されない兆候を示しているのではないだろうか。

慎ましくて賢い消費をする。そのような倫理観が人びとのあいだに浸透すると、なによりも衰退するのは既成の広告業であろう。これまで広告業界が支えてきたテレビ局の経営は、最近になって、モラルハザードにさらされているといわれる。たとえばBS放送においては、すでにその三〇%が通販の番組となっており、地上波の放送においても、通販の売り上げは、一〇〇億円に近いという。二〇〇八年に開催された北京オリンピックを放映した番組においても、パチンコ、サラ金、そして通販という三つの業種が、広告の担い手であった。いまやテレビは、賢い消費者を相手にするのではなく、広告に踊らされる人々に狙いを照準しているのではないか。テレビ業界そのものが貧困ビジネスになっている、との批判もある[24]。

経済学者のガルブレイスによれば、広告は、人びとの欲望を無批判にかきたてる点で、望ましくない媒体である。隣人や広告につられて商品を買うという「依存効果」は、個人の主体的な自律を阻む要因であって、克服されなければならない。そのためには政府が広告業を規制しなければならない、とガルブレイスは考えた。ところが現代においては、インターネットの発達によって、人びとは、商品の情報を吟味するようになっている。欲しい物があれば、ウェッブでチェックする。このチェックするという機能が、これまでのテレビにはなかった。テレビだけを見ている人は、商品を批判的に評価する手段がない。これに対してインターネットは、賢い消費行動を可能にし、「欲望消費」のあり方を変容させてきた。

3　情報無料化の時代

さらにインターネットを使えば、ほとんどタダで、批判的な情報が手に入るようになってきた。クリス・アンダーソン著『フリー〈無料〉からお金を生み出す新戦略』[25]は、そんな時代の新しい現象を描いた好著である。アンダーソンによれば、ウェブ上のコンテンツが無料になるのは、ウェブ上に情報提供する人が増える一方で、情報に対する需要は、それほど増えないからであるという。情報に対する需要は、なぜ増えないのか。それはそもそも、人びとの「可処分時間」に限界があるからである。人々が情報を受容できる時間は限られている。ところがウェッブ上には、ますます多くの情報が掲載されていく。

情報の無料化に拍車をかけているのは、若い人たちの心理である。若者たちは著作権に無関心であるか反発しており、インターネットを通じて、無料のコンテンツを探す傾向にあるといわれる。そうしたなかで確実に売れているのは、アップル社のアイポッド（iPod）やアイパッド（iPad）のような情報端末機である。私たちは端末機器にお金を出す一方で、情報を無料で楽しむようになってきた。

無料で享受できる商品は、従来の社会にもあった。例えばスーパーの食品売り場には、無料で試食できるコーナーがある。ところがネット上では、この無料の試食（情報）の割合が、九割以上にまで高まっていく。DVDをコピーするためのソフトや、画像を処理するための基本的なソフトなどは、現在、ネットを通じて無料でダウンロードすることができる。すると企業戦略も変化せざるをえない。企業はまず、基本的なソフトを無料で提供して、多くのユーザーを獲得する。そして、有料のプレミアム版を買ってくれるほんの一握りの人びと（五％くらい）を相手にすることで、商売を成立させなければならない、というわけである。

ネット上ではまた、「海賊版のパラドックス」という現象もみられる。海賊版のパラドックスとは、ある商品の海賊版が大量に流通すると、本物のブランドを求める人も増えるため、海賊版を容認したほうがかえって儲かる、という論理である。そのような商売の論理は、ネット上にも広がってきた。企業はネット上に、できるだけ無料のコンテンツを提供したほうが、商売になるといわれる。

こんなケースもある。アメリカの「TEDカンファレンス」は、招待者のみが参加できる講演会である。毎年、企業経営者、ハリウッドのエリート、元大統領などが、カリフォルニアのリゾート施設に集まって開催されている。テーマとしては、テクノロジーやエンターテイメント、あるいはデザインに関するものを扱っている。二〇〇六年になって、このカンファレンスの主催者は、それまでの閉鎖的なやり方をやめて、ひとり一八分の講演を、ウェッブ上に無料で公開した。するとこれまでに五、〇〇〇万回も視聴され、カンファレンスの経営はこれによって大成功をおさめたという。チケット代は、九九年の六〇〇ドルから、〇九年には六、〇〇〇ドルにまで跳ね上がり、参加者は六〇〇人から一、五〇〇人に増えたという。

いったい、六、〇〇〇ドルもするカンファレンスの中身が、どうしてネットを通じて無料で視聴することができるのだろうか。その理由は、カンファレンスというのはたんに講演を聴く場ではなく、そこに参加する出席者たちと歓談する場であって、そのことに参加者たちは大きな価値を認めているからである。参加者たちは、講演者と同じくらい優秀な人々と会話することに、六、〇〇〇ドルを支払う用意がある。ネット上では情報コンテンツを無料にしても、直接的な経験には高い価格がつく。インターネットが発達したおかげで、体験型の商品には、大きな利益が見込める時代になってきた。

すでにカリフォルニア大学のバークリー校では、一〇〇人を超える教授の講義がユーチューブで配信されており、これまでに二〇〇万回以上も視聴されたという。スタンフォード大学やマサチューセッツ工科大学（ＭＩＴ）も同じように、講義を無料で配信している。ＭＩＴのオープンコースウェア構想では、講義ノートや課題や講義ビデオなど、ほぼすべてのコンテンツが、オンラインを通じて無料で提供されている。なぜ大学側は、コンテンツを無料で提供するのかといえば、それは大学が、情報そのものよりも、教員と直接コミュニケーションすることに価値を置いているからであろう。もちろん学生にとって、大学の卒業証書も、キャリア形成のために重要な役割を果たしている。けれども、大卒資格を得ることの価値は、たんに講義を視聴してその内容を学ぶことではなく、教員や周囲の優秀な学生たちとコミュニケーションするという、その体験にこそある。大学が提供する情報そのものは、無料でもかまわない。いや無料だからこそ学生をひきつける、という論理が成り立つのである。

こうして、大学を含めた情報産業においては、作った商品をすべて有料で売るという考え方が通用しなくなってきた。そこで私たちは、発想を逆転させて、作った商品の九割以上を無料で提供するという、「浪費の効用」について考えなければならない。例えばタンポポは、その種子をばら撒くことによって、自分の子孫を増やしていく。タンポポの種子は、その大半が無駄になるけれども、とにかくあらゆる繁殖の機会を捉えて繁殖しようとする。情報産業の場合にも、同じことが当てはまるかもしれない。企業は、あらゆる機会を捉えて、商品の種子をばら撒いていく。するとある偶然の機会に、その情報が購入され、思わぬ方向にビジネス・チャンスが広がっていく。そのような進化論的な発想がなければ、企業は利益を上げることはできないのではないか。ネット社会においては、大きな試行錯誤が求められるようになってきた。

クリス・アンダーソンによれば、今日の革新者は、「希少なもの」をいかにして「効率的」に使うかを考えつく人ではなく、「潤沢なもの」をいかに「浪費」すればよいのかを考えつく人であるという。無料で何かを提供する。するとそれが社会の変革を促すと同時に、あらたな商売の機会を生み出していく。こうした進化論的イノベーションの方法は、「ロスト近代」の駆動因を理解するための、重要な示唆を与えているだろう。

それ以前の「ポスト近代」社会においては、人々は、広告に釣られて自身の欲望を肥大化させてきた。人びとは、さまざまな記号消費に踊らされ、欲望を喚起させられることによって、資本主義を駆動してきた。ところが「ロスト近代」の社会においては、広告以外の商品情報が、あふれだしている。私たちは商品の中身をいっそう吟味するようになっている。「ロスト近代」社会においては、私たちの欲望とは無関係に、情報のシャワーが降ってくる。そうした環境のなかで、私たちは、本当に必要なもの、あるいは評価できるものを買うことができるようになっている。情報があふれる社会、もっと正確に言えば、「情報を解釈する情報」があふれる社会においては、商品の質を吟味する力が養われていく。すると人びとは、商品の価格が限界費用にまで下がってから買うという、賢い消費行動に出ることができる。あるいは人びとは、あまり利益は上がっていないけれども、すぐれた商品を提供する企業というものを探して、賢くお金を使う方法を学ぶことができる。

「ロスト近代」の社会においては、そのような賢い消費の条件が整ってきた。人びとは、記号消費ではなく、価値解釈を伴った判断力によって、商品を購入するようになってきた。人びとは、以前にも増して、自身の判断力を洗練させていくことに関心を寄せている。「記号」を消費するのではなく、「価値解釈」を消費する。こうした「記号消費」から「価値消費」への転換は、「ポスト近代」から「ロスト近代」への転換を示しているだろう。記号消費は、自身の欲望の襞を増大させる原理であるのに対して、価値消費は、自身の判断力の洗練化を導く原理である。「ロスト近代」においては、情報が無料になる一方で、本当によいものを消費するという、オーセンテイックな（本物志向の）生活が可能になってきた。

「価値消費」の生活は、自分が「欲しいもの」を買うという自己中心的（エゴセントリック）な営みではない。あるいは、記号で差異化されたアイデンティティを獲得するという「私探し」的な営みでもない。「価値消費」とは、まずもって、その価値を生み出した人を「応援」したり「賛同」したりするという、公共的な営みである。私的な欲望を満たすのではなく、自らもまた、価値解釈の判断をネット上に加えることによって、公共的な評価空間を支えていく。そのような価値解釈の実践が動機となって、人々の消費行動が刺激されていく。「ロスト近代」においては、私的な欲望を満たすだけの自由競争は終焉し、代わって「公共的な評価」が競われるような、自由な評価競争の時代へと移ってきたように思われる。

実際、アマゾンや価格ドットコムで売られる商品へのレビューや、ツイッターを通じたゴシップ評価、あるいはユーチューブによる情報提供などは、そのような公共性の空間を、政府の助成金に頼らず築くことに、ある程度まで成功してきたといえるだろう。こうしたコミュニケーションのインフラ（公共的基盤）は、私たちが民主的な取り決めによって提供したものではなく、企業が自生的な仕方で提供してきたものである。ネット上の公共空間は、この場合、民主的討議を経てデザインされたのではなく、企業の利潤追求と消費者の自由な活動のなかで、自生的に育まれてきた。上からの主導で公共規範を実現したのではなく、個々の無数の活動によって下から生み出されてきた。私は以前、こうした公共性の性質を、パレートのいう「残基（残余）」という概念を発展させて説明したことがある。「ロスト近代」においては、公共的なものが、下からの活動によって生み出されていく。そういう駆動因にこそ、私たちは資本の新たな論理を求めることができるのではないだろうか。

4 第三領域の失効

「ロスト近代」の公共性は、いわば表舞台の裏にまわって、得体の知れない残基から生成している。私たちはそのような「残基」を足がかりに、資本のあらたな駆動因を探ることができるように思われる。一般に「公共空間」といえば、国家にも市場にも還元できない「第三の空間」であり、「社交的で豊かなコミュニケーションの場」というイメージがあるだろう。だがそのような第三領域は、しだいに変容しつつある。

国際比較でみると、日本人は、他国の人々に比べて、国家にも市場にも還元されない「第三領域」への信頼度が、かなり高いといえる。ピュー研究所の世界調査[26]によると、例えば、「自力で生きていけない人を国は助けるべきだ」という質問に対して、「完全に賛成」「ほとんど賛成」と答えた人の合計は、アメリカ人七〇%、スウェーデン人八六%、日本人五九%であった。これに対して「完全に反対」「ほとんど反対」と答えた人の合計は、アメリカ人二八%、スウェーデン人一二%、日本人三八%であった。また「市場経済のほうが良い生活ができる」という質問に対して、「完全に賛成」「ほとんど賛成」と答えた人の合計は、アメリカ人七〇％、スウェーデン人七一％、日本人四九％であり、これに対して「完全に反対」「ほとんど反対」と答えた人の合計は、アメリカ人二四％、スウェーデン人二三％、日本人五〇％であった。

これはとても興味深い調査結果である。アメリカ人とスウェーデン人はいずれも、市場経済を高く評価しており、さらに弱者保護に対しても、大きな理解を示している。これに対して日本人は、市場に対する敵意が、諸外国に比べてダントツに高く（ロシア以上に高い）、他方で、自力で生きていけない人を国が助ける必要はないとみなす点でも、ダントツに意識が高い。つまり日本人は、国家にも市場にも信頼を寄せせない点で、突出しているのである。これは、国家や市場に還元できない「第三領域」を大切にしていることの現われであろう。

けれどもここで注視したいのは、「第三領域」において求められている価値の変容である。電通総研による『世界価値観調査２００５』の国内結果レポート『マルチ・スタンダードな社会ビジョンを―サステナブルな成熟社会へ』によると、一九九〇年から二〇〇五年にかけて、社会の重要な目標（一番重要と二番目に重要な目標の総和）に大きな変化がみられるという。日本人が最も重視している目標は、あいかわらず「経済の安定」である（六三・四％→六七・〇％）。ところが「人間的で温かみのある社会」や「都市や農村をもっと美しく」といった公共的な目標は、しだいに求められなくなってきた（それぞれ六九・九％→五七・二％、四八・一％→三五・八％）。代わって求められるようになったのは、「犯罪撲滅」や「強い防衛力」といった国家的な目標である

（それぞれ三一・〇％→五七・二％、九・二％→二七・三％）。最近の日本人は、温かみのある人間関係や、美しい景観といった公共性よりも、むしろ国家機能の強化を求めるようになっている。このことは、人びとが従来型の公共的美徳に、あまり関心を示さなくなったことを示唆しているだろう。

実際、ネット上の公共空間においては、人々は「社交を楽しむ人格」としてではなく、たとえ匿名であれ、洗練された「評価」を楽しむ主体として登場している。人びとは第三領域に対する強い帰属意識（コミットメント）をもつのではなく、それぞれ個人主義的な仕方で、ネット空間にかかわるようになってきた。

速水由紀子は、現代人のコミュニティ志向を三つに分類している。[27] 第一の志向は、アメリカに留学するなどして、グローバルな社会関係を築いていく「グローバル・コミュニティ」派である。第二の志向は、ミクシィなどのＳＮＳ（ソーシャル・ネットワーキング・サービス）やブログを通じて、ネット上のコミュニケーションに参加したり、サッカーのサポーターになったり、あるいは地元のサークルに参加したりする「ローカル・コミュニティ」派である。そして第三の志向は、アニメやゲームのオタクになり、執着する対象の情報やグッズを集めるような「オタク・コミュニティ」派である。

このうち、第一のグローバル・コミュニティ派は、なるほど資本の新たな駆動因となることができるだろう。では第二、第三のコミュニティ派は、いかにして駆動因となりうるのか。欧米では最近、コミュニティの役割を、別のコミュニティへ移るための「橋渡し機能」という点から評価するようになってきた。例えば、R・パットナムの有名な分類によれば、社会的関係資本には、二つのモデルがあるという。一つは「結合（bonding）」を促す資本であり、もう一つは、コミュニティのあいだを「橋渡し（bridging）」する資本である。[28] ここで「橋渡し」の資本とは、コミュニケーション上の劣位にある「コミュニティ」に属する人々が、優位のコミュニティへと向かうための資源である。個々のコミュニティが、それぞれ閉鎖するのではなく、外部への「橋渡し」的な機能（社会的関係資本）をもつ場合に、人々は階層間の移動を容易にすることができるだろう。そのような橋渡し機能は、社会の潤滑剤となるだろう。

実際、「ロスト近代」の社会においては、「コミュニティ＝第三領域」に対する関心は、パットナムが示したように、「温かい人間的結合」から、「階層間移動のための橋渡し」の機能へと移ってきた。そのような兆候を示す事実を、いくつか挙げてみよう。

一つは、現在の一五歳の中学生たちが、学校への帰属意識を失っているという統計結果である。ＯＥＣＤの調査によれば、日本の一五歳の生徒たちはきわめて特異であり、学校への帰属意識が著しく低いという（約三七％の生徒の意識が低い）。[29] にもかかわらず、日本の生徒たちは、他国に比べて怠惰傾向に陥っていない。この調査が示しているのは、日本の生徒たちは、学校への帰属意識が少なくても、怠けないで登校するという、個人主義的な行動規範の表れではないだろうか（図２－１を参照）。

図 2-1. 学校への帰属意識の低い生徒および怠学傾向生徒の割合生徒の割合

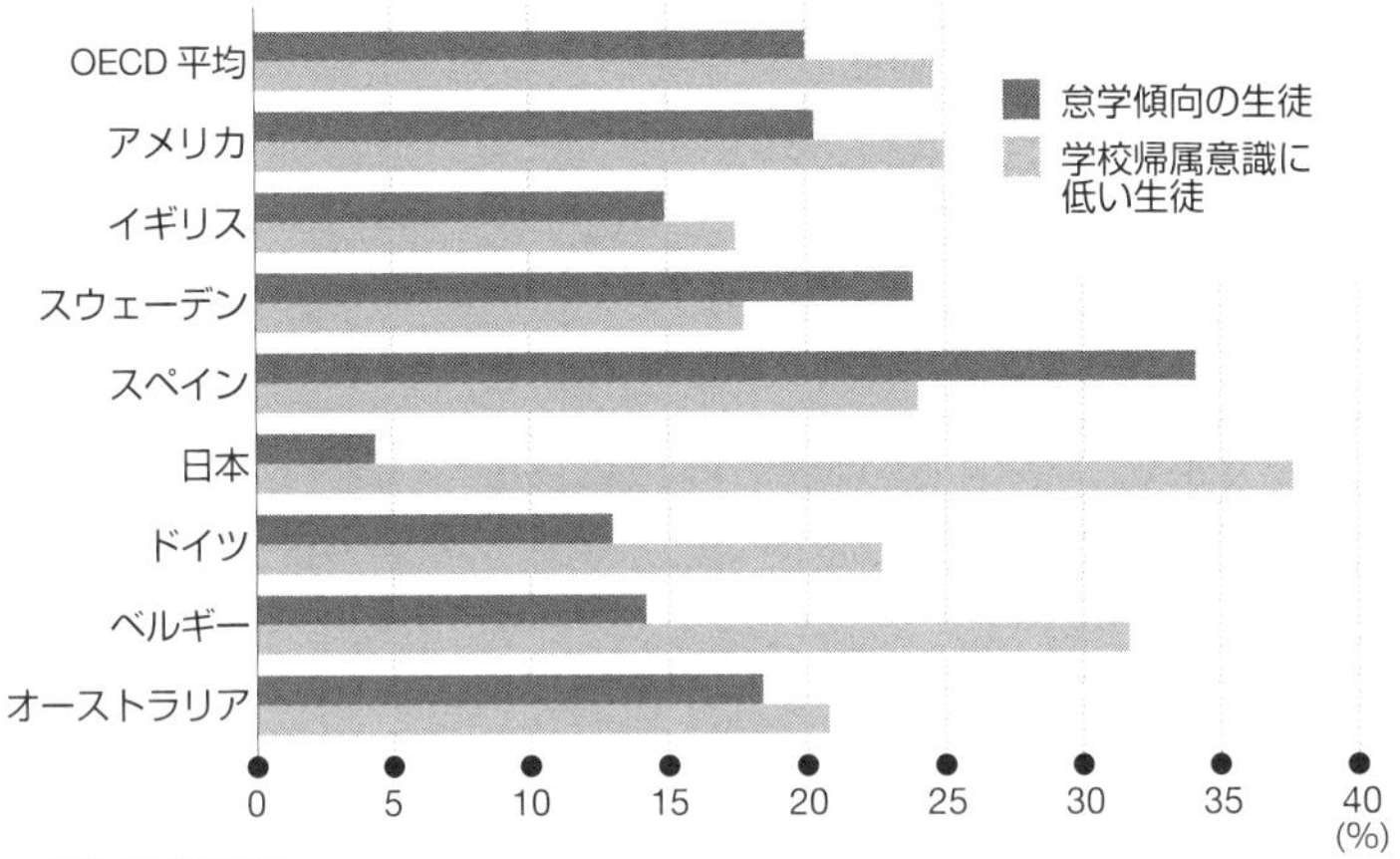

資料：OECD 2004

(15 歳 ,2000 年)

ところが別の調査によると、日本の生徒たちは、「努力がむくわれる」とはあまり思っていない。国際比較で見ると、「努力が報われない」と思っているのは、とりわけ日本の子どもたちであり、また「学校生活が楽しければ成績にこだわらない」と答える生徒も、国際的な都市間の比較では、東京がダントツである。「今は勉強することが一番大切だ」という問いに対しては、東京が最低のランクである。また東京では、低得点の層が増大している。[30] 総じていえば、日本社会には、近代社会における「努力信仰」がなくなり、生徒たちの学校帰属意識もなくなってきた。にもかかわらず、生徒たちは怠惰にならずに、日々の学校生活を送っている。これはいったい、どういうことであろうか。

　生徒たちは、努力がむくわれないと感じて

いるにもかかわらず、あるいは学校への帰属意識が希薄であるにもかかわらず、怠けないで生活している。これはつまり、学校共同体という「第三領域への帰属感情」が衰退したのちにも、生徒たちを突き動かす動因があるからではないだろうか。その得体の知れない動因を、私は社会学者V・パレートに習って「残基」と呼んでみたい。それはとりわけ一〇代・二〇代の若者に、ひろく共有されていると考えられる。

鈴木謙介は、著書『カーニヴァル化する社会』において、最近の若者たちの動機構造が変化してきたことに注目している。従来の社会（本書でいう「ポスト近代」の社会）においては、人びとはそれぞれ、「メタ自己の視点」を参照しながらも、「あえてこうしてみる」という振る舞い方をしていた。ところが最近の若者たちは、「わたしはこれがやりたい」「わたしはこういう人間だ」という具合に、内発的な動機づけでもって行動するようになっているという。鈴木のいう「カーニヴァル」とは、「内発的な動機付けを自己言及的に高めている状態」[31]である。カーニヴァルの生活とは、ステイタス・シンボルの記号世界を生きることではない。他人からどのように思われようと、自分で自分を動機づけるような生き方をよしとする生活である。内発的な動機づけは、「温かい人間関係」としての第三領域が失効した後にも、各人の活力を引き出すことができるだろう。これは「ロスト近代」の駆動因を、ある側面から捉えているのではないだろうか。

もう一つの事例として、雑誌『ＰＯＳＳＥ』創刊号の特集「労働と貧困の若者マンガ事情」（編集部編）を検討してみよう。[32]この特集によると、最近のマンガには、四つのタイプがあるという。第一に、仕事のやりがいや、上昇志向を描くようなビジネス・マンガ。第二に、就職活動や経済的自立を親から急かされて、焦燥感に駆られたり、あるいは貧乏な生活における理不尽な経験も、すべて笑いのネタにしてしまうような生き方を描くマンガ。第三に、周囲の人間関係に踏み出せない意識の弱い人たちが、孤独や不運と向き合い、新たなコミュニケーションに踏み出していくマンガ。第四に、闇金融などの苛酷な現実を描きつつ、かかる苦境において、ルサンチマン（恨み・辛み）にとらわれない生き方を模索するマンガ、である。

これら四つのタイプは、分析のなかではそれぞれ、「ネオリベ根性」「ニヒルな笑い」「アトミズムの克服」「コミュニティの崩壊」と呼ばれている。いずれも、最近の若者意識を捉えた類型であるが、ここでこれら四つのタイプは、若者たちのタイプというよりも、一人の若者のなかに映し出された、さまざまな特徴であるようにもみえてくる。四つの特徴を綜合してみると、一つの若者像が浮かび上がってくる。すなわち、ニヒルな態度で市場社会に適合してはいるが、満足できるコミュニティを見出すことができず、むしろ「たくましい個人」として生きていくほかない、という意識をもった若者像である。このような若者像は、ロスト近代を駆動する動因を、別の側面から説明するであろう。

5 シンボリックに発見される「貧困」

従来の社会では、コミュニティにおける人格的な結びつきが基盤となって、人々は「存在の肯定感」を得ることができた。コミュニティの内部では、互いに認め合うことができた。そんな安心できる中間集団への帰属のおかげで、人々は疎外された全体社会のなかでも生きていくことができた。ところが現在、コミュニティに求められる社会的機能は、人格的な結合から、橋渡しの機能へと移ってきている。あるいはコミュニティ意識そのものが、現代人には希薄となっているのかもしれない。そうした時代状況のなかで、私たちはどのようにして、社会の駆動因を得ることができるのだろうか。

「カーニヴァル化」という現象に即して言えば、「自分で自分を内発的に動機づける」ようなエネルギーは、どこから生まれるのだろう。私たちは、かりに「第三領域」のコミュニティが失効したとしても、生活者として生きていかねばならない。いったいコミュニティにおける結合機能が満たされないとき、人はどのようにして存在のエネルギッシュな基盤を得ることができるのだろうか。この問題を考えるとき、私たちはあらためて「貧困」の問題を発見する。

どういうことか。すこし説明しなければならない。例えば私たちは、最近の若者たちが貧しい、ということを問題にしている。非正規雇用者の増大とともに、若者たちは危機に陥っている、といわれる。ここ数年間で、国内の貧困を問題にする新聞の記事は、爆発的に増えてきた。

ところがデータをみるかぎり、若者たちの置かれた状況は、それほど深刻化しているわけではない[33]。一五歳から二四歳の若者の失業率は、二〇〇三年に一〇%超でピークを迎えたものの、現在は八%程度にとどまっている。また失業率の約八割は、仕事内容のミスマッチが原因であるといわれる。ニートは、少しずつ減っているが、二〇〇二年以降は、あまり減っていない。大卒者の離職率は、ここ一五年くらいあまり変化していない。二〇歳から二四歳の非正規雇用の割合は、二〇〇二年以降になって高い割合(四三%程度)が続いている。ただし二五歳から二九歳までの非正規雇用の割合は、他の年代と比べてとくに高いわけではない。むしろどの世代においても、一定の割合で非正規雇用者が存在している。深刻な問題は、三〇代以上の労働者が、安定した雇用環境のもとにおかれているかどうか、であろう。ところが私たちは、問題の重要性を客観的に認識するのではなく、若者たちのほうが危機的であると考えてしまう。

その背景には、私たちの特殊な問題関心があるのではないだろうか。一般に、社会問題は、実態に即して立てられるのではなく、人々の関心に即して立てられる。社会問題の優先順位は、すでに私たちの「問題関心」によって形作られている。それをよく示しているのは、ネオリベラリズム(新自由主義)に対する批判であろう。私たちはしばしば、ネオリベラリズムが「勝者」の思想であると考えて、貧しい人びとはこのイデオロギーにもとづく規制緩和政策によって苦しんでいる、と考えてしまう。しかしジョック・ヤングが著書『排除型社会』[34]で指摘するように、アンダークラスとメインストリームの社会の価値観は、実は、それほど異なっているわけではない。

ヤングに従えば、失業者の多くが仕事を拒む理由は、社会的包摂のために提供される仕事が、能力主義の観点から見て不公平であると感じられるからだという。

他にも例えば、格差論争の中心的な論客として活躍した赤木智弘は、格差社会を告発する一方で、非正規雇用者を増やすというネオリベラルな労働政策に賛同している。この立場表明もまた、きわめて示唆的であろう。格差社会が望ましくないからといって、経済的自由を重んじるネオリベラリズムの政策が悪いというわけではない。ところが私たちは、社会問題を「紋切り型」の思考で切り取ってしまう。貧困を強いられているフリーターは、ネオリベラリズムの政策（規制緩和）に反対するはずだ、と。

詳しくは次章で検討するとして、私たちが現在問題にしている「貧困」は、シンボリックな性質のものであり、「貧困」に託した自分自身の問題でもあることを、指摘しておきたい。例えばある国際比較によると、過去一年間に、十分なお金がないために食料を買えなかったことがあったかどうかという問いに対して、「買えなかったことがあった」と答えた人の割合は、「食料」「医療」「衣服」の三つにおいて、日本は四％と諸外国に比べて最も低い水準[35]であった。国際比較で見ると、日本は相対的に貧困の少ない国である。にもかかわらず、私たちは、貧者の境遇に自身を投影することによって、自分たちの可能性それ自体を問題化する。「貧困」問題とは、まだうまく言語化されていない私たちの理念的関心を、社会に投影して生まれている。

そうした問題の視角からみると、雨宮処凛著『プレカリアートの憂鬱』講談社（二〇〇九年）

は、貧困問題を通じて人間の非凡な潜在力を啓蒙するという、すぐれたルポルタージュであっただろう。本書に登場する一七人のプレカリアートの生き方は多様である。元ひきこもり、シングル・マザー、心を病んで働けない人、ガテン系連帯という労働組合を立ち上げた人、マルクスの『資本論』研究会を始めた派遣社員、一七歳で突然親に「自分は本当の親じゃなくて里親だから、あと四日で出ていってくれ」と言われてホームレスになった人、新聞奨学生としてまるで債務奴隷のような生活を送っている人、等々。こうしたプレカリアートと呼ばれる人たちが、路上で声をあげ、歌い、騒ぎ、のさばり、政治を問いただし、生存させろ、と訴える姿が、本書では描かれている。

このようなプレカリアート運動が大きな意義をもつのは、私たちがたんに貧しい人々に同情の念をいだくからというよりも、私たちがプレカリアートの潜在力に触発され、啓発されるからではないだろうか。不安定な賃金労働者たちが路上に繰り出して、社会の秩序や規範を侵犯しながら「生きさせろ！」と主張する。そのたくましい表現力に、私たちは人間のもつ非凡な潜在力を認めるからではないだろうか。

ベストセラーとなった森永卓郎著『年収300万円時代を生き抜く経済学』光文社（二〇〇三年）も、やはり貧困問題に託して、中産階級の人びとを啓蒙する役割を果たしたと言える。この本のなかで森永は、日本社会がこれから「所得の三層構造化」に向かうだろうと診断している。第一の層は、年収一億円以上を稼ぐような一部のお金持ちであるが、これは人口の一％程度にしかならない。第二の層は、一般的なサラリーマンたちで、その年収はしかし、グローバルな競争環境のもとで、三〇〇万円から四〇〇万円にまで下がるだろう。第三の層は、パート、派遣社員、アルバイト、フリーターなどの、年収一〇〇万円台の労働者で、その割合は増え続けるだろう。そして今後、新卒者たちは、正社員としての経験を経ないまま、この第三層に組み込まれていくだろうと森永は予測している。

森永によれば、「これまでの価値観だったら、日本は「負け組」だらけになってしまう」、「9割のサラリーマンは、「負け組」の方に向かう」という。けれども、負け組の人たちに希望がないわけではない。「負け組」は、例えばイタリア人やアルゼンチン人などのように、生活に楽観的になって、稼ぐことよりも幸せな時間をすごすことに、人生の価値を見出していくことができる。日本人の負け組には、それだけの金銭的な余裕があるのであって、そのような発想の転換を、森永は求めたのであった。

この他にも、貧困問題をシンボリックな仕方で構築した論理はいろいろある。詳しい検討は次節に譲るとして、総じてゼロ年代に発見された「貧困」問題は、ロスト近代の駆動因をめぐる問題であった、と言えるかもしれない。「貧困」とは、ここでは象徴的なものであって、それは平凡なサラリーマンの日常生活の底が割れたところに見出されている。その生活には、日常的世界の背後に宿るような、人間の多様な潜在力への期待が託されている。例えば、「アンダークラス」や「底辺労働者」と呼ばれる人たちは、平凡な希望を抱くことができず、「幸せな日常」を夢見るだけでは、自分をごまかして生きていくことができない。苦境に立たされた貧者たちは、社会の背後（アンダーグラウンド）にまわって、絶対的な力能の感覚を得ることに、自己の存在感情をもつのではないか。実際には、そうではないかもしれない。けれどもそのような存在感情は、実は私たちが、貧者を媒介にして、自分たち自身の中に見出す可能性なのである。「貧困」とは、貧者に託された「潜在能力」の問題であるといえるだろう。

私たちは貧困の問題を、「潜在能力」が開花する「アンダーグラウンド」のイメージとともに捉えている。ここで「アンダーグラウンド」とは、人びとが自身の非凡な潜在力に目覚める場所であり、日常社会をあらたな視線で眺めるための、一つの装置である。アンダーグラウンドは、しんどい世界であり、豊かさとはかけ離れた、一つの苦難の場である。しかし苦難は、私たちにエネルギッシュな力能の感覚を与えてくれる。私たちは、現代の貧困問題に託して、非凡な潜在能力の発揮という理想を求めている。「貧困」は、貧者にとって問題であるだけでなく、平凡な生活者にとっても問題である。現代の「貧困」問題は、こうしたシンボリックな意味で、資本主義の新たな駆動因を提供する「視角」となっているのではないだろうか。

「貧困」を媒介とした「ロスト近代」社会の語りを整理すると、次の三つになるだろう。

(1) 私たちは「貧困」問題を通じて、とりわけ若者たちが、持てる潜在能力を発揮できるような社会を展望している。

(2) 私たちは、プレカリアートがもっている爆発的な潜在力に学び、自身の可能性を発揮していくことに関心を寄せている。
(3) 私たちは、たとえ低所得であれ、ラテン的な楽観性を身につければ、幸せになることができる社会に関心を寄せている。

第一の言説は、貧困問題の全般にわたってみられる人びとの関心である。第二の言説は、雨宮処凛によって、第三の言説は、森本卓郎によって、それぞれ導かれた関心である。これら三つの種類の言説は、たがいに補いあって「ロスト近代」の駆動因を示唆しているのではないだろうか。ロスト近代の駆動因とは、端的に言えば、貧者のもつ爆発的な潜在力に着目しつつ、限界状況においても、楽天的な内発的動機を調達していくような動力源である。ロスト近代において求められているのは、勤勉な労働だとか、増殖する欲望消費といったものではない。むしろ、地下活動を通じて、自生的に生まれてくるような潜在力であり、それは実際、最近の貧困問題を、シンボリックに構築する過程で、さまざまに語られている。

6 象徴的「貧困」を克服するために

「貧困」問題を通じて、私たちが見出そうとしているのは、資本主義の新たな駆動因である。

フランスの思想家、ベルナール・スティグレール[36]は、「象徴的貧困」という言葉を用いて、問題の本質を次のように描いている。これまでの消費社会においては、家族制度や学校制度といった文化装置を前提とした上で、ハリウッド映画に代表されるような文化産業が発展してきた。そこでは人びとの「欲動」が、社会的備給（投資）に変換されるという、「リビドー経済」が成立していた。人びとは、一定の権威制度を受け入れつつも、メディアに踊らされた消費生活を営むとでもって、高度資本主義経済を駆動してきた。ところが社会の自由度が増すと、家族制度や学校制度から「権威主義」の要素が失われていく。すると同時に、私たちのリビドーを生みだす装置そのものが、崩壊していく。リビドーとは、権威に相関して生み出される。権威が失われると、リビドーも失われ、消費社会は低迷し、資本主義そのものが危機に陥っていく。「ロスト近代」において生じているのは、権威の崩壊による欲望の衰退であるように思われる。

スティグレールによれば、現在、私たちの「生の様式」そのものが、あらためて問われているという。私たちはもはや、「欲求不満」から生じる「欲望消費」によって経済活動へと駆り立てられるのではなく、むしろかつての修道僧たちが、水車小屋などの新しい経済システムを発明したように、精神生活を発達させるための技術的産業モデルを生み出さなければならないという。

例えば、ウィキペディアのようなネット上の辞書は、無数の人びとが自生的に作り上げた一つの成功例であろう。ひところ前までは、ネット上で誰もが自由に書き込める辞書など、信頼するに値しないと思われていた。人間は利己的に行動するという大前提からすれば、経済的な見返りのない辞書項目の執筆に、良質な内容を期待することなどできないだろう。ところが実際に生じたことは、驚くべき達成であった。多くの人びとは、辞書項目を無報酬で執筆することに、「純粋な悦び」を感じはじめ、しかもその内容は、信頼するに足るものとなってきたのである。ウィキペディアの執筆には、文化の発展に寄与する悦びがある。その悦びは、人間の活動を突き動かす一つの原理となっている。

こうした悦びにもとづく活動を、スティグレールは「寄与経済」と呼んでいる。「寄与経済」とは、無償の労働からなる社会発展であり、労働の贈与である。こうした寄与経済の発達のおかげで、私たちは多くの恩恵を受けている。わざわざ大きな図書館に足を運ばなくても、信頼できる多くの情報を、インターネット上で得ることができるようになった。ウィキペディアの発達は、めぐりめぐって、情報社会における私たちの経済活動を促している。

このように、ウィキペディアという技術的なインフラ装置のもとで、人びとが寄与経済を発達させていくという事例は、「ロスト近代」の駆動因として、一つのモデルを提供しているだろう。「寄与経済」は、それ自体としては、金銭的な儲けに換算されない。その意味では、「実質的な経済成長」の背後にあるアンダーグラウンドの活動にすぎない。けれども人々は、利益を無視して寄与することの悦びに、あらたな「リビドー」を感じはじめている。そのようなリビドーがアンダーグラウンドの空間を満たしていくなら、それはめぐりめぐって、経済の活動を幅広く進化させるための駆動因となるかもしれない。寄与経済は、どのような方向に向かうのか。それは「ポスト近代」における「欲望駆動型」の経済から、「ロスト近代」における「寄与駆動型」の経済への転換を促すのではないか。寄与経済の実態は、政策論的に検討する余地があるだろう。

実はすでに、二〇〇九年に政権を手にした民主党の成長戦略には、そのようなロスト近代の企てが含まれていた。しばしば民主党政権に対しては、経済成長のための戦略がないと批判されている。[37]たしかに「ポスト近代」型の資本主義を前提とするかぎり、民主党には戦略がないと言えるかもしれない。けれども私たちは、「ロスト近代」における成長戦略が、まったく質の異なるものであることを理解しなければならない。

民主党が実際に提案してきた政策は、例えば、再生可能なエネルギーに対する固定価格買取制度の導入、キャップ&トレード方式による排出量取引制度の導入、地球温暖化税の導入、保育や学童サービス、教育の無償化、産科・小児科などの医療サービスなど現物給付、などである。ごく簡単に言えば、「グリーン・ニューディール政策」と、「少子化対策」がその柱といえるだろう。もし真の成長戦略がこのようなものだとすれば、「ロスト近代」社会を駆動する動因は、次の二つでなければならない。

一つは、エコロジーへの取り組みを経済利益に結びつけるための戦略である。もう一つは、経済的な豊かさの追求よりも、子どもを育てるという方向性である。いずれの政策も、短期的な経済利益を促進するものではない。むしろ三〇年後、四〇年後の日本社会の繁栄を展望して、着実な成長よりも不確実な発展を求めるような、発想の大きな転換を必要としている。この二つの企てによって資本主義を駆動するためには、「寄与の悦び」がなければならない。そのためにはライフ・スタイルの大きな転換が求められるであろう。

例えば、少子化対策が成功するためには、とりわけ若い人々が、自分の「欲望消費」を捨てて、できるだけ子どもを生み育てることに希望を持つことができなければならない。若者たちが、自分の欲望を自由に肥大化させることよりも、子どものために貯蓄して、できるだけ生活を質素にすることに、生きがいをもたなければならない。するとそのような社会は、多くの若者たちが、安定化志向・正社員志向をもち、子どもを生み育てて次世代に期待するというメンタリティを必要としている。私たちはとかく、各人が自身のケイパビリティ（潜在能力）を高めることを奨励しがちである。けれども少子化対策のためには、各人が自身のケイパビリティを最大限に引き出すことよりも、むしろ、私たちが互いに配慮しあい、子どもたちのケイパビリティ（潜在能力）の発展を気遣うこと、そしてそのような気遣いに悦びを見出すことが、求められているのではないだろうか。

あるいはまた、諸々の環境対策が成功するためには、私たちが、同じ効用をもたらす商品でも、エコロジーに配慮した商品を購入することでもって、自然環境に貢献＝寄与すること、そしてそのような寄与に喜びを感じることが、求められているのではないだろうか。

「ポスト近代」の社会は、欲望の肥大化、記号消費のハイパー化、反権威・反官僚的な生き方の奨励、潜在能力の実現（創造階級のエートス）、といった倫理感によって駆動されていた。ところが「ロスト近代」においては、このうち、記号消費は、エコロジーの方向にハイパー化しており、創造階級の潜在能力は、エコロジーの方向に実現可能性を見出している。「ポスト近代」と「ロスト近代」の大きな違いは、自己実現のイメージにあるだろう。「ポスト近代」においては、消費における自己の個としての実現が「資本主義の発展に必要な美徳」とされてきた。ところが「ロスト近代」においては、消費における集団への寄与（世代を超えた寄与）が求められている。「ロスト近代」の社会は、欲望消費の増大によって動くのではない。「ロスト近代」はむしろ、寄与経済の発達、環境技術開発への取り組み、環境技術の率先的な導入、安定キャリア志向と子育て志向、次世代を気遣う美徳、といった諸々の理念によって、その駆動因を与えられるのではないだろうか。次章ではゼロ年代の「格差社会」論に即して、「ロスト近代」の駆動因を具体的に探ってみたい。

第3章

格差社会論
ゼロ年代の中心

0　はじめに

「ロスト近代」の社会は、「失われた一〇年」とか「失われた二〇年」といわれる「喪失」の感覚とともに経験されてきた。本格的な喪失の経験は、「格差社会」が流行語となったゼロ年代に入ってからであろう。私たちは、格差社会を生きているといわれるが、けれども私たちの「格差」理解には、不思議な点がたくさんある。

例えば、格差はゆるやかにしか広がっていないのに、人々はなぜ、ゼロ年代に入ってから格差に敏感になったのだろうか。格差を問題視する論者たちの多くは、実際には、平等主義を支持しなかったにもかかわらず、なぜ私たちは、そうした論者たちの言説を受け入れているのだろうか。所得の格差は、実際には二極化していないにもかかわらず、あるいは「自分は中流だ」とする中流意識は依然として衰えていないにもかかわらず、なぜ人々は「勝ち組／負け組」という分断の意識をもつようになったのだろうか。云々。いろんな疑問がわいてくる。

「格差社会」論とは、「格差が増したから、これを是正すべきだ」という単純な構図になっていない。格差を問題にする人々の意識は、必ずしも格差を是正する政策を是認していない。いったい格差社会論とは、何であったのか。本章では、ゼロ年代の格差社会論を振り返りながら、問題をあらためて考えてみたい。

最初に、ゼロ年代の格差論議をざっと概観したうえで、代表的な論者たちのスタンスを検討してみよう。すると大筋として見えてくるのは、新自由主義の思想的な枠組みが、やはり維持されてきたということである。そこで、問題の本質とは何であろうか。さらに議論を進めて「格差の原因とその対策」を考えてみたい。格差問題を突き詰めると、どんな対処法がみえてくるのか。本章では「ロスト近代」の観点から接近してみたい。

1　ゼロ年代の格差論を振り返る

「ゼロ年代（二〇〇〇年〜二〇〇九年）」の一〇年間を振りかえってみると、日本の論壇を支配した言説は、なんといっても「格差社会」論であった。二〇〇〇年にベストセラーとなった佐藤俊樹著『不平等社会日本』は、それまでの日本人が抱いてきた「一億総中流意識」を根底から揺がした。同年にはまた、玄田有史著『仕事のなかの曖昧な不安』が、人々のあいだに蔓延する雇用不安を受けとめて表現している。翌二〇〇一年になると、苅谷剛彦著『階層化日本と教育危機』が、教育における格差を指摘して話題となる。低所得層の子どもは、同じ教育機会に恵まれても、学習動機の段階で差がついているという統計結果が、人々の関心を惹くところとなった。二〇〇三年になると、小杉礼子著『フリーターという生き方』が、それまでよいイメージで語られてきた「フリーター」の負の側面を指摘した。他方では、森永卓郎著『年収３００万円時代を生き抜く経済学』がベストセラーとなり、人々の関心は、低所得でも楽しく暮らしていける方法に向けられた。当時はテレビでも「芸能人節約バトル　一ヵ月一万円生活」といった番組が流行している。

二〇〇四年には、玄田有史／曲沼美恵著『ニート』や、山田昌弘著『希望格差社会』が刊行され、「希望学」というテーマが新たに論じられるようになった。私たちの社会は、若者たちが希望を抱けないシステムになっているのではないか。そんな関心が高まった。二〇〇五年には、三浦展著『下流社会』がベストセラーとなって話題を呼んだ。本書は、階級意識によってライフ・スタイルが異なることを、独自のアンケート結果によって示している。

格差意識の増大とともに、人々の関心は、自分よりも「ワンランク下」の人たちの生活へと移っていった。もはや「ワンランク上」を目指して努力するよりも、「ワンランク下」の人たちを見て自分を慰めながら、現状の生活を維持していかなければならない。そういった関心が広まっていった。[38]

ゼロ年代の中頃になると、格差社会論はピークを迎えている。[39] ゼロ年代前半から中頃にかけて、小泉政権（二〇〇一〜二〇〇六年）の下では、郵政民営化の政治によって、既得権を持った勝者たちが敗北するという「ドラマ」に喝采が送られた。ところが二〇〇六年に首相の任期が切れると、格差の広がりがあらためて顕在化することになった。

二〇〇六年には、雑誌『論座』に掲載された赤木智弘の論文「希望は戦争」が、異例の反響を呼んだ。戦争になれば、地位の逆転可能性がある。もはや若者たちは、そうした流動化社会にしか、希望を抱けないのではないか。赤木がそのようにラディカルな問題を立てると、この問題提起を受けて、その後、さまざまな議論が続くことになった。同年にはまた、朝日新聞が「ロスト・ジェネレーション」という造語で就職氷河期世代を言い表したことをきっかけに、この世代の人たちの言論活動に関心が集まっている。これを受けて二〇〇八年には、雑誌『ロスジェネ』が創刊されている。

ところがその一方で、ゼロ年代の後半になると、実効的な政策論議は、「貧困」問題に移っていった。二〇〇七年には、貧困の現実を描いた二冊の本、湯浅誠著『反貧困——「すべり台社会」からの脱出』、および、雨宮処凛著『生きさせろ! 難民化する若者たち』が話題を呼んでいる。いずれも当事者の視線で書かれたものであり、その言説の力は実際に政府の政策を動かしはじめた。どうもこの時期から、知識人の言説が通用しなくなり、代わって当事者の言葉が威力を発揮するようになったようである。それとともに、問題の中心は「格差」から「貧困」へと移っていった。例えば湯浅誠は、次のように述べている。

「二〇〇六年の夏ごろ、私は「格差ではなく貧困の議論を」という文章を書いていました。その文書を書いている同年七月ごろは、誰も貧困のことを言わないじゃないか、っと思って書いていたんです。しかし、その文書が出た同年一一月ごろには、新聞で貧困ということがけっこういわれるようになっていたんです。あの急激な変化は、忘れられないですね。」[40]

表 3-1.『朝日新聞』の記事に現れるキーワードの頻度[41]

	貧困	貧困ビジネス	格差社会	所得格差
2009	691	32	88	43
2008	691	3	152	45
2007	513	1	164	73
2006	381		225	89
2005	418		27	64
2004	286		5	25
2003	282		0	25
2002	431		1	19
2001	392		1	25
2000	433		1	20

実際、二〇〇八年には「貧困」が大きな社会問題となっている。その六月、派遣社員として各地を転々としていた加藤智弘（当時二五歳）が秋葉原で無差別殺傷事件を起こすというショッキングな事態に、日本人は震撼した。この事件に際しては、犯人の行動に非難が集中する一方で、派遣社員の生活実態に対しては、多くの同情が寄せられた。また同年の末から翌年にかけて、リーマン・ショック後の煽りを受けて職を失った元派遣社員たちの生活を救うべく、東京の日比谷公園には「年越し派遣村」が設営されている。この派遣村は「貧困」を眼に見えるかたちで社会問題化することに成功し、セーフティネットに対する人々の意識を高めることになった。こうしてゼロ年代の後半になると、格差の問題よりも、貧困の問題に関心が集まっていった。

表3－1は、『朝日新聞』の記事に現れるキーワードの頻度を示したものである。これをみると、格差問題と貧困問題はいずれも、ゼロ年代の後半になっていっそう論じられていることが分かる。記事の量としては、貧困問題の方が多いと

言える。

以上、ゼロ年代をごく簡単に振り返ってきたが、いまあらためて驚くのは、この一〇年間、論壇の中心が「格差」と「貧困」で占められていたという事実である。格差と貧困の問題を受けて、二〇〇九年に誕生した民主党鳩山政権は、どんな対応をするのか。衆目の関心を引くところとなった。ところが民主党政権は、それまでの新自由主義的な路線を、大筋では継承することになった。渡辺治は当時の状況を、次のように描いている[42]。すなわち、〇九年における民主党政権の誕生は、元来、自民党の改革によって被害を受けた人たち、例えば、地方の公共事業に携わっている人、リストラされた社員、非正規雇用の不安定労働者などによって支持されていた。ところが民主党が実際に示した政策は、「個別の政策では非常に福祉国家的な観点を打ち出している」ものの、「国家構想という点では、新自由主義国家に非常に適合的な姿勢を打ち出」している。渡辺は、そこに明らかな矛盾を見て取った。民主党はその後、一〇年末には、法人税の税率を引き下げるに至り、さらに現在、TPP自由貿易協定への参加も表明している。こうした政策のスタンスは、いわゆる新自由主義のイデオロギーを継承するものと言えるだろう。

2　論者たちのスタンスからみえてくるもの

民主党政権が新自由主義のイデオロギーを受け入れた背景には、そもそも格差論をめぐる多くの論者たちが、平等主義の政策を支持しなかったという事実もある。ここでゼロ年代の格差論義を代表する人々の立場を、いくつか検討してみることにしよう。

まず、「不平等社会日本」の現実を突きつけた佐藤俊樹のスタンスは、基本的には、「機会の平等」を重んじて「結果の平等」を排すという、自由主義の原則に立つものであった[43]。佐藤は、つぎのような統計上の問題を指摘している。不平等というものは、厳密には測ることができない。確実に測れるのは、「本人が死んで、同世代の人間も死んで、いわばゲームが完全に終わってから」である。勝負が公平だったかどうかの判断は、理論的にはかなりあやうい作業であって、測れていないことを測れたことにしてはいけない。こうした知的誠実さの要求を、佐藤は規範的に提起したのであった。

実際、佐藤が示した不平等の傾向は、その後の石田浩の研究[44]によって、デリケートに扱うべき問題であることが明らかになった。佐藤が新しい視点でもって統計データから読み取った事実は、(四〇歳時の職を到達階層として世代間移動表を作った場合に)ホワイト雇用上層(専門・管理階層)の世代間継承性が、八五年から九五年にかけて上昇しているという傾向であった。ところが同じ統計データを二〇〇五年まで追ってみると、世代間継承性は、減少していることが石田の研究によって示された。佐藤は、八〇年代前半までは、「それなりに「努力すればナントカなる」社会になっていた」が、九〇年代になると「努力してもしかたがない」社会が訪れた、と考えた。だがその後のデータを追えば、むしろ「努力すればナントカなる」傾向はふたたび強まった、ともいえるのである。

ところが石田は、別の統計手法を用いた実証で、やはり階層間移動の固定化がすすんでいるのではないか、ということを示している。それによると、初職時にはホワイト雇用上層でなくても、四〇歳までにホワイト雇用上層に至るキャリア形成をする人たちは、親の職歴がホワイト雇用上層である可能性が高く、その意味では、世代間の階層継承性が高まっているという。

おそらく統計データの扱い方によって、世代間の地位継承性をめぐる程度は、さまざまに見えてくるのであろう。[45] それを厳密に検証するためには、子どもの世代が職歴を終えた時点で、親世代と比較する必要がある。だがそうなると、はたして階層格差が固定しているのかどうか。予測することはできても、あらかじめ結論を下すことはできない。「親の階層によって子どもがどこまで得するのか」という不平等の問題は、佐藤が指摘するように、地位をめぐるゲームが終わった時点で評価するしかない。しかしゲームが終わってしまったら、その世代における「機会の平等」を是正することはもはや不可能となる。

こうした困難に対応するためには、統計データを恣意的に用いて政策を進めるか、あるいは統計データをまったく利用せずに、機会の形式的な平等のみを制度的に保障するという古典的自由主義の立場に立つか、いずれかの対応を迫られよう。私たちが社会科学者として誠実であるためには、後者の立場に立つか、あるいは自身の政治的立場表明を控えるべきだ、ということになるだろう。このように格差をめぐる論議は、客観性と政治性のあいだでジレンマをかかえざるをえない。佐藤の慧眼は、このジレンマを直視するものであったように思われる。

他方では、そもそも問題となった所得格差は、高齢者世帯の増大や世帯規模の縮小から生じたものであって、勤労世帯の格差は、あまり変化していないという主張[46]も、説得力をもって論じられた（図3－1も参照）。もちろん、格差がゆるやかに拡大しているという事実を否定することはできない。けれども問題となっている格差は、みかけ上の格差にすぎないと主張されることがある。この理解が正しいとすれば、私たちは格差論議にそれほど熱を注ぐ必要はないのかもしれない。

しかし橘木俊詔は、たとえそうだとしても、次の二つの政策によって格差を是正すべきだと主張している。第一の政策は、低所得層の賃金引上げ[47]であり、第二の政策は、強制基礎年金の導入である。

第一の提案は、いわゆる新自由主義的な政策を転換するための、大きな提言である。橘木によれば、経済の効率性と公平性は、同時に追求することができるのであって、もし低所得層の賃金を引き上げて国民に安心感を与えることができるなら、それによって同時に勤労意欲を引き出すことができる。もちろんこれは仮説であって、もし低所得層の賃金を引き上げた場合に人々の勤労意欲が損なわれるなら、この政策は修正を余儀なくされる。橘木のこの提案は、一つの仮説であり、経済全体の効率性と矛盾しないかぎりでの所得再分配を求めている。それゆえ旧来左派の立場からすれば、橘木が求める程度の再分配では、平等主義の政策とは言えないかもしれない[48]。

図 3-1. 世帯主の年齢階級別ジニ係数の推移

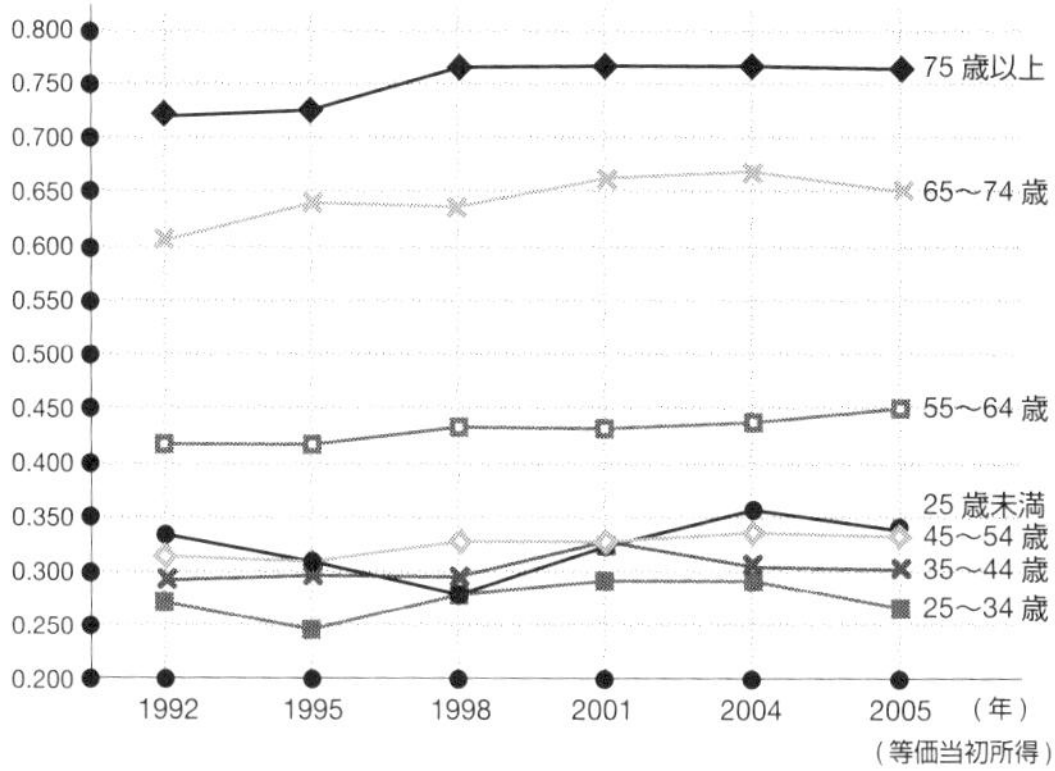

（等価当初所得）

資料：厚生労働省政策統括官付政策評価官において大臣官房統計情報部「国民生活基礎調査」を特別集計したもの。

橘木のもう一つの提案は、高齢化によって顕在化した所得格差に対応するために、強制基礎年金制度を導入するというものである。[49]それによると、年金制度を一本化してこれを強制加入とし、支給額は、例えば夫婦二人に一七万円を支給するにとどめる。この額を超える年金については、民営化による積み立て方式にする。このように、強制基礎年金制度の導入によって、老後の生活に安心を与えれば、人々は消費を増やし、経済は活性化するのではないか。これが橘木の提案する年金制度の骨子である。この提案はしかし、老後の経済格差を縮めるための提案ではない。むしろ、最低限の生活を普遍的に保障した上で、あとは民営化によって年金の運営を任せるという、新自由主義的な発想を摂取している。

橘木が提起したこれら二つの政策案は、弱い意味での平等主義理念を取り入れているが、実際に導入する場合には、「経済の効率性と両立しうる範囲で」ということになる。すると結局、その程度の穏和な政策では、格差に不満をもった人たちの「不公平感」を調停できないかもしれない。効率性と公平性のバランスを探るアプローチは、もし人々の不公平感が、効率性を損なうほどの再分配を求めるならば、もはやその要求に対応することができないだろう。

もう一人の論客として、弱い意味での平等主義の立場を表明したのは、橋本健二であった。それまでさまざまな統計データを用いて格差を告発してきた橋本健二は、政策論的には、資本家階級と新中間階級の収入を引き下げて格差を縮小させ、非正規雇用の労働者でもなんとか生活できるような制度にするというビジョンを提起している[50]。それはたとえば、最低でも月額二〇万円、年額で二四〇万円程度の収入が得られるような社会であり、あわせて失業者への給付も引き上げられれば、労働者たちは、リストラされても、また会社が倒産しても、なんとか生活していくことができるだろうという。このような提案はしかし、平等主義を掲げる旧来左派の観点からすれば、慎ましい要求ではないだろうか。月額二〇万円の賃金を保障するためには、それほど大きな再分配は必要ないようにみえる。また、橋本健二のこの提案は、非正規雇用の労働形態には反対していない。旧来左派が求めてきた「正社員化による雇用の安定化」とは異なる理想である。

橋木俊詔にせよ、橋本健二にせよ、政策的には、弱い意味での平等主義を提案しているが、その立場は新自由主義の立場とそれほど矛盾するわけではない。最低限の賃金と生活をベースアップすれば、後はすべて自由に任せてかまわないというのであれば、弱い平等主義と新自由主義は共存することができるだろう。次章で検討するが、私はこのような立場を、広い意味での「北欧型新自由主義」と呼んでいる。北欧諸国では近年になって、新自由主義の政策が勢いを増している。それは、最低賃金や生活保障その他の点でレベルアップを図っているものの、それ以外の点では自由市場に任せるという、新自由主義のアイディアを継承したものになっている。こうした北欧型のビジョンは、弱い意味での平等主義者たちにも、部分的にであれ共有されているのではないだろうか。

この「北欧型新自由主義」の考えを徹底した立場は、二〇〇六年、山田昌弘著『新平等社会』のなかで簡潔に示された。希望の格差を問題にした山田は、同書その他において、格差を克服するためのさまざまな政策を提案している。そのビジョンの核にあるのは、エスピン＝アンデルセンの経済思想である。アンデルセンと言えば、福祉社会の類型論で名を馳せたデンマーク出身の学者である。日本でも彼の議論は、福祉国家体制を擁護するための理論として、よく引き合いに出されてきた。けれども、ゼロ年代の後半になってアンデルセンが提起したビジョンは、子どもに対する手当てや職業訓練の機会を充実させて、「能力開発機会の実質的な平等化」を図るというものであった。これはすなわち、「北欧型新自由主義」のビジョンといってよいだろう。それは、一方では、非正規雇用の労働形態を認め、所得格差を容認する[51]のに対して、例えば、低所得層の子どもでも努力すれば階級上昇の「希望」がもてるような制度を構想する。問題の中心は、あくまでも「希望の格差」であり、希望格差を解消するためには、結果の平等ではなく、就労や教育の「機会の実質的平等化」が求められるというのである。

小杉礼子著『フリーターという生き方』（二〇〇三年）において示された提案も、類似のものであった。小杉によれば、日本と欧州におけるフリーターの割合を検討してみると、「期間の定めのないフルタイム」の仕事に就いていないフリーターの割合は、学校卒業直後、四か月目と四年目の追跡調査で、それぞれ日本が最も低いという。しばしば理想視されるスウェーデンやフィンランドでも、例えば四年目にフルタイムの職に就いている人の割合は、日本よりも約一〇％〜二〇％も低いという。こうした比較分析から小杉が提案する対応策は、正社員になる前の段階での職業能力の開発、キャリア探索の充実化、当初から正社員となった人たちとのあいだの待遇格差の解消、および、背景としての社会的不平等（学歴や世帯所得など）への対策、というものであった[52]。これらの提案もまた、「能力開発の実質的な平等化」を求める点で、次章で詳しく述べる「北欧型新自由主義」のビジョンに近いと言えるだろう。

若年層にとっての希望の格差が問題であるとする点では、シリーズ『希望学』の共編著者、玄田有史の立場も同様である。ただし玄田の立場は、もっとミニマムな（最低限の）要求を掲げている。それは各人の希望を実現する社会よりも、「絶望を回避する社会」を構想する。玄田のいう希望とは、親密圏（家族・地域）の豊かな形成によって、絶望を回避するという意味の希望である。氏の立場は、実際、社会的引きこもりやニートの問題に対処するための、実効的な処方を提起してきた。実証を通じて玄田が示したのは、失望＝絶望を回避するための「人生訓」が、希望に結びつくということであった。「希望の多くは失望に変わる。だが希望の修正を重ねることでやりがいに出会えるようになる」「挫折は乗り越えられないこともある。だが乗り越えた先にこそ希望が待っている」「ときに無駄な努力も厭わないという姿勢が、実現見通しのある希望につながってゆく」といった人生訓が、実際に有効であるという。こうした研究から、玄田は「学歴や階層ゆえの希望格差」よりも「絶望回避のための対応」に政策的な照準を当てている[53]。

他方で、玄田が同書のなかで示したデータ結果は、私たちの直観に反するものだった[54]。その分析によると、四年制の大学・大学院を出ていることが、実現見通しのある希望に相関しているかどうかは、一％の水準でしか有意ではないという。また玄田によれば、「仕事にやりがいを経験したことがある」と答える確率は、大卒と高卒のあいだで有意な差が出ない[55]。さらに、豊かな家庭に育った人の方が希望をもちやすいのかといえば、必ずしもそういうわけではない。すると実効的には、格差よりも貧困の問題に政策の重心を移すべきだ、ということになるかもしれない。

実際、「絶望の回避」という視点は、ゼロ年代の後半になって、格差問題よりも貧困問題に関心が集まったときに、必要とされていた。雨宮処凛によれば、二〇〇八年に「年越し派遣村」が設営されてから、「自己責任」派の人たちの言っていることが、ガラッと変わったという。自己責任派は、失業の問題が、自己責任というよりも、セーフティ・ネットの問題であると言い出して、国が無策で無能だから、派遣切りされた人々がホームレス化するのだ、と主張するようになった。それまで自由市場経済を信奉していた人々も、セーフティ・ネットが必要であるとみなすようになり、左派とのあいだに共通認識を生み出していった。

ところが、「派遣村」の設営を通じて明らかになったのは、意外な事実であった。その場でアンケートに答えた三五四人のうち、派遣切りにされたのは七三人（全体の二割）にすぎなかった。[56]派遣村には直接間接の寄付金が（一二月三一日～一月五日までのわずか六日間で）五、〇〇〇万円以上集まったという。このほか、全国から集まった食材は、お米三トン、もち米三トン（お正月なので）、大根三〇〇キロ、にんじん二〇〇キロ、りんご一〇〇キロ、その他野菜・果物などもあり、こうした寄付を受けて、棗《なつめ》一郎は、「日本人の暖かい気持ちというものは依然として顕在なのだと感動した」と記している。[57]

「派遣村」は、非正規雇用者の生活に対して、人々の関心を高めることに成功した。保守派も左派も、非正規雇用者のリストラに対して、同情の念（新保守主義のいうコンパッション）をもつようになった。こうした変化を受けて、政府は職を失った派遣社員たちのために何をなすべきなのだろうか。

雨宮処凛は具体的に、職業訓練を受けながら、月に八万円くらいの生活費を支給するという、イギリスの制度を紹介している。[58]これはすなわち、就労機会の実質的な支援策であり、先に示した「北欧型新自由主義」の理念にかなうものであろう。

むろんこの程度の政策では、非正規雇用者の問題を解決することはできない、と批判されるかもしれない。けれどもゼロ年代の論壇においては、格差社会を告発する論者たちの多くは、驚くほど最低限の政策しか掲げていない。先に触れたように、湯浅誠は、格差問題よりも「貧困問題」の方が重要であるとして、対処すべき問題を絞り込んでいる。[59]あるいは、格差論の論客として一躍注目を浴びた赤木智弘は、さまざまな政策提言のなかで、八代尚宏の新自由主義的ビジョンに最も共感を寄せている。赤木は、非正規雇用労働者の割合を増やしていくという、自由市場経済のビジョンを支持した。[60]この他にも、二〇〇八年に創刊された雑誌『ロスジェネ』は、問題は政策的な事柄ではなく実存的な事柄にあるとして、旧来左派のスタンスに疑問を呈した。例えば大澤信亮は『ロスジェネ』創刊号に「左翼のどこが間違っているのか?」を寄せて、徹底的な左派批判を展開している。氏によると、「彼らの『弱者好き』はほとんど病気」だというのである。

もちろん雑誌『ロスジェネ』に対しては、それが実存的な問題ばかり論じて、政策的な問題を提起していない、との批判もあるだろう。同誌は、二〇一〇年四月の第四号をもって休刊となったが、これに対して、格差をめぐる政策論議を起こしたのは、別の雑誌『POSSE』であった。この雑誌の貢献は重要だと思われるので、本章の最後に取り上げたい。ただ時代を映す鏡としては、『ロスジェネ』的な実存のセンスは、広範にみられた。当時は、若者たちの労働運動がにわかに台頭した時期であったが、[61]その一方で、小林多喜二の『蟹工船』がにわかにブームとなっている。もはや事態は、文学的な表現によって絶望を昇華するしかないという感覚も、この時期に広がった[62]。

このほか雑誌『世界』では、杉田敦の論稿「道徳的非難の政治を超えて「ネオリベ」排除は自明か？」[63]がネオリベ批判への疑問を呈している。杉田によると、最近の論壇では、市場主義の言説が影を潜め、社会民主主義とか連帯といった言説が支配的となっているが、しかし杉田は、そうした言説に批判と自省を促している。いったい、ネオリベという「悪」を叩くだけでよいのか、私たちの「内なるネオリベ」というものを見すえる必要があるのではないか、というのである。

「内なるネオリベ」とは、各人が自己責任原則のもとで切磋琢磨すべきである、と考える傾向のことであろう。そのような考え方を丸ごと捨てるとしたら、それは競争社会から降りることを意味するだろう。それを実際に企てたのは、例えば、松本哉の社会運動であった。松本哉は、二〇〇一年に「貧乏人大反乱集団」を結成し、都内各地の駅前の路上で鍋を囲むという、「駅前ゲリラ鍋集会」を頻発して話題となった。二〇〇五年には、リサイクルショップ「素人の乱」を高円寺にオープンし、独自の笑えるデモを行っている。ドキュメンタリー映画『素人の乱』中村友紀監督作品は、二〇〇八年のゆうばり国際ファンタスティック映画祭に出品された。こうした話題性のある社会運動を企ててきた松本は、著書『貧乏人の逆襲！　タダで生きる方法』筑摩書房（二〇〇八年）のなかで、「社会のために苦労して頑張る→世の中が栄える→そのおこぼれを頂戴する」という生き方を「優秀な奴隷」の生活にすぎないとして、これに対して、「好きなことをやる→困ったことが起こる→もめる→何とかなる（何とかする）」という生き方を提案している。そのような生き方のほうが、「世の中の成り立ちとしても生き方としても普通」であり、「人間らしく楽しい」というのである。[64]

松本の社会運動が提起しているのは、社会全体がしだいにネオリベ化していくなかで、対抗文化（カウンター・カルチャー）としての貧乏を復権することにあった。貧乏生活を克服するために、社会民主的な所得再配分を求めるのではなく、貧乏を肯定し、社会から離脱して自由に生きる理想を示している。もちろん、実際の貧困問題が松本的な提案によって解決されるわけではない。だが論壇における貧困の語りは、こうした言説によって、どこかあか抜けた開放性をもっていた。貧困とは、この社会の生活モードを根底から批判するための視点として、人々の関心を捉えたのであった。

こうしてみてくると、格差や貧困を論じる多くの論客たちは、ほとんど新自由主義を受け入れてしまったか、あるいは社会問題を文芸的に昇華する方向に向かったように思われる。これに対して、格差や貧困に根本的な批判を投げかけた論客は、例えば鎌田慧であり、二宮厚美であった。

かつて、ルポルタージュの手法によって深刻な社会問題を抉り出した『自動車絶望工場』において、鎌田慧は、派遣社員よりも身分が安定している「期間工」の生活に、「絶望」を見出した。ところが私たちの時代においては、期間工はそれほど絶望的な身分ではない、とみなされている。それよりももっと過酷な条件の下で働く派遣社員が増えているためである。現代においては、派遣社員のすべてを正社員化するという希望は、もはや実行可能ではないと考えられている。それほどまでに絶望の深刻化が生じたのであり、そうした状況の下で、私たちの希望はしだいに慎ましいものになってきた。

新自由主義化の現象を理論レベルで徹底的に批判したのは、二宮厚美であった。二宮は、著書『格差社会の克服』において、山田昌弘のかかげる新平等主義を批判し、あるいは別の著書『新自由主義の破局と決着』では、宮本太郎の福祉ガバナンス論を根底から批判している。二宮は正当にも、北欧の福祉国家に学ぼうとする宮本太郎の立場ですら、新自由主義の一亜種にすぎないことを見抜いている。ただし二宮は同書のなかで、自身のビジョンをコンパクトにしか提示していないので、新自由主義に代わるオルタナティブが、具体的にどんな政策になるのか、議論のための材料が不足している感もある。いずれにせよ、鎌田や二宮によって提起された根本的な批判を、私たちはどう受け止めるべきなのか。格差社会は、いかにして克服すべきなのか。次節では、この問題を正面から考えてみたい。

3　高齢化ゆえの帰結

みてきたように、多くの論者たちは、決して強い意味での平等主義を支持しなかった。平等主義を支持することはできないが、けれども格差を是正すべきである、と論じられてきた。この一見すると矛盾した規範の感覚は、いったいどのように説明されるべきだろうか。格差とは、いかなる意味で問題なのか。ゼロ年代を通じて格差意識が広まった背景には、いろいろな要因が考えられる。それらの要因を大別してみると、およそ三つに分けることができるだろう。

一つは、高齢化とともに、高齢世帯における所得の格差が顕在化した、とする説明である。勤労世帯においても、緩やかな格差が広がっているが、これは一九八〇年代以来の趨勢であって、ゼロ年代に特有の現象ではない。ところがゼロ年代になって格差意識が過剰に現れた背景には、高齢世帯の格差が世論を形成する大きな要因になったからではないだろうか。

もう一つは、格差は「ポスト近代」社会の成功・成熟ゆえの帰結である、という説明である。「近代」社会においては、格差は近い将来、克服できるものとみなされていた。ある世帯がテレビを購入すれば、「いずれわが家も購入できる」というキャッチアップへの希望を、人々はもつことができた。ところが「ポスト近代」社会が成熟して「ロスト近代」社会に突入すると、人々は未来よりも現在を志向するようになり、現在の欲望をどれだけ満たしているか、という観点から他者と自己を比較するようになった。そのような社会においては、現時点での格差が顕在化してしまう。つまり格差問題への関心は、人々が将来志向を失った結果であるとみることができるだろう。

第三に、格差意識は、経済成長の鈍化と密接に関係している。経済が成長している時期には、人々は「ワンランク上」の生活を目指して努力することができた。ところが経済成長が鈍化すると、人々は、現状の生活を維持するだけで精一杯となる。すると人々は、ワンランク下の階層の人々の生活に関心を寄せ、自分よりも下層の人々の生活を見ることで、自分を慰めるようになる。そのような関心のもとでは、格差の意識が顕在化する。格差意識とは、格差があることそれ自体に対する客観的な意識ではない。格差意識の本体とは、人々がワンランク上の生活を望むことができないという、フラストレーションの意識である、と説明することができよう。

そこでまず、第一の高齢化による格差の顕在化について、考えてみよう。この顕在化には、もう一つの要因が絡んでいる。九〇年代の税制改革によって、相続税が諸外国並みに引き下げられたことである。相続税が引き下げられると、上層家庭に生まれた子どもは、親から大きな資産を受け継ぐ可能性が高い。すると社会全体としては、「世襲」の不公平感が高まっていく。相続税引き下げによる財産世襲は、格差意識の一つの要因になったと考えられよう。

そもそも相続税が引き下げられたのは、資産を築いた高齢者たちが増えたためであり、民主主義の政治はおのずと、高齢者たちの利害を反映すべく、財産相続の自由（国家不介入）を要請するようになるだろう。この高齢化によってもたらされた格差意識の増大に対応するためには、一方では年金制度を公平なものへ改革し、他方では相続税を引き上げることが必要になる。年金制度のデザインについてはここで論じることができないが、かりに基礎年金制度等の導入によって、年金制度に対する不満が減るならば、残る政策は、世代間の階層移動性を高めるための諸施策であろう。和田秀樹は『「新中流」の誕生―ポスト階層分化社会』（二〇〇六年）のなかで相続税一〇〇%を提唱しているが、こうした施策によって、世代間の階層移動性は高まると期待されよう。この場合、格差意識の本体は、保守化による階層間移動の減少であり、能力のある人がキャリア・アップの機会を閉ざされているというフラストレーションであるだろう。

この「世代間階層移動性」の問題を、マルクス主義の側から重視したのは、イギリスの大家アンドルー・グリーンであった。グリーンは『狂奔する資本主義―格差社会から新たな福祉社会へ』[Glyn 2006=2007]において、従来のマルクス主義学説を批判しつつ、資本主義はもはや「危機段階」ではないと主張することに膨大な議論を費やしている。ところが興味深いことに、グリーンがその結論部分で強調したのは、階層間移動の問題であった。それによると、イギリスとアメリカでは世代間の階層移動が少なく、これに対してドイツ、カナダ、スカンジナビア諸国では階層間移動が比較的多いという[65]。マルクス研究者のグリーンが到達した結論は、資本主義そのものの悪ではなく、階層間移動の閉鎖性を悪とみなす視点であった。もし、「高齢化→相続税の減税→財産世襲→世代間階層移動の固定化」という論理が格差意識の原因であるとすれば、それを解消するための政策として、相続税の増税と、階層間移動の開放性が求められるだろう。

4 「ポスト近代」社会の成功ゆえの帰結

次に、格差意識を説明する第二の要因について考えてみよう。巨視的にみると、いまや私たちの社会は成熟をみせて、人々の考え方や生活スタイルは多様になっている。コミュニケーションはいっそう複雑化し、例えば「日本人だからお互い理解できる」というような共通意識は、しだいに薄れてきた。新聞やテレビ等のマス・メディアに支えられた共通の話題や良識（コモン・センス＝共通感覚）もまた、しだいに限定されてきた。すると人々のあいだで問題化されるテーマは、所得や学歴などの客観化できる指標に絞り込まれていくのではないか。人々の関心が「格差」へと集中したのは、逆説的にも、いまや社会が成熟期を迎え、各人が自身のライフ・スタイルを自由に築くようになったからではないだろうか。

「ポスト近代」の成熟によって、人々は多様な生活を豊かに育んでいる。NHKの意識調査[66]によれば、人々の多くは、現在の生活に満足しているという。「ポスト近代」から「ロスト近代」にかけて、人々はしだいに「将来のために備える」よりも「現在の生活を楽しむ」傾向にあり、「満足・やや満足」と答える割合が増えている。しかしそれでも、格差は問題化されている。「満足」なのに「格差」に関心を寄せる人々が増えている。

もし人々の関心が、将来の自分の姿や子孫の繁栄に向けられるなら、現時点での不平等は、それほど不満の種にはならないだろう。親世代と子世代のあいだに階層間の移動性が十分にあれば、それは「平等な機会の下での結果不平等」であって、納得できるものであろう。しかし格差が問題化する背景には、人々が将来世代へ夢を託すよりも、現在の自分を謳歌するという、「現在性への志向」があるのではないだろうか。

そうだとすれば、格差克服のための対策は、一つには、若年労働者たちが将来に向けて、自身の潜在的可能性を開花させるような施策であり、それによって階層間移動を流動化させることであろう。もう一つには、「将来志向」の復権によって、私たちが共同体の将来を気遣い、将来世代に夢や希望を託すことであろう。後者はとりわけ、子どもの格差に対する是正を求めるものになるだろう。以下では、それぞれの政策について検討してみたい。

４－ａ　若年労働者問題

ゼロ年代になって格差が問題化した背景には、九〇年代後半に起きた「ＩＴ産業革命」を受けて、高校生の新卒採用が急激に悪化したという要因がある。図３－２に示されるように、高卒求人倍率は、平成一〇年卒から平成一二年卒（一九九八年～二〇〇〇年）にかけて、激減している[67]。労働市場全体としては、労働の需要が供給を上回ったわけではないが、高校卒業生が、社員として採用される機会は狭くなってきた。

こうした影響を受けて、当時の高校生たちは、不本意な仕方で大学や専門学校に進学したとも考えられる。安田雪の調査によれば、高卒求人の職業威信スコアは、九五年から〇二年にかけて急落している。高卒で就職できるような職業は、あまり評価されなくなってきた[68]。その背景にあるのは、ＩＴ革命によって、産業構造の全体が、知識集約的な方向へシフトしてきたことであろう。ＩＴ社会に対応すべく、採用する側もされる側も、ますます高次の教育機会を求めるように

図 3-2. 高校新卒者の求人・求職状況の推移（七月末現在）

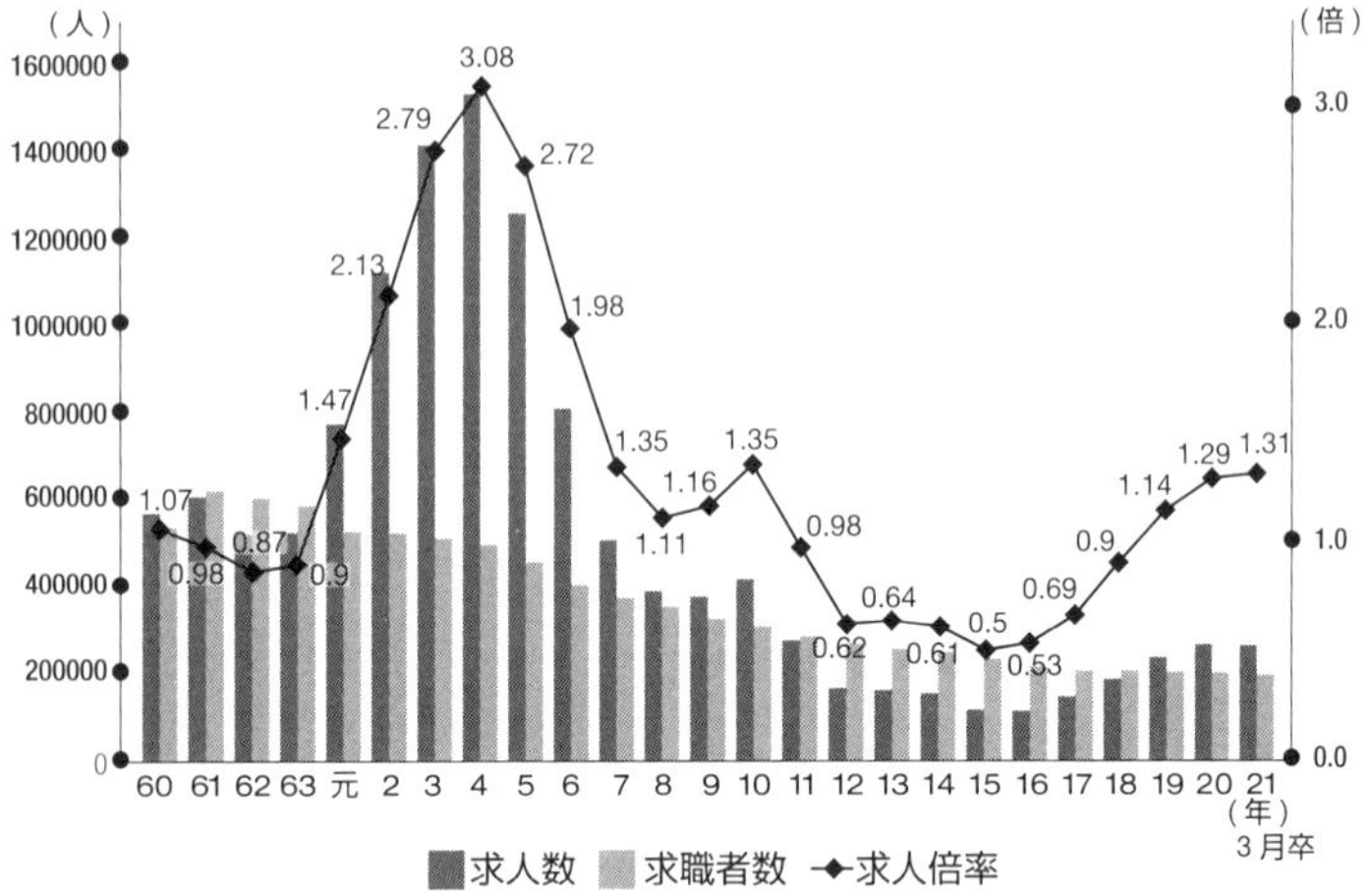

なってきた。

産業構造の変容とともに、他方では、高校における進路指導が機能しなくなるという現象も生まれた。企業においても、社内教育費を削減した結果として、マナーや礼儀は若者たち自身で身につけるべきものとみなされるようになってきた。その結果生じた事態は、高校での規律ある生活が、仕事獲得のためのインセンティブに結びつかず、また大学においても、その偏差値のランクが、仕事獲得のチャンスに直接結びつかないという事態であった。これらの「非結合」は、高校における能力の獲得が、社会的な機能を失ってきたことを意味するだろう。もはや高校の進路指導部のアドバイスに従っても、よい就職先を見つけることができない。また偏差値教育に従って大学を目指しても、よい就職先を見つけることができない。キャリア形成をめぐる不確実性が高まってきた。
社会経済生産性本部が実施した「新社会人研修村」参加者へのアンケート調査によると、「就職試験の合否に一番影響があるのはどれか」という質問に対して、一九九一年と二〇〇五年の回答を比較した場合、「運」や「資格」と答える人の割合はほとんど変化していないにもかかわらず、「学校での成績」や「コネ」と答えた人は、それぞれ、一五％から七％へ、一五％から八％へと激減している。反対に、「他の人にはない特技がある」という回答は、一五％から二九％へと激増している。もはや学校で努力することは、あまりよい就職に結びつかないと意識されるようになってきたことが分かる。
別の質問として、「社会に出て成功するのにもっとも重要なものは何だと思いますか」、に対しては、「個人の努力」が第一位の回答であることに変わりはないが、「個人の能力」と答える人の割合は、一九八〇年に最低の一六％を記録してから、一九九八年には三二％にまで上昇している。[69]
これはつまり、九〇年代からゼロ年代にかけて、努力ではどうにもならない能力が、就職とその後の成功を決めると意識されはじめたことを示しているだろう。ところが若年者には、能力を形成するための、着実なキャリア形成の機会が与えられていない。高校も大学も職能形成という意味では空洞化し始め、企業内研修もまた空洞化し始めた。非正規雇用者の職能形成についても然りである。本田由紀は、こうした状況の下で、着実に形成されることのない「能力」理念が基準となる事態を指して、「ハイパー・メリトクラシー」と呼んでいる。もはや努力によって能力を形成するための、制度的に保障されたトラック（キャリア形成過程）が機能しなくなってきた。

こうした一連の事態は、若年労働者たちの能力形成を台無しにしてしまう。若者たちは、努力して能力を身につけても、未来は拓けないと感じるようになる。若年労働者たちの可能性がスポイル（台無しに）される事態を問題にしたのは、スチュアート・タノック著『使い捨てられる若者たち』[70]であった。

タノックによれば、スーパーやファストフード店での仕事は、かつての製造業の仕事とは異なり、中流階層や労働者階層の若者たちが、一時的に働くことによって成り立っている。若者たちの大多数は、職場からやがて去っていく。だからそこでは、職場環境を改善したり、賃金を上げたりするようなインセンティブが、雇用者側にも従業員側にも働かない。若者たちは、不遇な仕事に耐え、耐えられなくなった時点で辞めていく。若者たちは、仕事には最低限の愛着しかもっていない。「ただの仕事です。キャリアではありません」というわけである。タノックが問題にしているのは、労働そのものに疎外があるとか、労働基準法に照らして実態を規制すべき、といったことではない。むしろ若者たちが、一時的な「腰掛け仕事」によって、自らのキャリアを積む機会を奪われていることである。若年労働者たちが、潜在能力を開花させないで使い捨てられる状況こそが問題であるというのである。

しかしなぜ、若年労働者を低賃金で雇えるのかと言えば、それは私たちの社会が、パラサイト・シングルを許容してきたからであるともいえる。若者たちにとって、親元を離れて経済的に自立するよりも、親元に寄生しながらアルバイトを続けたほうが、生活の質が高い。そのような生活が選好されるかぎり、一次的な「腰掛け仕事」はなくならないだろう。ここで問題は、腰掛け仕事によって、若者たちがキャリアを形成することができず、潜在的可能性が剝奪されているのではないか、という点である。この関心に照らせば、親元にパラサイトできない所得層、あるいは地方出身者たちは、さらに不利な境遇におかれるという格差問題もまた、他方でクローズアップされることにもなる。

この地方と都会の格差問題に対応するためには、一つには「パラサイト・シングル税」を設けて、パラサイトできる人とできない人のあいだの格差を解消することができるかもしれない。あるいは、若年労働者層への住宅補助を充実させて、地域間移動や階層間移動のための「橋渡し機能」を強化するという方向も考えられよう[71]。すでに二〇〇六年から、住生活基本法に基づいて、若い子育て世代の公営住宅優先入居がはじまっている。私たちはさらに、若年単身者たちの独立居住を支援することによって、地域間を移動するための物質的格差と、「パラサイトできる／できない」の格差を、同時に縮めることができるだろう。

4―b　将来世代に希望を託す：子ども格差

「ポスト近代社会の成功」という観点から導かれるもう一つの格差対策は、子ども格差を解消するという方向性である。すでに述べたように、もし私たちが現在の自分の生活を自足的に享受できるなら、格差は問題化されない。そこにおいては貧困のみが問題となるだろう。しかし人間は、他人を妬む存在であり、妬みを含めた比較の関心から、格差を問題にしてしまう。

理論的にはロールズのように、そのような妬みをすべて取り除いたうえで、最適な再配分の原理を導くこともできるだろう。だが具体的な場面では、どの所得層に、どれだけの再配分をするのか、どのように再配分するのかといったことが問題となる。問題を具体的に考え始めると、そこに妬みの感情が入り込んでくる。具体的な問題状況は「特定の文脈」に埋め込まれており、そこには当然、私たちのさまざまな感情も埋め込まれているからである。場合によっては、妬みの感情をすべて勘案して、この程度の再配分なら誰々がどの程度嫉妬するだろう、といった予測を立てることもできるかもしれない。けれども私たちは、人々の繊細な感情をすべて勘案できるほど賢くはないのであり、具体的な再配分を最適化する方法に理論的な着地点はないだろう。

原理的に言えば、私たちの不正義感覚や不公平感覚は、それが理性的にどこまで適切なのかについて、はっきりさせることができない。具体的な文脈では、不公平の感覚と妬みの感情は結びついており、その結びつきを解消しながら最適な再配分を考える方法は、理論上、存在しない。私たちが現実的に考えるべきは、妬みの感情を、いかにしてすぐれた道徳感情へと昇華できるのか、という問題ではないか。

ここで私は、一つの思想的な仮説を立ててみたい。人間は、その弱き本性からして、現在の自分の生活を自己充足的に享受することができない。人間は、妬みを含めた「比較」への関心から、格差を問題にしてしまう。格差はしかし、実際には、妬みの感情を抜きにして是正されることはない。とすれば、そのような妬みの要素を道徳的な感情に高めるために、各人の「現在性のコンサマトリーな享受」を争うのではなく、私たちが子々孫々の繁栄を願って、次世代に希望を託すような分配を企てるべきではないだろうか。世代間格差への関心は、たんなる正義への関心ではなく、子々孫々の繁栄および配慮（ケア）という関心に支えられる場合に、道徳的な目的となる。このような考え方を採用すれば、格差をめぐる妬みの感情は、共同体の共通の繁栄という希望へと高められ、再分配を道徳的に正当化することができるのではないか。

個々人の「現在性」を基礎とした「妬みの伴わない平等主義政策」は、端的に言って、不可能である。これに対して、妬みの感情を繁栄と配慮の道徳へと昇華するような、道徳的昇華に支えられた再配分制度は、倫理的なものとなりうる。具体策としては、例えば子ども手当のような支援が、格差解消のための政策となるだろう。「現在性の平等」から「将来性の平等」へと向かうこの立場は、「次世代支援型の平等主義」、あるいは「各人の成長に価値をおく自由主義（成長論的自由主義）」と呼ぶことができるだろう[72]。

雑誌『東洋経済』の特集「子ども格差」（二〇〇八年五月一七日号）は、この問題を考える上で参考になる。この特集ではさまざまな視点から子どもの格差が検討され、階層格差の世代継承と固定化を解消するためには、ヨーロッパ型の家計支援を検討すべきとの提案がなされている。後藤道夫[73]に従えば、子どものいる家庭の平均年収は、一九九六年の七八一・六万円から、二〇〇七年の六九一・四万円へと下がっている。さらに、一八歳未満の子がいる世帯の世帯人数別貧困率（二〇〇二年）は、二人世帯で六八・〇％、三人世帯で二七・六％、四人世帯と五人世帯で、二三・八％、六人以上の世帯で二〇・八％となっている。こうした子どものいる家庭（とりわけ貧困家庭）に照準して、格差解消のための政策を検討することはできないか。

ちなみに、二五〜三四歳の世帯主の平均年収は、〇〇年の五二八万円から、〇五年には四八三万円まで、約一〇％も減っている。一方で同世帯の配偶者の収入は、五六万円から六五万円に増えており、夫の収入を妻が補ったかたちになっている。共働き世帯は、九七年頃から、専業主婦世帯よりも増えている。[74] 非正規雇用の割合や、低所得層の割合の問題は、四〇代においては、一〇年前とあまり変わらない（五％程度の悪化）とも言えるが、深刻なのは、二〇代から三〇代前半にかけての若年層である。玄田有史[75]によれば、若年層においては、一方における無業状態と、他方における長時間労働の傾向が見られ、就業の二極化によって性行動が消極化し、それが少子化に拍車をかけているという。そうだとすれば、「将来性の平等」へ向けての政策は、「子ども手当て」に加えて、若年層における労働時間の制約や、あるいは安定した雇用の確保によって、子育てしやすい環境を生みだすことではないだろうか。

以上、格差意識の要因分析として、高齢化による説明と、ポスト近代社会の変容による説明について、それぞれ検討してきた。最後に、格差意識を説明する第三の要因として、経済成長の鈍化による説明について検討してみよう。

5－a　賃金の低下

経済成長の鈍化にともなう格差意識の増大は、人々がワンランク上の生活を目指すのではなく、ワンランク下の生活に関心を寄せることで、自分の生活を慰める点にその特徴がある。私は以前、拙著『自由に生きるとはどういうことか』のなかで、この原理を「貶斥社会」論として論じたことがある。九〇年代後半からゼロ年代前半にかけて、経済成長は一気に鈍化する。例えば高所得層の賃金は、低所得層の賃金よりも大きな割合で減少する（図3－3を参照）[76]。すると人々は、一生懸命働いても、高い所得を稼ぐことができないと思うようになる。所得上昇の見込みがなければ、人々は「ワンランク上」の生活を目指して競争（エミュレーション）するよりも、「ワンランク下」の生活をみて、自分を慰めるほかないだろう。この「ワンランク下」への関心から、人々は格差意識を高めたと考えられないだろうか。

そもそも「格差社会」とは何かと言えば、人々の「格」に対する意識が高まった社会であるといえる。人は、「より高い所得」を得る見込みがなくなれば、せめて自分の社会的地位（すなわち「格」）に満足しようとするだろう。所得に対する不満を補うのが「地位＝格」に他ならない。

そのような心理的機制から、人々は自分よりも所得の低い層へ関心を向けたと考えられる。経済成長が鈍化すれば、人々の関心は「下層」との比較で、自身の地位に満足せざるを得ない。これが貶斥社会論による格差意識の説明である[77]。

この貶斥社会論の特徴の一つは、格差意識の増大が、実際の格差増大を前提としなくても起こりうる点である。逆に言えば、実際の格差が増大しても、人々の関心が「自分の期待所得」に向いている場合には、格差意識は増大しないかもしれない。

実際問題として、国際比較によると、日本は七か国中、最も世代ごとの格差の少ない社会であり、日本（二〇〇四年、一・〇六三倍）よりも、スウェーデン（一・一一四倍）やフィンランド（一・一〇三倍）の方が、世代内部の格差が大きい[78]。別のアンケート調査によれば、日本人は所得のギャップに関わらず、多くの点で共通の意識をもっているのであり[79]、所得格差は文化意識の格差と直結していない。あるいはまた、九〇年代後半からゼロ年代前半にかけて、日本人の中流意識は健在であり[80]、ただし同じ年収でも、自分の階層を一〇年前より下だと認識する人々が増えてきた。そうしたなかで格差意識が広がったのは、経済成長の鈍化によって、人々が所得以外の社会的ステイタス（「格」）を問題化しはじめたからではないだろうか。

この他、ゼロ年代になって生じた、引きこもりやニートに対するバッシングも、「貶斥社会」の特徴であるだろう。私たちは、引きこもりやニートの生き方を、非難することがある。あるいは私たちは、引きこもりやニートを、何とかして助けてあげたいと思うことがある。だがこれら

図 3-3. 所得格差の推移（低所得世帯に対する高所得世帯の所得倍率）

所帯格差の推移（低所得世帯に対する高所得世帯の所得倍率）

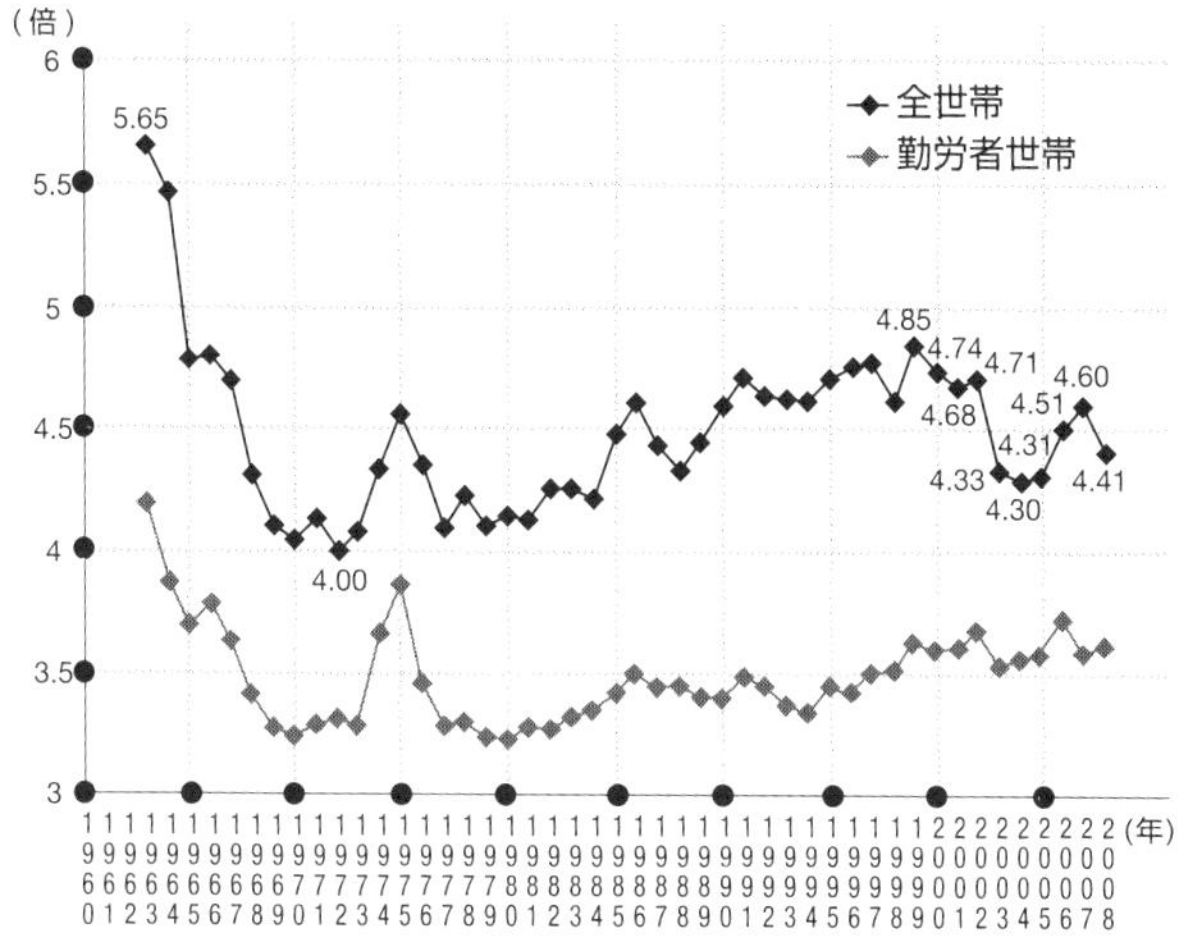

参考：低所得世帯と高所得世帯の所得水準指数の推移（全世帯、1970 年 =100）

低所帯世帯と高所得世帯の所得水準指数の推移（全世帯、1970 年 =100）

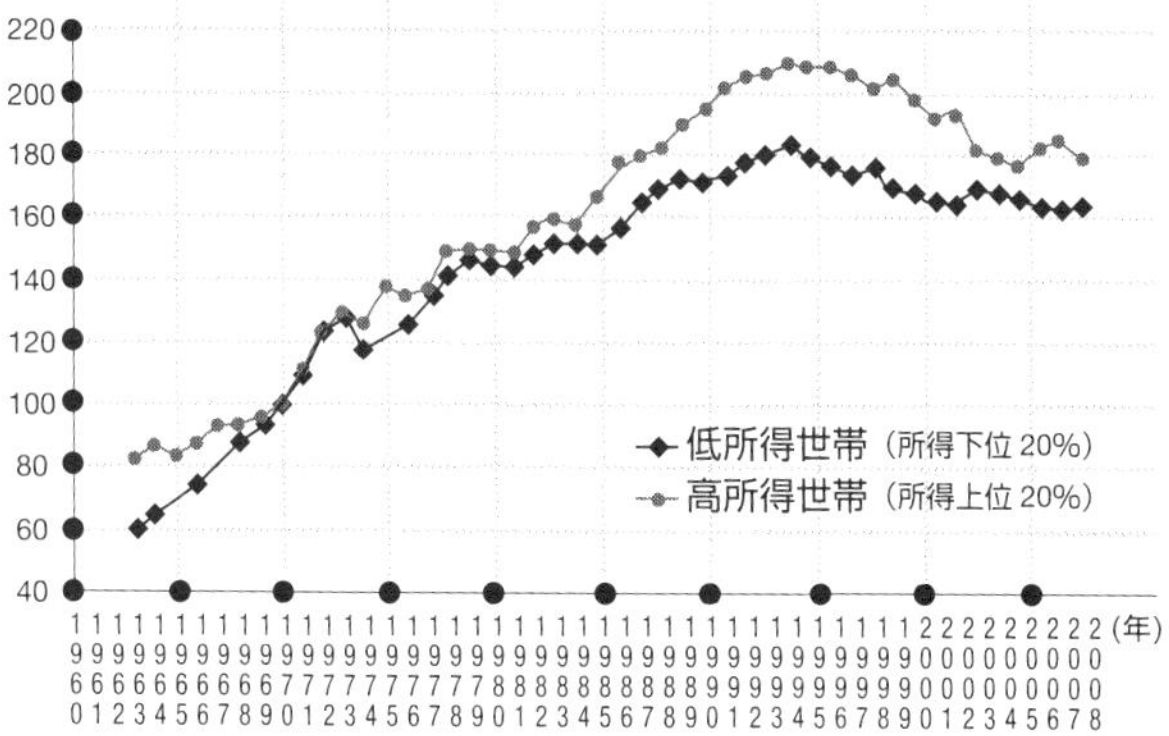

注：二人以上の世帯（2004年まで農林漁家を除く）の「年間収入」が対象。低所得世帯は年間収入階級下位20%の世帯を指し、高所得世帯は上位20%の世帯を指すものとする。参考の所得水準指数は年間収入を消費者物価指数（持家の帰属家賃を除く総合）で実質化した値を指数化したものである。

資料：家計調査年報

の関心はいずれも、そのように感じる人々が、自身の態度を成果主義的な社会に適応させるための、いわば「鏡」として機能しているにすぎない場合がある。「自分よりも悪い」と思われる生活の事例を鏡にして、自分の態度を反省的に捉え返していく。そのような心理機制が格差意識の背後に働いているのだとすれば、それもまた「貶斥社会」の特徴であるだろう。このような機制をもった「貶斥社会」を乗り越えるためには、端的に言って「成長」への企てがなければならない。私たちは、ロスト近代の資本主義を新たに駆動する源泉を見出さなければ、貶斥社会にともなう問題を解消することができないだろう。

5－b　成果主義と競争原理の導入

格差意識を説明する別の視点として、成果主義と競争原理の導入を挙げることができる。経済成長が鈍化すると、企業も国家も、従来の運営パタンを見直さざるを得なくなる。企業も国家も、市場競争の意義を改めて評価し、熾烈な競争を通じて、人々のアニマル・スピリットをかき立てようとするだろう。かくしてゼロ年代において、企業は成果主義の賃金システムを導入し、国家は規制緩和等の諸政策を導入していった。

すると例えば、一つの職場の内部でも、賃金の差が見えやすくなった。あるいは、規制緩和の政策によって既得権層が衰退すると、新たに新興勢力が生まれ、商社と敗者の格差が見えやすくなった。

むろん、こうした意味での格差意識の顕在化は、健全であるのかもしれない。成果主義と競争原理によって、人々が自らを律し、結果として国富の増大を導くことができれば、それは望ましい意識であるのかもしれない。ただ実際問題として、成果主義や競争原理は、必ずしも国富を増大させない。人々はそのような状況の下で、ますますリスク回避的となり、仕事に対する意欲そのものを失うかもしれないからである。

あるデータ[81]によると、一九七八年から二〇〇五年にかけて、仕事のやりがいは、三〇・五%から一六・六%へと減少しており、雇用の安定についても、三三・〇%から一四・八%へと減少している。終身雇用をよいと思う人の割合は、一九九九年の七二・三%から、二〇〇七年の八六・一%へと増加しており、キャリア形成としても、一企業に長く勤めたいという人が、約一〇%も増えてきた。こうした傾向は、裏を返せば、人々が仕事にやりがいをもって意欲的に働く環境が失われてきたことを意味している。競争原理を導入しても、人々は意欲的に働くインセンティヴを手にするわけではない。新自由主義と呼ばれる規制緩和政策は、国富増大を狙う一方で、人々の意欲を十分に引き出すことができないでいる。

かくして人々の意識は、二〇〇四年から二〇〇七年にかけて、自由競争社会よりも、平等な社会を望むようになってきた[82]。新自由主義の政策は、人々のあいだに、決して「不公平感」を与えたわけではない。にもかかわらず、人々が平等を求めるようになった背景には、新自由主義の政策が、「やりがい」と「意欲」を引き出すことに失敗したという原因があるのではないだろうか。

溝口憲文によると、九〇年代後半からゼロ年代前半にかけて、新自由主義的な成果主義の賃金体系を導入した企業の多くは、実際には、業績悪化のために、賃金を減らさざるをえない事態に直面していたのであり、賃金を減らすための口実として成果主義が導入された面があるという[83]。だとすれば、企業は、その後ふたたび成長の局面を迎えたときには、従来の賃金体系に戻して、人々の意欲を引き出すようにするかもしれない。

むろん、平等主義の賃金体系を再び導入するためには、ゼロ年代を通じて増大した非正規雇用の労働者をどのように処遇するのか、という問題を合わせて考慮しなければならない。賃金を含めた処遇の格差は、正規雇用者と非正規雇用者のあいだで、大きく分断されている。その分断を解消するためには、正規雇用者の賃金を引き下げて、非正規雇用者の賃金を引き上げる必要があるかもしれない。はたしてそのような政策に、私たちはどこまで合意できるだろうか。この問題については、次章で詳しく検討したい。いずれにせよ問題は、納得のいく賃金体系の模索であり、それが納得のいく限りにおいて、賃金の格差は正当化されるであろう。

5―c　高学歴ノーリターン問題

経済の鈍化によって生じた第三の現象は、学歴に見合う職業が減った、という事態である。大学卒の学歴は、いまやインフレ状態になっている。マリー・ドュリュ＝ベラ [Duru-Bellat 2006=2007:56] によれば、「社会の近代化が進むにしたがって、学力こそが社会的地位へのアクセスを支配し、最終的に社会移動を引き起こすはずだとする近代化の想定は打ち消された」という。「学位が大量発行されたことにより、学位のもつ情報を提供するという役割や雇用主にとっての選別尺度としての価値が低下することによって、学位の調停者としての役割は低下した」からである。

しかしドュリュ＝ベラによれば、こうした学歴インフレは、望ましい事態である。学歴インフレによって、社会はむしろ、地位の流動化をすすめることができるからである。どんな学歴に到達できるかは、親の所得に依存する場合が多いといわれるが、学歴がそのまま就職先と所得を決定しないとなれば、世代間の階層移動性は、むしろ高まるであろう。その意味で学歴インフレ社会は、肯定的に捉えてもよいのかもしれない。

だが、地道に勉強してもよい就職先を見つけることができないとなれば、人々はもはや、キャリア形成そのものに意欲を失うかもしれない。とりわけ日本では、一九九三年から二〇〇三年までの約一〇年間に就職活動を行なった人々は、就職難に直面してきた[84]。学歴も努力も、就職には直結せず、ちょっとした「人間力の差」が、私たちの「生涯所得」の大きな差を決定してしまうのだとすれば、私たちはシステムそのものに、納得することができないだろう。そうした「偶然の格差」に対して、私たちは敏感になっているのではないか。斎藤環の次の文章は、引きこもりの若者について書かれたものであるが、むしろ多くの若者たちの格差意識を、うまく言い当てているように思われる。

「彼らはもちろん苦しんでいる。そして、どうすれば苦しさから逃れられるかも、知識としては理解している。引きこもっていない人間と自分との間に、絶対的な能力差がないこともよくわかっている。しかし、だからこそ彼は引きこもりから抜け出すことに絶望してしまうのだ。ほんのわずかな差がかくも絶対視されてしまうのはなぜなのだろうか。わずかな差異こそが「格差社会」のシステムにおいて増幅され、ダイナミックに維持されてしまうことを知っているからだろう。[85]」

この「ほんのわずかな差」が増幅されることへの絶望感は、格差意識の本質を説明するように思われる。格差意識を解消するための政策は、地道に努力することが報われるような、職業教育のためのキャリア・パスを制度的に実質化することでなければならない。企業の側も、大卒一括採用制度を見直して、わずかな差が生涯所得の格差につながらないように、十分に納得のいく採用システムを模索する必要があるだろう。

「ロスト近代」の社会は、人々がもつ潜在能力を開花させることに、資本主義の駆動因を求めている。採用する企業の側は、意欲のある人を採用したいと考える一方、先の斎藤の引用文が示すように、「能力はあるが、自分で意欲を引き出せない人」が取り残されてしまうようなシステムは、結局のところマクロ的には十分に機能しない。各人の潜在能力を、いかにして育み、また開花させていくのか。そのような関心からキャリア制度を再構築しなければ、「やる気という偶然の格差」から格差意識が増幅されるという機制を、解決することはできないだろう。

5―d　既得権層への不満

最後に、経済の鈍化によって、既得権層への不満が高まった、という問題について考えてみたい。この場合の格差意識とは、既得権層への不満であり、「勝ち組＝既得権層」対「負け組＝新自由主義の政策で権益を失った人々」の対立が、格差意識の本体である。

九〇年代の後半からさまざまな規制緩和政策が導入されると、日本社会は市場原理の下で、いっそうの競争へと駆り立てられた。ところがすでに見たように、その後の日本社会は、市場原理の下で、新たな富裕者たちを層として生み出すには至らなかった。すると勝ち組とは、経済が鈍化しても、あるいは規制緩和が行われても、あまり生活の変化しない人たち、すなわち公務員や、安定企業の会社員たちである、ということになる。こうした勝ち組は、市場経済のサバイバルを免れているがゆえに、批判の対象となった。

ただ歴史的にみると、そもそも戦後日本の社会は、安定雇用を約束された正社員と、それを約束されていない非正社員のあいだに、待遇の大きな格差を認めてきた。そのような従来の雇用慣行に対する不満は、以前から存在していた。ところがゼロ年代になって、この問題があらためて顕在化したと考えられる。[86]

この既得権層への不満を、政治の舞台に大きく動員したのは、小泉純一郎政権のもとで進められた「郵政民営化」であろう。同じ時期には、ライブドアの元社長堀江貴文が日本放送の最大株主となり、既得権をもったマス・メディアを買収するだけの経済力を示して話題となった。小泉も堀江も、当時の民衆の心をよく掴んだ。郵便局員にせよ、メディア業界の社員にせよ、民衆は、それらが既得権層であるという理由から、不満をもった。既得権層に対する不満の解消は、その生活を市場の原理にさらすことであり、それはすなわち、新自由主義的な競争原理を徹底することであった。

既得権層に対する不満の原因は、次のように説明することもできる。人は、いまの自分の生活を肯定できないとき、恵まれた人々に対して、羨望や恨みの感情をいだくようになる。だがそのような感情は、格差を是正するという理性的な方向には向かわない。むしろ感情を爆発させて、既得権層をすべて解体するという、非日常的な理想へと向かう可能性がある。このような破壊的な感情を、社会的に意味ある仕方で保持するためには、愛国的なナショナリズムという、社会秩序の新たな感覚も必要になってくる。既得権層をすべて破壊しても、日本人は愛国の共通意識でもって秩序を維持できる、という考え方が必要になる。経済の創造的破壊と、道徳的ナショナリズムの再興。格差意識の解消とはこの場合、新自由主義化と愛国主義のパッケージによって、機能的に与えられる（あるいは逆説的にも不可視化される）ことになるだろう。

表 3-2. 格差意識増大の原因とそのための処方

原　因	処　方
(1) 高齢化	
(1-a) 高齢化による格差の顕在化	年金制度改革（基礎年金の導入）
(1-b) 相続税引き下げによる世襲格差への不満	相続税の引き上げ
(2) ポスト近代の成功	
(2-a) 若年労働者の賃金低下傾向	就労支援と労働時間の制約
(2-b) 子ども格差	各種の子ども支援策
(3) 経済の鈍化	
(3-a) 賃金低下による貶斥	経済成長への企て
(3-b) 成果主義と競争原理の導入	成果主義以外の賃金体系
(3-c) 学歴インフレによる流動化	キャリア教育制度の実質化
(3-d) 既得権層への不満	既得権層の権益剥奪／道徳的ナショナリズムの再興

6 「ロスト近代」の視点で考える

以上、格差意識の増大とその要因について、さまざまな角度から検討してきた。高齢化ゆえの帰結、ポスト近代社会の成功ゆえの帰結、鈍化した経済ゆえの帰結、という三つの説明パタンに分けて、それぞれの要因を検討しつつ、そのための処方を示唆してきた。まとめると表3－2のようになるだろう。

格差問題とは、所得の格差を実質的になくせば解決できるという単純なものではない。格差問題は、格差意識を生み出すさまざまな要因が複合して生じている。格差問題に対しては、それぞれの要因にふさわしい実効的な対策を立てることによって、解決することができる。これが本章で論じてきた格差社会論の視点である。

6―a　可能性剥奪テーゼと物質的阻害テーゼ

　では、「ロスト近代」という観点からみた場合、どの対策が最も有効であろうか。それは本章の第四節で論じたように、とりわけ「子どもへの支援」であるように思われる。共同体全体として、私たちが「子どもに希望を託す」という考え方は、格差意識に潜む「妬み」の感情を、共同体の繁栄（将来世代の配慮）へと昇華する。将来世代の「潜在的可能性」を開花する方向に、所得の再分配を促すことになる。そのような政策は、「ロスト近代」の資本主義を駆動するであろう。かかる政策の理念を、本章では、「次世代支援型の平等主義」、あるいは「各人の成長に価値をおく自由主義（成長論的自由主義）」と名づけたのであった。格差の問題を、将来世代への配慮へと向け直していく。そのような発想の転換が、ロスト近代において求められているのではないだろうか。

　この点を論理的に見極めるために、格差意識の原因について、次のような二つの仮説的命題を立ててみよう。

【可能性剥奪テーゼ】将来よりも現在を大切にして生きる幸せな個人は、人生に満足を得るのかといえば、そうではない。むしろ現在の自分が、潜在的な可能性を奪われているのではないか、と不満を感じるようになる。それを格差問題に投影して語ることがある。

【物質的阻害テーゼ】子どもに希望を託すとか、将来の自己実現のために現在を我慢するという発想がなくなると、所得の不平等こそが、「現在を楽しむこと」の阻害要因であると感じられるようになる。

「ポスト近代」の社会は、圧倒的な富を築いてきた。人々はその富のおかげで、現在の自分の生活をまるごと謳歌できるようになってきた。けれども人間は、「いま・ここにある自分」を、もっぱら自己充足的（コンサマトリー）に肯定できるほど、単純な存在ではない。人間には例えば、他の可能性を生きてみたいという、仮想的な欲望がある。第一章で指摘したように、「ロスト近代」の社会は、そのような「自己の潜在的可能性」の探究を、社会の駆動因としているのであった。「ロスト近代」においては、人々の関心も、たんに現在の自分を自己充足的に享受するだけでは、満たされなくなっている。人々の関心は、「自己の生の自己充足的な享受」から、「自己の潜在的可能性の探究」へと移っている。

こうした欲望の変化を示す現象は、例えば、「力」の概念に訴える造語ブームの現象にも現れているだろう。九八年にベストセラーとなった赤瀬川源平著『老人力』を皮切りに、二〇〇一年には日本語「常識力」検定がスタート、二〇〇二年には内閣府が「人間力戦略研究会」を発足させ、二〇〇三年には齋藤孝著『質問力』がベストセラーになっている。以降、二〇〇七年には「鈍感力」「にっぽん力」「美人力」などのコピーがはやり、二〇〇九年になると「煩悩力」「演説力」「逆境力」「田舎力」などの造語が書籍のタイトルを飾り、勝間和代著『断る力』がベストセラーとなっている。こうした「力」概念の氾濫は、将来に不安を抱える時代ゆえの現象と見ることもできるだろう。その背後には、時代のモードが「欲望駆動型」の「ポスト近代」に代えて、「潜在能力駆動型」の「ロスト近代」へと変化したことが挙げられるのではないだろうか。

「ロスト近代」においては、人々の関心は、自己の「力」へ、あるいは「潜在的可能性」へといっそう向けられている。そのような関心は、社会意識としては、とりわけ「若者の可能性を奪う低賃金労働」へと向けられている。【可能性剝奪テーゼ】が示しているのは、人々の潜在的可能性への関心が、格差社会論へと投影されるメカニズムである。人々は、自身の可能性の問題を、とりわけ若年世代の雇用問題に即して語るようになっている。若年者は、可能性にこそプライドをもつことのできる存在であり、逆に言えば、可能性の剝奪ことが、最も不幸に感じられるからである。

もう一つの【物質的阻害テーゼ】もまた、人間が「いま・ここにある自分」を、自己充足的（コンサマトリー）に肯定することができないという人間の弱さから生じている。人間は弱き存在であって、たとえ現在を楽しむとしても、他人よりも支配的な仕方で現在を楽しみたいと願ってしまう。他者との比較でもって、現在の自分の満足を得ようとしてしまう。そうした弱さ（比較によって満足を得ようとする傾向）を克服するためには、いっそうのこと、格差に眼をつぶって、私たちは他人のことなど気にせず、自由に生きるべきなのかもしれない。しかしそれができない私たちは、「いったい誰のほうが、「現在」をいっそう自己充足的に享受しているか」という問題に関心をもってしまう。人間は弱くて脆い存在である。弱き人々が作る社会においては、他人との格差が問題化せざるを得ない。

こうした物質的阻害テーゼの困難を克服するためには、私たちは現在の自己充足を追求するのではなく、次世代になにか夢を託すという、共通のコミットメントを必要としているのではないだろうか。その場合、子どもへの支援は、格差意識に潜む妬みの感情を昇華して、共同体の未来を配慮する道徳を醸成することができるだろう。ロスト近代の駆動因（潜在能力増大への関心）に照らした場合、格差問題を克服するための政策は、なによりも子どもへの支援であるように思われる。

6―b　スーパーリッチと相対的貧困率

以上の立論において、私はおよそ二つの格差社会論を省いてきた。一つは、所得税の減税によって、スーパーリッチな人々が出現したことに対する人々の不満である。もう一つは、相対的貧困率が上昇しているという問題である。

所得が二、〇〇〇万円以上のスーパーリッチ層は、この一〇年間で、一五万人から二二万人へと約五〇％増えたといわれている。ところが、その下に位置する「リッチ層」は、むしろ減少傾向にあり、スーパーリッチ層の欲望は、下の階層へ「トリクルダウン」していかないというのが、ゼロ年代前半の現象であった。「ポスト近代」の発想に従えば、資本主義の駆動因は、まずスーパーリッチ層が新たな欲望消費を試し、それをワンランク下の層が模倣して、さらにその下の層が模倣して、という具合に、欲望の連鎖反応（トリクルダウン）を生み出すことによってもたらされる。しかし私たちの社会、すなわち「ロスト近代」において生じたことは、スーパーリッチ層の欲望消費が、下の層へ波及しないという事態であった。

こうした分断が続くなら、私たちはスーパーリッチ層の所得に対して、所得税を引き上げてもよいかもしれない。スーパーリッチ層の欲望は、国民全体の欲望増大に貢献せず、資本主義をダイナミックに駆動しないからである。別言すれば、スーパーリッチ層は、ロスト近代を駆動する担い手とはいえない。ただし、所得税の問題は、その引き上げによって、税を逃れるために海外へ移る人がどれだけいるのかにも依存しているので、その税率は人的資本の国際移動を勘案して最適化されなければならないだろう。

もう一つの問題は、相対的貧困率の上昇である。これまで格差社会を告発してきた論者たちの多くは、相対的貧困率が日本においてきわめて高いことを指摘してきた。「相対的貧困率」とは、世帯人員を勘案した等価可処分所得が中央値の半分の金額に満たない人口が、全人口に占める割合であり、一八歳から六五歳の生産年齢人口についてのデータである。相対的貧困率の国際比較によると、日本はアメリカの一三・七％に次いで一三・五％という、二番目に高い国であるとされる[87]。ゼロ年代になると、日本における相対的貧困率はいったん上昇し、その後少し下降しているが、趨勢としては、一九八〇年代中頃から二〇〇〇年代中頃にかけて、一二％から一四・九％へと、約三％の増加がみられる。このゆるやかな相対的貧困率の上昇と、私たちの格差意識の急激な浮上のあいだに、直線的な相関関係はみられないが、格差社会を克服するために相対的貧困率を引き下げるべきだとの意見は、傾聴に値するだろう。

　私たちは、相対的貧困率を引き下げる政策を実施すべきなのかどうか。「近代」の観点からすれば、労働者の最低賃金を引き上げて、相対的貧困率を引き下げるべきであるだろう。そのような政策によって労働者たちは、もっと意欲をもって働くだろうと期待されるからである。これに対して「ロスト近代」の観点からすれば、賃金を引き上げるべき労働者は、まずもって一五歳未満の子どもがいる世帯の労働者であり、あるいはまた、これから子育てをする可能性のある若年者たちではないだろうか。ロスト近代の社会は、子どもたちの潜在能力を配慮するという観点から、再分配のあり方を考えるだろう。

　この点で、阿部彩著『子どもの貧困』が参考になる。阿部は、相対的貧困率について詳細に論じつつも、この概念が「一般の国民には馴染みが薄く、理解されにくい」との理由から、貧困を克服するためのもっと直接的なアプローチとして、子どもの貧困を克服する政策を提起している[88]。例えば、低所得層の子どもへの就学以前の教育プログラムの提供や、子どもがいる世帯の生活水準の上昇の提案である。これらの提案は、教育機会の実質的な平等化を求めるものであり、貧困の連鎖を断ち切るための具体策となるだろう。ロスト近代の観点は、こうした政策に、まずもって関心を寄せるだろう。

この他にも「ロスト近代」は、労働者が「人生を試行錯誤するための実質的な機会」を増やしたり、あるいは、「自身の潜在的可能性を引き出すための実質的な機会」を支援することに関心を寄せるだろう。人々の潜在的可能性に対して、国家が投資する。そのような発想こそ、資本主義の新たな企てとして求められるのではないだろうか。詳しくは次章で論じたい。

いずれにせよ、格差社会を克服するためにふさわしい政策は、価値観点によって異なってくる。およそ「リバタリアニズム（自由尊重主義）」の観点からすれば、最低限の生活のみが問題であって、格差は問題ではない。これに対して、平等主義の観点からすれば、あらゆる格差が問題であり、なしうるかぎりの是正が必要であろう。しかしそれ以外の立場、例えばリベラリズム、コミュニタリアニズム、保守主義、新自由主義などの立場は、これまで格差問題に対して、明快な政策提言を導いてきたわけではない。唯一、ミルトン・フリードマン流の新自由主義は、「負の所得税」という具体的政策を提起している。ただし新自由主義の他の立場、あるいは他の思想的立場は、格差を克服するための、確固たる政策論的主張がない。諸々の思想と格差問題の関係については、さらなる研究が必要であろう。

最後に総括すると、いったい、格差社会論とは何であったのかといえば、それは時代を駆動する要因が見失われたことの問題性であったように思われる。ゼロ年代においては、格差が増大したがゆえに、「格差意識」も増大したという側面もあるが、だがそれ以上に重要な認識は、資本主義の駆動因が見失われたがゆえに、格差への関心が爆発的に増大した、ということではないだろうか。

私たちの時代においては、もはや資本主義の「近代」的な駆動因も、「ポスト近代」的な駆動因も、失効しつつある。「近代」の社会においては、「疎外」が問題化されていたものの、疎外そのものを克服するような大きな制度案は提起されなかった。「ポスト近代」の社会においては、欲望を増幅するための様々な制度が模索されたが、欲望は結局、駆動因としては失効してしまった。とすれば、「ロスト近代」の社会は、これらに代わる別の駆動因を模索しなければならない。この問題を考えるための新しい経済思想をもたなければ、私たちは、格差問題をめぐる有効な政策を見誤るであろう。私たちはこの問題に、「可能性剝奪テーゼ」と「物質的阻害テーゼ」という観点からアプローチした。これらのテーゼを克服するための政策思想として、「次世代支援型の平等主義」、あるいは「各人の成長に価値をおく自由主義（成長論的自由主義）」が要請されることを示してきた。具体的には、若者への就労支援と子どもに対する各種の支援策である。こうした政策をなぜ重視すべきであるのかについては、次章でさらに検討することにしよう。

第4章

北欧型新自由主義の到来

0 はじめに

ゼロ年代の後半になって、右派も左派も「北欧型の社会がいい」と言い出した。いったいこれは、どういうことなのだろう？

これまでの常識では、スウェーデンやフィンランドなどの北欧諸国は「成功した福祉国家」であって、これと対照をなすのがアメリカ型の「市場原理社会」であるとみなされてきた。日本は、この二つのタイプのあいだの中間に位置すると考えられてきた。人口や地理的な条件からしても、アメリカと北欧のあいだには、イギリスやドイツなどの先進諸国がある。日本もそのような中間的な国を現実的なモデルにすべきだというのが、これまでの良識的な判断であっただろう。[89]

ところが近年になって、自由な市場社会を重んじる人たちも、北欧型の社会が魅力的だと主張しはじめた。論者たちによると、北欧諸国は、ビジネスのための研究開発費（R＆D）が旺盛で、法人税率も低い。しかも、リストラに対しては寛容で、企業は従業員を、正社員として雇う必要があまりないという。すると社会全体としては、勤務時間や勤務形態が柔軟で、働きやすい社会になっている。北欧諸国は、日本よりもいっそう市場原理に忠実な社会だ、というのである。[90]

実際、北欧諸国は九〇年代以降、大胆な新自由主義化政策を推し進めてきた。日本よりも、自由化している面がたくさんある。いま日本が目指すべきは、北欧型の新自由主義ではないか。一部のエコノミストたちは最近、「せめて北欧諸国並みに、新自由主義化すべきだ」と主張している。従来のフレームワークでは、こうした問題提起に対して、まともに応じることができない。「北欧＝福祉国家」vs「アメリカ＝市場原理主義」という先入観を排さなければ、そもそも問題を把握することすらできないだろう。

新自由主義化を受け入れた北欧諸国の理想モデルを、ここでは「北欧型新自由主義」と呼んでみることにしよう。北欧型新自由主義は、ある種の混合経済体制である。ではそれは、どんな体制なのだろうか。本章では、「ロスト近代」社会における新たなビジョンとして、「北欧型新自由主義」の可能性を検討してみたい。

以下のあらすじを、最初にまとめておこう。ゼロ年代になってから、大きな政府でも、経済成長率の高い国が多くなってきた。これはしかし、従来型の福祉国家が成功したという意味ではない。大きな政府と新自由主義を両立させた国が成功していると考えられる。経済学者のエスピン＝アンデルセンは、福祉国家における三つのモデルを類型化したが、いずれのモデルも、現在は「新自由主義」という新しいモデルへと収斂しているように思われる。

では現代の北欧諸国には、どんな魅力があるのだろうか。その魅力は逆説的である。日本が北欧型の新自由主義社会を目指すとしても、結果的にはアメリカ型の社会に至るかもしれない。「北欧を目指すなら、せめてアメリカ並みに」という政策的提案が、現実性を帯びてくるのである。これはあまりにも逆説的に聞こえるので、私たちは理論的に、立ち入った検討をしなければならない。新自由主義の社会といっても、さまざまなバージョン（下位類型）がある。それらのバージョンを検討しつつ、比較制度分析の新たな地平を示したい。

北欧型の新自由主義体制とは、教育や職業訓練を重視するモデルであり、新たな「連帯」のかたちである。それは、自生化主義の観点を重視した、「自生化的秩序」と呼ぶこともできるだろう。「自生化的秩序」は、いわゆるリベラルな福祉国家ではない。それは各人の事情に応じて、きめの細かい温情的な政策を正当化する。「自生化的秩序」はまた、北欧諸国の文脈に特殊な理想でもない。北欧型新自由主義は、「ロスト近代」の時代に対応した普遍的なモデルであり、それは、潜在能力促進型の福祉国家であるといえるだろう。本章の最後に、イギリスで導入されている「チャイルド・トラスト・ファンド（子供信託基金）」がこのモデルに接合されることについて、検討してみたい。

1 新自由主義化によって成功した北欧諸国

1―a 大きな政府でも経済成長するようになってきた

従来、自由市場経済の支持者たちは、「小さな政府」こそが経済成長を導くと主張してきた。租税負担率を低くしたほうが、市場が活性化され、結果として国富が増大すると考えられてきた。ところが近年になって、どうもこの考え方が通用しない。諸国のデータをみると、八〇年代から

図 4-1. 1980年代における租税負担率と経済成長率の関係

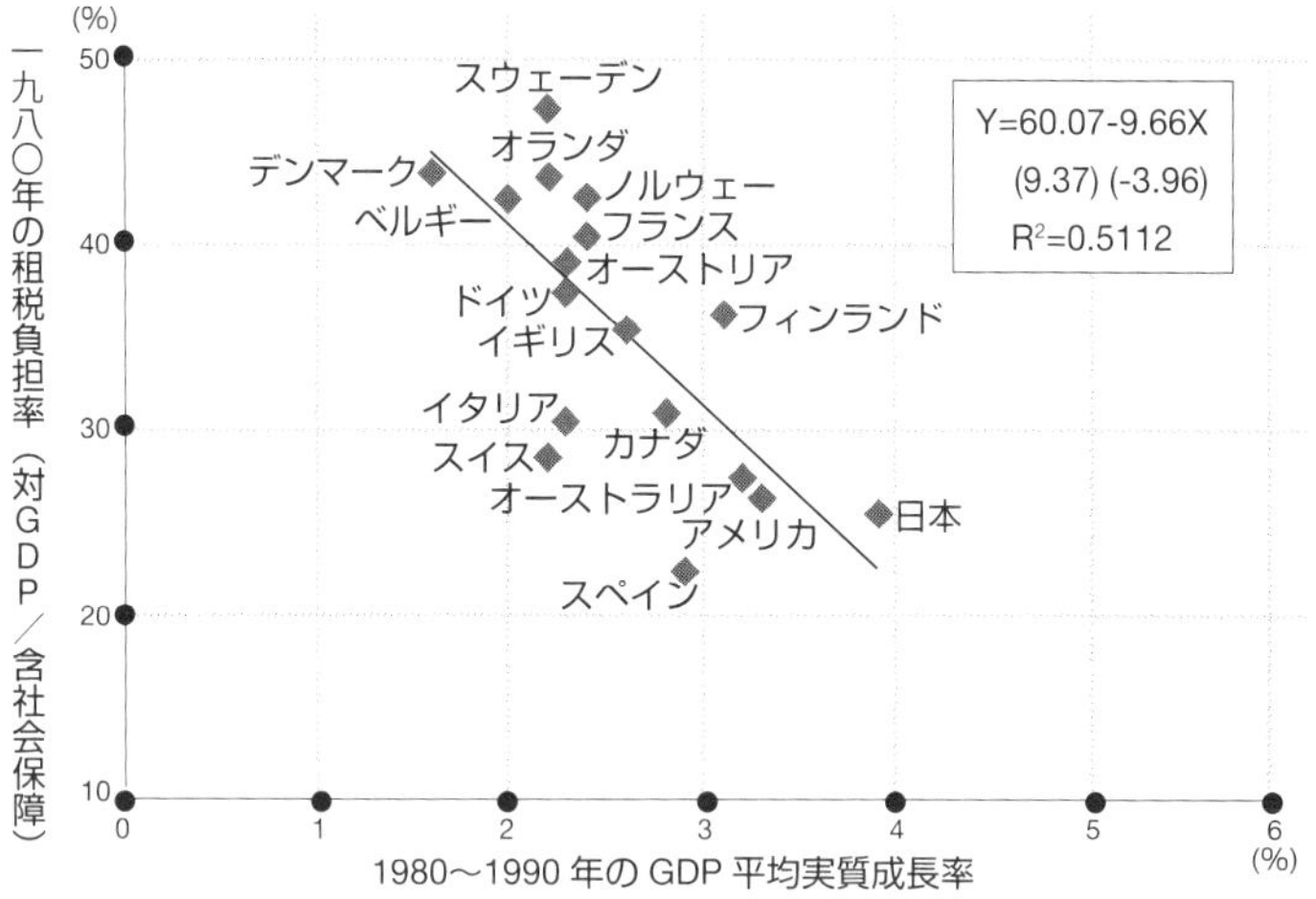

ゼロ年代後半にかけて、大きな変化が生じている。

「租税負担率」と「経済成長率」の関係をみると、八〇年代においては、たしかに租税負担率の低い国のほうが、経済成長率が高かった。ところが九〇年代になると、これら二つの指標の関係は中立的（無関係）となっている。ゼロ年代後半には、再び租税負担率の高い国の方が経済成長率において劣るようになるものの、標準的な偏差から大きく逸脱する国が増えてきた。租税負担率が四〇％前後の諸国では、経済成長率に大きな開きがある（図4－1、4－2、4－3を参照）[91]。

むろん、図4－1から4－3は、二つの項の相関関係を示すものであって、税金を高くすれば経済成長率が高くなるという因果関係を示しているのではない。あるいは別の問題

図 4-2. 1990年代における租税負担率と経済成長率の関係

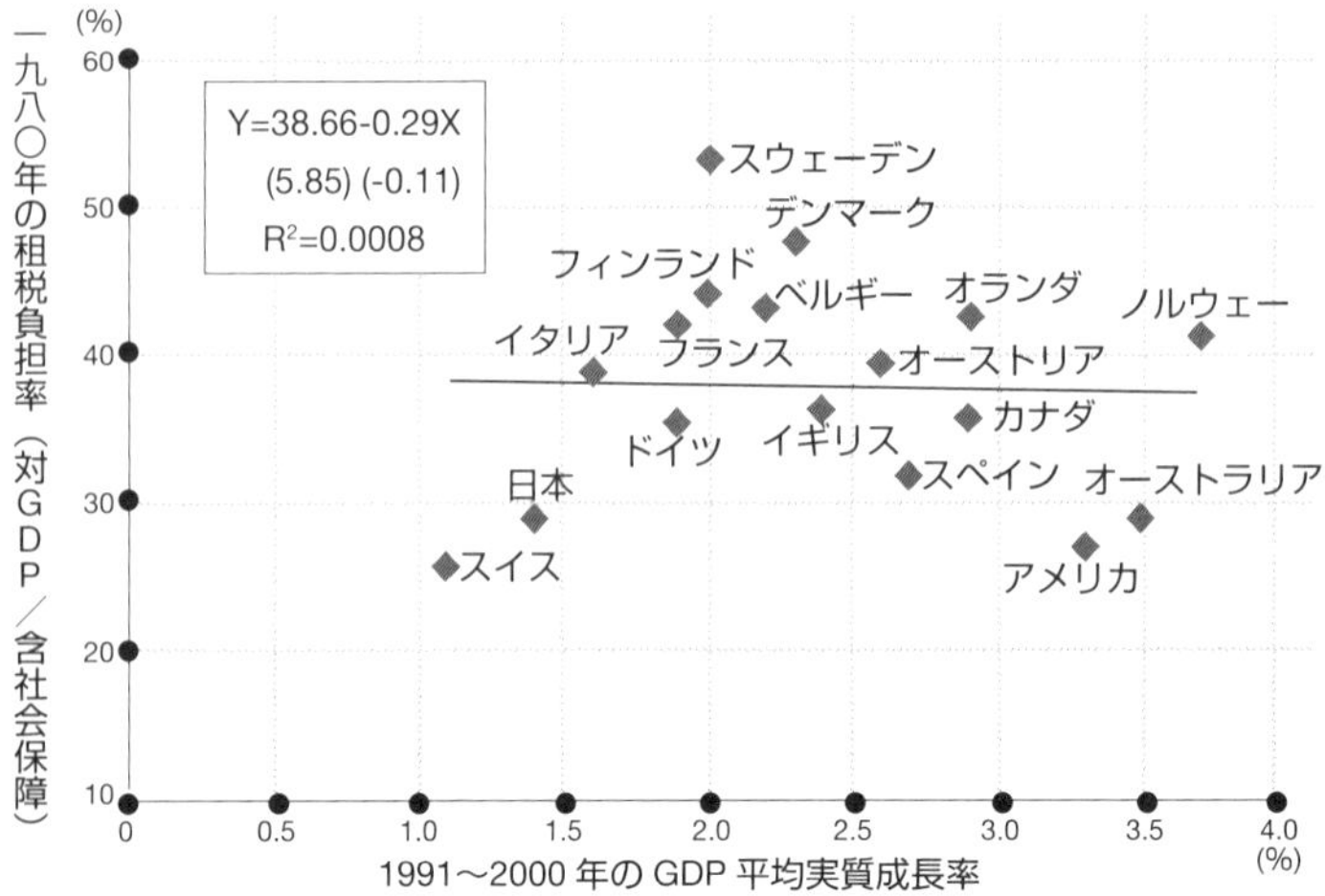

図 4-3. 2005-2010年の実質経済成長率（平均）と 2008年の租税負担率の関係

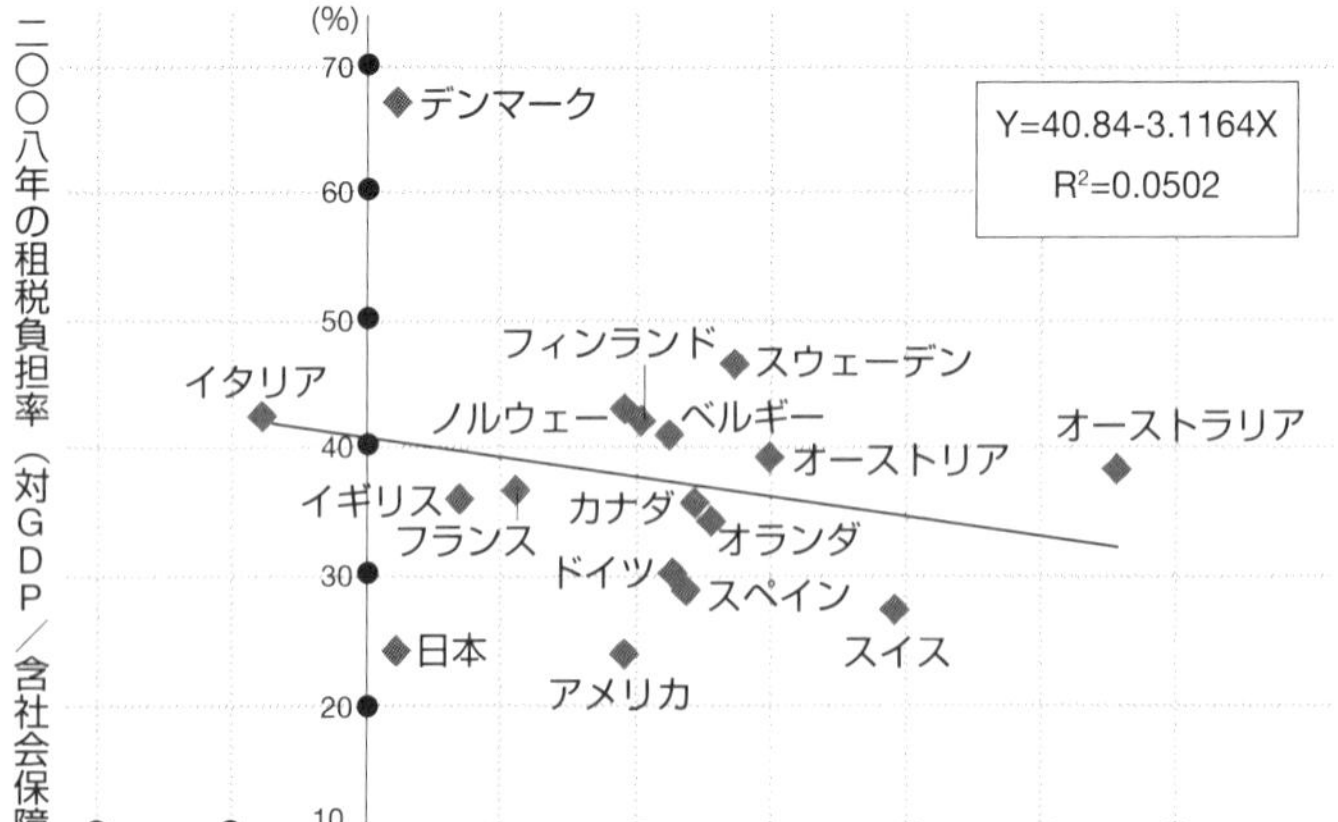

として、実際の社会保障費は、租税負担率とは乖離《かいり》している可能性もある。財政赤字でもって社会保障費を捻出している日本のような国は、たとえ租税負担率が低くても、すでに充実した社会保障を実現しているとみなすべきかもしれない[92]。租税負担率のみに注目すると、実際の福祉サービスの水準を見誤るであろう。

ただ、こうした欠点を踏まえたうえで、経済成長率と政府規模の関係は、しだいに「偶然化」してきた、と理解することはできるだろう。政府を小さくしても、経済成長率が高まるわけではない。国富増大のための戦略として、「大きな政府」と「小さな政府」のどちらが望ましいのかについては、一概に言えなくなってきた[93]。

もう一つ、「経済成長率」を「国富」の基準とする考え方にも、かげりがみえてきた。経済成長率よりも、「幸福度」のような指標によって、国富を考えるべきではないか。例えばロバート・ライシュは、著書『勝者の代償』[94]のなかで、アメリカの勝ち組は、家族とすごす時間を犠牲にしながらニュー・エコノミーに適応してきた、と指摘している。あるいは、経済学者リチャード・イースタリンによれば、ある一定の生活水準を超えると、豊かさと幸福は両立しなくなるという（イースタリンの逆説 [Easterlin 1974]）。

むろん、「大きな政府」にすれば、私たちの幸福度が増すというわけではないだろう。現在の北欧諸国が魅力的に見えるのは、それが「大きな政府」だからではない。北欧諸国は、この二〇年のあいだに、新自由主義の諸政策を大胆に導入してきた。検討すべきは、近年の北欧の諸国が、新自由主義化の政策とともに、どんな魅力を築いてきたのかという問題である。新自由主義の政策は、たんに経済成長率を高めるために採用されるのではない。新自由主義の政策は、もっと魅力的な理念と結びついているのかもしれない。

1―b　北欧諸国の新自由主義化

そこでまず、歴史的な鳥瞰として、北欧諸国を代表するスウェーデンの経済改革について見てみたい。一九七〇年代から八〇年代にかけて、スウェーデン社会は、福祉国家の浪費体質ゆえに、低迷していた。イギリスでは八〇年代に新自由主義化の政策を取り入れたものの、スウェーデンでは労働組合の力が強く、改革を進めることができなかった。九〇年の初めには、スウェーデンでは各種の給付（職業訓練プログラム、疾病手当、公的扶助）を受けて生活する人が、二〇～六四歳で二〇%を超えていた。こうした状況のもとで、スウェーデンはしだいに、経済的な危機に陥る。

スウェーデン政府は、九一年に思い切った税制改革を行った。所得税の最高税率を七三%から五一%へと引き下げ、また法人税を五七%から三〇%へと、約半分にまで引き下げた。法人税はさらにその後、九四年には二八%、二〇〇九年には二六・三%へと、それぞれ引き下げられている。これはOECD主要国のなかでも、最低水準の税率である。[95] さらにスウェーデン政府は、一九九二年から二〇〇六年にかけて、労働に対する税体系、すなわち勤労所得税と社会保険料を改革した。これらが歳入全体に占める割合は、六六・三%から六〇・七%へと低下している。他方で消費税の比重は、一六・一%から一八・九%へと引き上げられた[96]。こうしてスウェーデンでは、所得税と法人税、ならびに勤労所得税と社会保険料が引き下げられ、消費税の比重が高まっている。

この他にスウェーデン政府は、九二年以降、フレクシブルな労働市場を創造すべく、職業紹介事業を民間に開放すると同時に、派遣労働者を認め、労働市場庁の政策を「地方自治体（コミューン）」単位に分権化していった。一九九五年には、EUへの加盟を達成するために、財政赤字を対GDP比で三%以下に減らし、財政赤字累積額を対GDP比で六〇%以下に減らしている。

また注目すべきは、スウェーデンが、新自由主義の思想に導かれて、ケインズ型の積極的な財政政策を控えた点であろう。永山泰彦は、次のように指摘している。

「スウェーデンは戦後最悪の経済危機の克服に、「拡張型財政政策」に依存せずに、構造改革路線によって景気回復に成功した。この事実は、リンドベック委員会の提言ように、ケインズ型の短期的景気政策はむしろ有害であること、その代わり社会・経済の綜合的な改革が必要なことを示唆している[97]」。

スウェーデンでは、一九九三年の不況に際して、ケインズ政策とは異質の「資産ベース」の不況対策がとられた。公共支出と社会保障費は削減され、GDP比で四％の公的資金が、不良債権処理（金融機関の自己資本の増強）のために用いられた。投入した資金は、最終的には回収されている。[98]こうした非ケインズ的な政策は、当時の日本の政府がとったケインズ型の積極的財政政策とは、対照的なものであった。

ゼロ年代になってからも、スウェーデン政府は、新自由主義の政策を徹底していった。二〇〇四年には、相続税と贈与税を廃止し、二〇〇六年には、低所得層に対する実質的な所得税減税（六〜八％）を導入している。二〇〇八年からは、富裕税（一、八〇〇万円以上の資産にかけられていた一・五％の資産税）を廃止[99]し、さらに住宅税も廃止している。またゼロ年代を通じて、スウェーデンでは、失業保険のための財源が削減され、保険料は引き上げられている。これに対して、失業手当（従来所得の八〇％）の算定所得上限は引き下げられ、疾病手当の受給期間も制限されるようになった。こうしてつまり、スウェーデンでは、「手当の充実化」という福祉目標は後景に退き、これに代えて、積極的な労働市場政策に予算がつぎ込まれるようになっている。[100]

積極的労働市場政策とは、雇用を創出するための諸政策である。スウェーデン政府はとりわけ、「ニュー・スタート・ジョブズ」と呼ばれる新しい政策を導入している。これは、一年以上の職業訓練プログラムに参加したり、あるいは疾病手当を受けたりしている人々を雇用した雇用主に対して、社会保険と税負担と同額ないし二倍の補助金を支給するという制度である。こうした雇用促進策によって、スウェーデンは、既存のケインズ的な福祉国家とは異なる仕方で、新しい経済社会を運営しはじめた。

スウェーデンが新自由主義化の方向へと転換した背景には、相応の理由があっただろう［下平1999］。最も大きな原因は、「大きな政府」の運営がコスト面で壁にぶちあたり、福祉・医療・教育などの予算をカットせざるをえなかった点である。失業率は跳ね上がり、政府はもはや、増大する失業者たちを政府部門で雇うことができなかった。第二に、「労働者の個人主義化」によって、既存の労使関係が掘り崩されはじめたという問題がある。スウェーデンでは、高学歴のホワイトカラーが増大するにしたがって、労組の組織率はしだいに低下し、「階級的連帯」を基礎にした「同一賃金・同一労働」原則に対する不満が高まった。もはや、経営者と労組のあいだの団体交渉は機能せず、団体交渉はしだいに分権化され、産業別・企業別の交渉形態へと変化した。既存の「コーポラティズム」体制は、しだいに崩れた。第三に、スウェーデンの企業は、九〇年代以降、ますますグローバル化し、労使関係においても、グローバルな基準で対応するようになった。すると税制についても、諸外国の水準と調和させる必要が生じた。いわゆる「スウェーデン・モデル」と呼ばれる福祉国家の理想は、グローバル化とともに変容を余儀なくされたのであった。[101]

1－c　アンデルセン・モデルの収斂？

スウェーデン政府はこのように、九〇年代からゼロ年代にかけて、既存の福祉政策から、新

表 4-1. アンデルセンによる福祉レジームの三類型

	自由主義	社会民主主義	保守主義
家族の役割	周辺的	周辺的	中心的
市場の役割	中心的	周辺的	周辺的
国家の役割	周辺的	中心的	補完的
典型例	アメリカ	スウェーデン	ドイツ・イタリア

自由主義的な政策へと、大胆な転換を図ってきた。では現在のスウェーデンは、新自由主義の体制になったのだろうか。篠田[2001][102]は、スウェーデンの労使関係が新自由主義に収斂するのかという問いに対して、「組織された分散化」という新しいモデルが形成されつつある、と指摘している。「組織された分散化」とは、労使交渉の分権化や、積極的労働市場政策の地方への移譲などを指すものである。こうした特徴は、「政府機能の分権化」であって、「市場化」を求める新自由主義の理念とは異なるかもしれない。問題は、「新自由主義」の定義に依存している。私たちはこの定義の問題について、以下で立ち入った検討しなければならない。

先入観を排するために、まず、福祉国家論として名高いエスピン＝アンデルセンの三類型が、しだいに無効になってきたことを指摘しておきたい。アンデルセンの有名な分類[103]では、二〇世紀後半に実現した福祉資本主義は、「自由主義」「社会民主主義」および「保守主義」の三つに分類される（表4－1を参照）。ところがこの三類型は、もはや実態を捉えていない。

アンデルセンのいう「自由主義」レジームとは、市場の役割を重

表 4-2. 市場メカニズムと金融資産の活用をめぐる比較

	アメリカ型 資本主義	北欧型 福祉社会	日本
市場メカニズム	重視	重視	不十分
金融資産の活用	重視	重視	不十分

視して、家族と国家の役割をともに周辺的に位置づけるモデルであり、その典型はアメリカであるとされる。これに対して「社会民主主義」レジームとは、国家の役割を重視して、家族と市場の役割をともに周辺的に位置づけるモデルであり、スウェーデンがその典型であるとされる。「保守主義」レジームとは、家族や企業共同体（コーポラティズム）の役割を重視して、市場の役割を周辺的に、国家の役割を補完的に位置づけるモデルであり、ドイツやイタリアがその典型であるとされる。日本はどこに位置づけられるのかと言えば、アンデルセンは、「自由主義」と「保守主義」の混合形態であると考えた。

アンデルセンはこの三類型を、七〇年代から八〇年代にかけての社会状況を踏まえてモデル化している。しかし九〇年代以降の経験を踏まえるなら、「自由主義」モデルは、ますます国家の役割を重視するようになり、その一方で、「社会民主主義」と「保守主義」のモデルは、ますます市場の役割を重視するようになっている。

例えば、丸尾直美は、表4－2のような評価を下している。[104] これによると、現代のアメリカ型と北欧型の社会は、いずれも、市場メカニズムを重視しており、とりわけ金融資産の活用を重視している。ところが日本社会は、いずれにおいても不十分だというのである。

また下平好博は、諸国を「アングロ・サクソン型」、「北欧型」、「大陸欧州型」の三つに区別した上で、近年においては、北欧型と大陸欧州型が、アングロ・サクソン型に追従していると指摘している。[105] あるいはサスキア・サッセンは、著書『グローバル空間の政治経済学』のなかで、非正規雇用の拡大と高級専門職の増大、企業内部での人材教育機能の低下、労働者の権利の弱体化という三つの現象を指摘している。これらの指摘はいずれも、新自由主義化の傾向を指摘するものであろう。アンデルセンの三つのモデルは、しだいに一つのモデルに「収斂」してきたといえるのではないか。

新自由主義は一般に、国家を重視しない思想であり、国家の活動に制約を課す点に、その特徴があると言われる。けれども新自由主義は、自生的秩序を増殖するための装置としての国家の役割を認めている。新自由主義といっても、その内容には幅がある。大雑把に言えば、現在の北欧諸国は、国家も市場もともに重視する「新自由主義」のモデルへ変化してきたと言えるだろう。ただし北欧諸国がどんな「新自由主義」の体制であるかについては、以下で詳しく検討しなければならない。

ちなみにアンデルセンは、ゼロ年代になって、既存の福祉諸国家が新自由主義化していることを認めた上で、実現可能な理想を模索している。アンデルセンが掲げる社会の理想とは、ある種の混合体制であり、それは「第三の道」（ギデンズ）とは少し異なり、女性が働きながら子育てできるような社会である。すなわちそれは、男女のあいだで「雇用機会」が実質的に平等になるような社会であり、共働きの夫婦であれば、たとえ一方が失業したとしても、家庭としては貧困を免れることができるような社会である。アンデルセンは、貧困を克服するために、男女共働きの推奨と、雇用条件の柔軟化を同時におしすすめるべきだと考えた。

　このアンデルセンのビジョンは、しかし、雇用に対する保障を弱め、労働市場を流動化・柔軟化する点では、「市場の機能を重視する新自由主義」の思想に連なるものであろう。アンデルセンは、所得格差を是正することよりも、貧困を克服することに関心を寄せている。社会学的にみた場合、この立場は「世帯所得の格差拡大」を容認してしまう。というのも、男女共働き社会では、同じ所得レベルの男女が世帯を形成する可能性が高く、その結果として、世帯所得の格差は、さらに広がると予測されるからである。アンデルセンは、そのような格差拡大を承知のうえで、男女共働き社会を展望している。

　アンデルセンの理想は、従来の福祉国家支持者にとっては、あまり魅力的ではないかもしれない。所得格差の拡大を容認しているからである。けれどもアンデルセンの理想は、現代の北欧諸国に、実現可能な政策理念を与えている。問題は、現代の北欧諸国が、私たちにとってどんな魅力を持っているのか、という点にあるだろう[106]。

1―d 北欧を目指すならせめてアメリカ並みに？

現代の北欧諸国を支持する人たちによれば、北欧諸国はいずれも、女性の社会進出度、人間開発指数、一人当たりのGDP、国際競争力、などの基準で、高いレベルを達成しているという。こうした各種指標において、私たちは北欧諸国から、たくさん学ぶことがありそうである。

ところがこれらの魅力を精査してみると、きわめて逆説的である。各種の指標で北欧諸国を目指そうとすると、日本は「まずアメリカ並みに改善すべきだ」と言える場合が多いのである。指標においては、「北欧諸国＞アメリカ＞日本」というケースが多くみられる。あるいは、「アメリカ＞北欧諸国＞日本」という場合もある。いずれにせよ、北欧諸国とアメリカは、多くの点で、理想としては対立していないのであり、このことは、従来の「北欧＝福祉国家」vs「アメリカ＝市場原理主義」という枠組みを、根底から疑問視することになるだろう。以下では具体的に、さまざまな指標について検討してみたい。

(1)「一人当たりGDP」（二〇一〇年）を比較すると、ノルウェー＞アメリカ＞スウェーデン＞デンマーク＞フィンランド＞日本、となる。(2)国連開発計画が作成している「人間開発指数（Human Development Index）」を比較すると、ノルウェー＞アメリカ＞スウェーデン＞日本、となる。(3)この人間開発指数のなかの、「女性社会参加指数（Gender Empowerment Index, 2009）」を取り出してみると、スウェーデン、ノルウェー、フィンランドおよびデンマークの北欧諸国は最上位を独占しており、これに対してアメリカは一七位、日本は五七位となっている。(4)世界社会フォーラムが提供する「国際競争力」の指標をみると、アメリカ＞デンマーク＞スウェーデン＞フィンランド＞日本、という順位になっている。[107]

これらの指標で、もし日本が北欧諸国を目指すなら、「せめてアメリカ並みに！」というスローガンが当てはまるだろう。あるいは日本がアメリカを目指すなら、「せめて北欧諸国並みに！」というスローガンになるだろう。アメリカと北欧諸国は、これらの指標において、日本人にとって同じような魅力をもっている。

(5)「租税負担率」についてみると、スウェーデンの負担率は、なるほど高い。しかし図4-4から読み取れることは、もし北欧並みに租税負担率を高めるとすれば、日本はまずアメリカやイギリス並みの水準を目指すべきだ、ということである。[108]その場合、具体的な内訳としては、「個人所得課税」の負担率を引き上げて、「法人所得課税」の負担率を引き下げるべきだ、ということになるだろう。

(6)アメリカとスウェーデンは、少子化を防いで、「生産年齢人口」を維持している点でも、共通している。二〇〇八年の段階で予測された、二〇五〇年の「生産年齢人口」の割合（対人口比）をみてみると、日本は五〇・九％であるのに対して、アメリカは六一・四％、スウェーデンは五九・四％となっている。[109]また、「合計特殊出生率」（二〇〇五年〜二〇一〇年の平均）では、アメリカ（二・〇九）＞ノルウェー（一・八九）＞スウェーデン（一・八七）＞イギリス（一・八四）＞

図 4-4. 租税負担率の内訳の国際比較

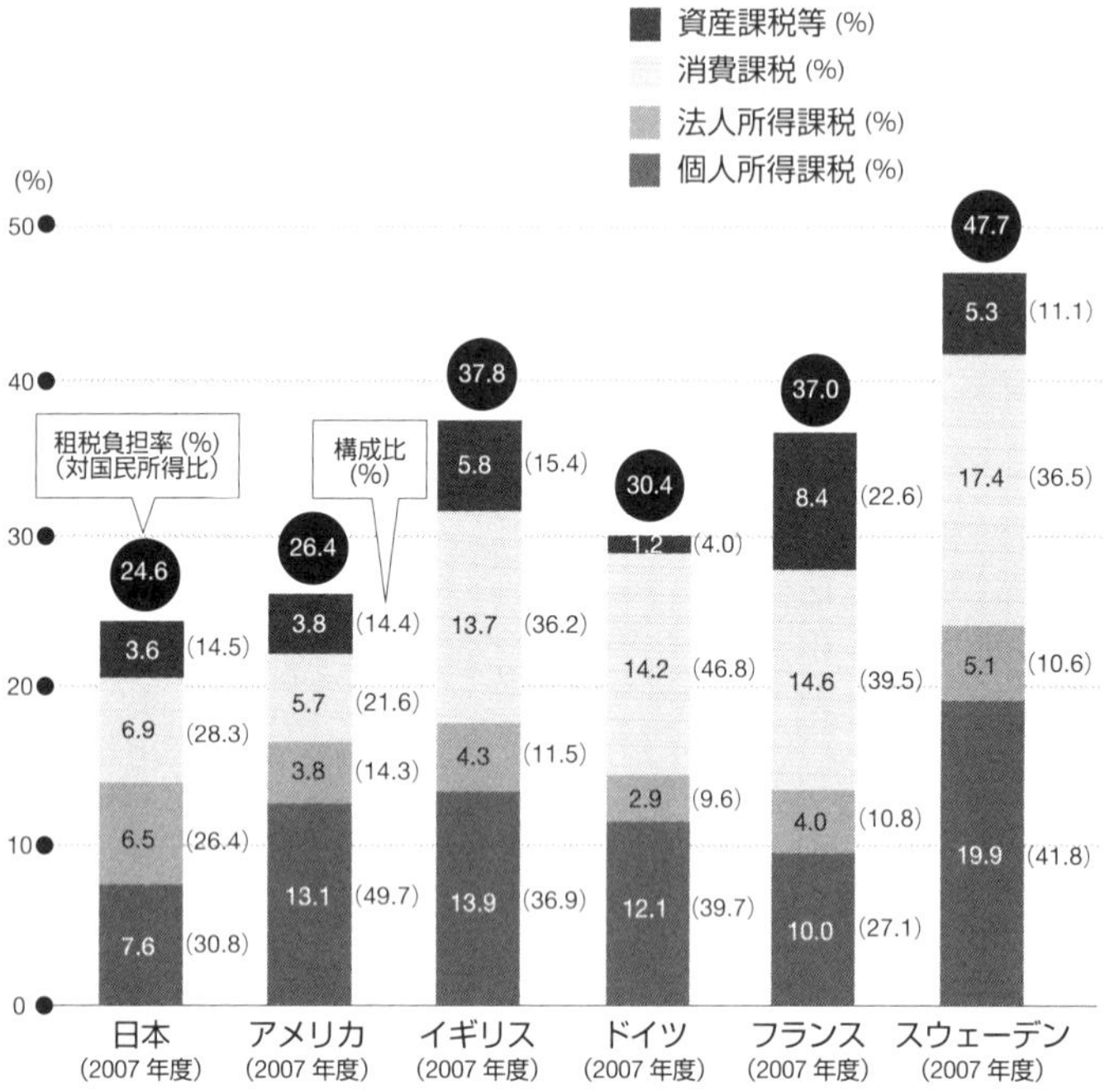

注：1. 日本は平成 19 年度（2007 年度）実績、諸外国は、OECD "Revenue Statistics 1965-2008" 及び同 "National Accounts 1996-2007" 等による。なお、日本の平成 22 年度(2010 年度)予算ベースでは、租税負担率：21.5%、個人所得課税：7.2%、法人所得課税：3.4%、消費課税：7.1%、資産課税等：3.9%となっている。
2. 租税負担率は国税及び地方税の合計の数値である。また所得課税には資産性所得に対する課税を含む。
3. 四捨五入の関係上、各項目の計数の和が合計値と一致しないことがある。

カナダ（一・五七）＞ドイツ（一・三二）＞日本（一・二七）となっている。生産年齢人口の割合や、出生率に関しては、アメリカと北欧諸国は、共通の魅力を持っていることが分かる。

(7) 雇用全体に占める「女性労働者の割合」[110]を比較してみると、フィンランド（四九・一％）＞カナダ（四七・九％）＞ノルウェー（四七・八％）＞スウェーデン（四七・六％）＞アメリカ（四七・三％）＞イギリス（四六・七％）＞ドイツ（四六・一％）＞日本（四二・〇％）となる。この指標で、日本が北欧諸国を目指すとすれば、やはりまず、アメリカ（あるいはドイツやイギリス）を目指すべきだ、ということになるだろう。同様に、「女性の年齢階級別労働力率」[111]を比較した場合にも、類似のことが当てはまる。女性が働きながら子育てできるような社会の理想は、北欧にあると言われる。しかし北欧を理想とするなら、日本はまずアメリカを目指すべきだ、ということになるだろう。

(8)「セイヴ・ザ・チルドレン」が提供する「女性指数」（女性の健康・教育・経済・政治的水準を総合した国際指標）をみると、ノルウェー（二位）＞デンマーク（四位）＞フィンランド（六位）＞スウェーデン（七位）＞アメリカ（二四位）＞日本（三四位）となる[112]。この指標においても、日本は、まずアメリカを目指してから、北欧諸国を目指すべきだということになる。その場合の問題点は、成人女性一般において、日本人女性の賃金が低く抑えられ、また国会議員になる女性の割合が少ないという点にあるだろう。

(9) 一般に、北欧諸国は「大きな政府」であるといわれる。ところが「歳出に占める公共事業

図 4-5. 先進国における「歳出に占める公共事業の割合」の推移

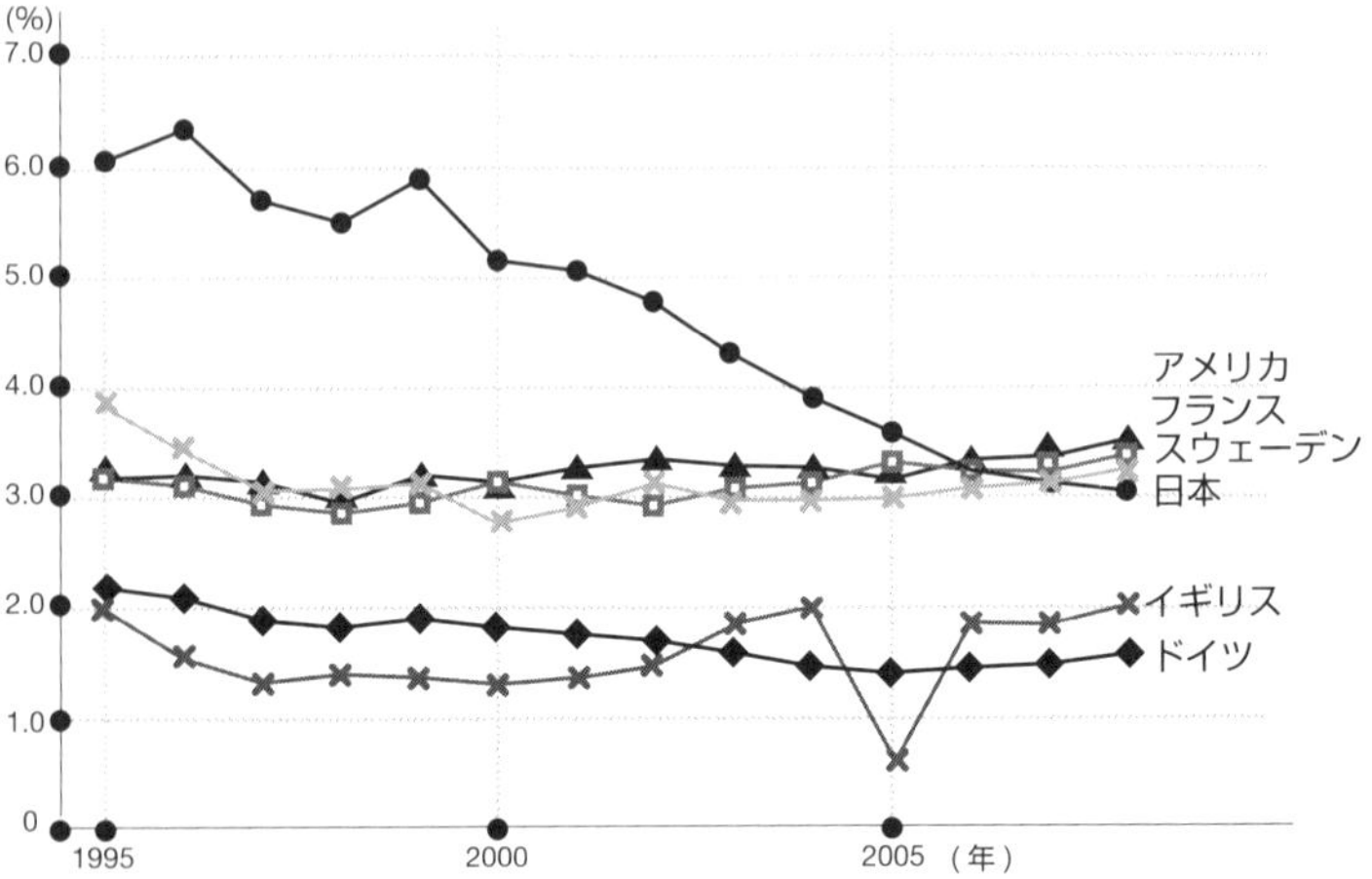

資料：OECD National Accounts より

の割合」をみると、そのような傾向はみられない。アメリカにおいても、スウェーデンにおいても、「歳出に占める公共事業の割合」は、比較的低率で推移してきた。日本もまた、この十数年間で、これらの国と同じレベルにまでに、公共事業の割合を引き下げてきた[113]（図4－5を参照）。スウェーデンを理想とするなら、たとえ日本が「大きな政府」に向かうとしても、歳出に占める公共事業の割合を低く抑える必要があるだろう。

(10) 失業者に対する「公的職業訓練」について、その予算がGDPに占める割合を見てみよう。すると、公的職業訓練が充実している国の順位は、フィンランド（〇・三七％）＞デンマーク（〇・三三％）＞ノルウェー（〇・二三％）＞スウェーデン（〇・二〇％）＞アメリカ（〇・〇四％）＞日本（〇・〇三％）となる[114]。

日本とアメリカはほとんど同じ水準であるが、アメリカの方が少し充実している。これに対して、北欧諸国はいずれも、公的職業訓練に対して、大きな支出をしていることが分かる。この点でも、日本はまずアメリカ並みに公的職業訓練を充実させるべきだ、ということになるだろう。

(11) 失業者のなかで、一年以上の長期の失業者が占める割合は、日本の場合、三三・三％で最も高く、これに対して、フィンランド（一八・二％）＞デンマーク（一六・一％）＞スウェーデン（一二・四％）＞アメリカ（一〇・六％）＞ノルウェー（六〇％）となる。もっとも、フランスやイタリアやドイツにおいては、長期失業者の割合は日本よりも高い。長期失業者を減らすためには、日本は、アメリカと北欧諸国の両方から学ぶべきだ、ということになるだろう。

(12) これは北欧との比較ではないが、失業者の中で、失業手当（日雇いの被保険者などへの給付を含む）を受け取っていない人たちの割合についてみると、[115] 日本（七七％）＞アメリカ（五九％）＞カナダ（五六％）＞フランス（二〇％）＞ドイツ（六％）となる。フランスやドイツを理想とするなら、日本はまずアメリカ並みに、失業手当を受給するシステムを目指すべきだ、ということになる。

(13)「企業の社会的貢献度」について、国別の比較をしてみると、スウェーデンとデンマークとフィンランドの三か国は、一位から三位までを占めている。続いて、ノルウェーは六位、アメリカは一九位、日本は二〇位、となっている。[116] 企業の社会的貢献度を高めるためには、日本はまず、アメリカを目指すべきだということになるだろう。

(14) 研究開発費の対GDP費を比較してみると、フィンランド＞スウェーデン＞日本＞デンマーク＞アメリカ＞ノルウェーとなる。[117] この値にかんするかぎり、北欧諸国は一枚岩ではない。日本は研究開発費に関するかぎり、フィンランドとスウェーデンに学ぶべきだ、ということになる。[118] ただし、先の職業訓練の費用を含めて、研究開発や教育については、日本では中間集団の果たす役割も多いと考えられるので、これらの機能をどこまで国家に肩代わりしてもらうべきなのかについては、慎重に検討する必要があるだろう。

(15) ヘリテージ財団が作成する「経済的自由」の指標[119]をみてみよう。すると、経済的自由度の高い国から順に、アメリカ（七六・三）＞デンマーク（七六・二）＞フィンランド（七二・三）＞スウェーデン（七一・七）＞日本（七一・六）＞ノルウェー（六八・八）となる。北欧諸国の経済的自由度は、一枚岩ではないことが分かる。デンマークとフィンランドとスウェーデンは、日本よりも自由度が高い。これに対してノルウェーは、日本よりも自由度が低い。スウェーデンと日本の自由度は、ほんのわずかの差でしかないが、指標の内訳をみるとスウェーデンは、「ビジネスの自由度」、「自由貿易の推進」、「（海外からの）投資の自由度」、「金融の自由度」、「私有財産の保護」などにおいて、日本よりも自由であることが分かる。ノルウェーを除けば、北欧諸国は日本よりも経済的に自由な国である。こうした点でも、日本は北欧諸国が学ぶべきことがたくさんあるだろう。

(16) 「解雇法制の厳しさ」についてみると、アメリカ社会は、確かに解雇しやすい。これに対して、北欧諸国は解雇しにくいという大きな違いがある。厳しさの順位では、ドイツ（二・八五）＞スウェーデン（二・七二）＞フィンランド（二・三八）＞ノルウェー（二・二〇）＞日本（二・〇五）＞デンマーク（一・六三）＞イギリス＝カナダ（一・一七）＞アメリカ（〇・五六）、となる。[120] 解雇法制の問題は、しかし、どれだけ企業が淘汰されやすいか、という自由競争市場の程度と合わせて検討しなければならない。企業が労働者を解雇しにくい社会でも、企業がつぶれやすい環境の下では、雇用は維持されないからである。実際、北欧諸国は、企業を保護せず、自由市場競争を徹底させていると言われる。例えばスウェーデンでは、労働組合が強いものの、賃金交渉では、産業全体で同一労働同一賃金の適性レベルが探られるので、そのレベルの賃金を支払うことのできない企業は淘汰され、労働力市場の流動性が高まるという。解雇法制と政府による企業保護の関係については、さらなる検討が必要である。

(17)「トランスペアランシー・インターナショナル」が作成する「政治的腐敗度」の指標をみると、腐敗の少ない国は、順に、デンマーク（九・三）＞スウェーデン（九・二）＞フィンランド（八・九）＞ノルウェー（八・六）＞日本（七・七）＞アメリカ（七・五）、となる。[121] また、国境なき記者団が作成する「報道の自由」指標[122]では、フィンランドとノルウェーとスウェーデンの三か国は、いずれも一位であり、これに対して、デンマークと日本は一一位、アメリカは二〇位となっている。これら二つの「民主化指標」に関するかぎり、日本はアメリカよりも、北欧諸国を目指すべきだ、ということになろう。アメリカはもはや、決して民主主義の理想ではないことが分かる。

(18)「ジャーマン・ウォッチ」が提供する「地球温暖化（気候変動）対策指標」の順位[123]をみると、スウェーデン（五位）＞ノルウェー（六位）＞フィンランド（三一位）＞デンマーク（三三位）＞日本（三九位）＞アメリカ（五四位）となる。地球温暖化対策をめぐっては、日本はアメリカではなく、北欧諸国に学ぶべきことがたくさんありそうである。

(19) 環境持続可能性指標を発展させた「環境パフォーマンス指標」[124]では、ノルウェー（三位）＞スウェーデン（九位）＞フィンランド（一九位）＞デンマーク（二一位）＞日本（二三位）＞アメリカ（四九位）となる。この指標は一六の指標を総合して作られたものであり、さらにきめの細かい検討が必要である。いずれにせよ、先の「地球温暖化（気候変動）対策指標」と同様に、この点でも日本は、アメリカではなく、北欧諸国から学ぶべき点がたくさんありそうである。

(20) 最後に、これは蛇足であるが、北欧諸国は「男女平等」な社会という点で理想視されることがある。例えばスウェーデンでは、一九七九年に王位継承法が改定され、翌年から、王位は、男女に関係なく第一子に継承されることになったという。日本も同様に、こうした王室改革を見習うべきではないか、という意見がある。もしこの考え方に従うとすれば、私たちは、王室のないアメリカ社会のほうがもっと望ましい、とみなすことにならないだろうか。

以上、さまざまな観点から、日本と北欧諸国とアメリカを比較してきた。概して言えば、アメリカと北欧諸国は、多くの点で共通している。「一人当たりGDP」、「人間開発指数」、「女性の社会参加指数」、「国際競争力」、「租税負担率」、「生産年齢人口の割合（少子化への対応）」、「雇用に占める女性労働者の割合」、「女性指数」、「公的職業訓練費の対ＧＤＰに占める割合」、「失業者に占める長期失業者の割合」、および「企業の社会的貢献度」において、アメリカと北欧諸国は、いずれも日本にとって理想のモデルを提供している。

これに対して、「歳出に占める公共事業の割合」、「研究開発費の対ＧＤＰ費」、「経済的自由指標」については、日本の水準は、アメリカや北欧諸国とあまり変わらない。ただし理想を推進する場合には、日本はアメリカと北欧諸国の両方から、依然として見習う余地があるだろう。「解雇法制」については、単純な結論を避けた。最後に、「二つの民主化指標」、「地球温暖化対策指標」、「環境パフォーマンス指標」については、日本は、アメリカよりも北欧に見習う余地があるかもしれない。ただし一人当たりのエネルギー消費量についていえば、日本はこれらの諸国に比して、すぐれたパフォーマンスを示している。

こうして見てくると、北欧諸国は、経済システムの点では、比較的アメリカと類似しており、これに対して「民主化」と「環境対策」の点では、アメリカと大きく異なることが分かる。

1―e　フィンランドの教育に学ぶ

では、教育についてはどうだろうか。義務教育に関しては、さすがにアメリカに学ぼうという論者は少なく、北欧諸国から学ぶべきだという論調が強い。しかし福田誠治［2007］によれば、八〇年代以降のフィンランドの教育は、次第に新自由主義的な政策を取り入れたがゆえに、成功したのだという。これに対してイギリスでは、新自由主義よりも「新保守主義」の政策を強権的に取り入れた結果として、あまり成果が上がらなかったという。

福田のいう「新自由主義」とは、産業界のニーズに応じる教育であり、これに対して「新保守主義」とは、国家的管理の強化に応じる教育である。「新自由主義」は、例えば、伝統的な教科を否定して起業のための技能科目を導入し、「生きる力」を重んじる。あるいは、子どもたちが自ら学ぶことを奨励するために、コンピテンシーと呼ばれる知識の学び方を学ぶことを提唱する。これに対して「新保守主義」は、道徳的服従や伝統の再生を重んじて、教師が権威をもって教授することを重視する。あるいは、国家運営や職業訓練のために資するような知識や技能を身につけさせようとする。

このように、新自由主義の教育理念は、新保守主義のそれと大きく異なっている。フィンランドでは従来、「社会民主主義」の教育理念が追求されてきた。すなわち、「子ども中心主義」「平等」「連帯／協同」「個性の発達」「真理」「情緒的健康」などの諸価値が、追求されてきた。ところが近年になって、フィンランドは、新自由主義の教育へと転換を図ってきた。すなわち、「脱中央集権」「民営化／競争」「利潤」「学習到達度」「就職力」等々の理念へと、教育の目標を転換してきた[125]。

具体的には例えば、フィンランドでは最近、次のような教育政策が導入されている。(1)学校の経営決定と運営責任は国家教育委員会ではなく地方自治体に移管する、(2)自由競争原理を取り入れ、学校選択制を導入する、(3)生徒の学習に即して指導する、(4)起業家的な技能をカリキュラムに含める、などの政策である。こうした改革の過程で、フィンランドでは、教育の現場である〈自治体／学校／教員／子ども〉に対して、大きな権限が与えられた。自己目標の設定と自己評価によって、自由と責任のある教育制度が実現されてきた。これは、国家が教育達成度の数値目標を掲げて「点取り競争」を強いるような管理方法とは大きく異なっている。福田によれば、こうした分権化と自治のモデルがフィンランドの教育を成功させたのだという[126]。この福田の評価が正しいとすれば、フィンランドの教育は、「新自由主義」の体現として成功したと言えるだろう。

2　新自由主義の諸相

2－a　新自由主義の誤解を解く

以上、さまざまな観点から、北欧諸国の魅力について検討してきた。だがその魅力は、逆説に満ちている。多くの場合、「北欧を目指すならアメリカなみに」というアドバイスが当てはまる。しかもフィンランドの教育は、新自由主義によって成功している。現代の北欧社会がもつ魅力は、「新自由主義」の思想によって特徴づけられる点が多いのである。そこで私たちは、「新自由主義」という概念を、もう一度精査しなければならない。というのも北欧の魅力はこれまで、新自由主義とは正反対のものだと信じられてきたからである。

例えば、北欧諸国の福祉政策に通じた神野直彦は、「新自由主義」の概念を次のように批判している。すなわち「新自由主義」とは、人間を「快楽と苦痛を一瞬のうちに計算するホモエコノミクス（経済人）」と想定するものであり、実際、新自由主義者たちは、「個人の怠惰が貧困をもたらしている」とか、「格差や貧困は、勤勉をもたらすインセンティヴになる」という考え方から、例えば、一九九九年の労働者派遣法の改正や、その後の規制緩和政策を推進してきた[127]。新自由主義者たちは、「他者と協力し、「分かち合う」ことなどありえない人間観」に立脚しており、その観点からすれば、「市場経済を拡大していく一方で、家族やコミュニティの機能の重要性を説くことは、どんな盾をも突き通す矛を売る楚の商人さながらの矛盾」に陥ってしまうという。

神野はこのように、新自由主義の思想が、コミュニティを大切にしないと考えた。しかしこの理解は、どこまで有効であろうか。ここで想起すべきは、新自由主義の思想家フリードリッヒ・ハイエクが、家族やコミュニティやその他の中間集団を重視していたという点である。ハイエクは、コミュニティを大切にするイギリス型の社会こそが「真の個人主義」社会であると考えた。これに対して「孤立した個人」を基礎とする大陸型（とりわけフランス）の社会を、「偽りの個人主義」社会であるとみなした。このハイエクの思想に立脚するかぎり、「新自由主義」は「分かち合い」の精神を共有していると言えるだろう。これに対して、人間を快楽と苦痛の計算機と考えるような個人主義は、ハイエクによれば、偽りの個人主義であるにすぎない。

もう一点、ハイエクの思想を実行に移したといわれるイギリスの元首相、マーガレット・サッチャーの見解についても、世間の誤解を正しておきたい。これまで新自由主義を批判する論者たちは、サッチャーが「社会的なるもの（コミュニティの意義）」を否定したと論じてきた。実際、サッチャーは、「社会などというものは存在しない」という有名な言葉を残したことで知られている。けれどもこの言葉の意味するところは、社会的な相互扶助の関係を国家に期待すべきではない、ということであり、実際にサッチャーは、企業や家族、あるいは地域社会などの中間集団に、社会的な相互扶助の精神を期待していた。彼女は、自発的な助け合いを「義務的なもの」であるとすらと考えていた。『回顧録』のなかで、サッチャーは次のように振り返っている。

「私のいいたかったことは、当時は明解であっても後に見る影もなく歪められてしまったが、社会はそれを構成する人間と遊離した抽象的なモノではないということであった。個人や家族、近隣そして自発的な組織がつくる生きた構造だということであった。この意味において、私は社会に多く期待していた。なぜなら経済的な富が増大すれば個人も自発的な組織ももっと隣人の不幸に対する責任を引き受けるべきだと思うようになると確信していたからである。私が誤りであるとして異議を唱えていたのは、国家を社会ととり違え、国家が最初の避難所であるとする認識に対してであった。[128]」

このようにサッチャーは、「国家」と「社会」を混同する考え方を批判して、国家よりも社会の側に、多くを期待したのであった。この考え方は、ハイエクの新自由主義思想に沿っている。すなわち、「国家の役割縮小」、「市場の役割強化」、および「社会（家族、企業、地方自治体などのコミュニティ）の役割強化」、という綜合的な考え方に基づくものである。ハイエクにせよサッチャーにせよ、実際にはコミュニティの役割を重視していたのであり、新自由主義は決して反コミュニタリアンではないことを、ここで強調しておかねばならない。

2－b　新自由主義の諸類型

むろん、現代人が「新自由主義」という言葉を使う場合には、別の意味もあるだろう。検討すべきはこの概念の「幅」についてである。現代の新自由主義者たちは、コミュニティ（中間集団）について多様な見解をもっている。新自由主義者は、保守的な家族を重視するかもしれないし、共働き家族や事実婚家族を奨励するかもしれない。新自由主義者は、地方分権化を推奨するかもしれないし、そうではないかもしれない。あるいは新自由主義者は、労働者に対する福利厚生を企業に期待するかもしれないし、あるいはそれを国家に期待するかもしれない。中間集団の位置づけについては、新自由主義の内部にも諸説があるだろう。

また九〇年代以降、北欧諸国が「新自由主義」的な構造改革を推し進めてきた点についても、留意したい。ハイエクは北欧諸国の成功を見通すことができなかったが、ところが逆説的にも、北欧の諸国はハイエク的な観点を採用して成功してきた。[129] 北欧諸国は現在、大きな政府に適合した新自由主義の体制を生み出している。

これらの点を考慮するなら、「新自由主義」概念の定義は、もっと一般化して捉えなければならない。私は拙著『帝国の条件』で、新自由主義の基本的な特徴を、次の三つにまとめたことがある。すなわち、新自由主義とは、(1)市場経済のグローバル化によって生じた先進諸国（民主主義と福祉国家の建設において歴史的に成功した諸国）の体制がもつ一特徴であり、(2)結果としての所得不平等を容認すると同時に、(3)公的サービスの提供の仕方に貨幣原理や選択原理を導入しようとするものである、と。この三つの特徴づけに関するかぎり、新自由主義は、(4)大きな政府でもかまわない。しかし政策の方向性という点では、新自由主義の思想は、(5)「構造改革」（例えば所得税よりも消費税を重視する改革）を支持し、また、(6)ケインズ型の財政政策よりも、職業訓練などの「積極的労働市場政策」を支持するであろう。これら六つの特徴は、「新自由主義」の基本的な特徴ということができる。

この「基本モデル」に加えて、「新自由主義」の特徴は、次の二つの表（4－2と4－3）を用いて、さらに明確に理解することができる。

第一に、政府の規模について、これを(a)「裁量」面と(b)「分配」面に分けて捉えてみると、「新自由主義」とは、「従来型福祉国家」とは異なる三つの類型すべてに当てはまる特徴である（表4－2参照）。ここで「貧困対策・職業訓練社会」とは、所得の分配を最貧層や失業者に限定

表4-2. 政府規模からみた新自由主義の三類型

	分配規模大	分配規模小
政府裁量大	従来型福祉国家	貧困対策・職業訓練社会
政府裁量小	普遍的新自由主義	古典的自由主義

して行うシステムであり、その場合の分配は、受給者の具体的な事情に応じてきめ細かく行われる点で、「政府裁量」の余地が大きい。これに対して「普遍的新自由主義」とは、高所得層から低所得層への所得移転を大きくして、分配後の実質所得を形式的に平等にしようとする。また「普遍的新自由主義」は、それまで企業に任せてきた労働者の福利厚生サービスを、政府の管轄に移行させて、正社員／非正社員の区別なく、普遍的なサービスを提供しようとする。政府はその場合、サービスの提供を機械的に運営して、諸個人の具体的な事情については考慮しないため、「政府裁量」の余地は小さいと言えるだろう。[130] これに対して「分配」の規模も「裁量」の規模も小さい社会は、いわゆる「古典的自由主義」の社会であり、それはアダム・スミスなどの経済学者たちが描いたモデルである。「新自由主義」の社会は、(6)この「古典的自由主義」を中核的な理念としつつも、「貧困対策・職業訓練社会」および「普遍的新自由主義」という二つの方向に、政府の役割を拡張する（ただし同時に二つの方向を求めるのではない）思想である、と言うことができる。

　第二に、労働条件について、これを(c)「解雇規制」面と(d)「賃金システム」面の二つに分けて捉えてみると、「新自由主義」とは、「既成労組」の

表 4-3. 労働条件からみた新自由主義の三類型

	解雇規制大	解雇規制小
職務賃金	ヨーロッパ型	個人主義労働市場
年功賃金	既成労組	日本的改革型

立場とは異なる三つの類型すべてに当てはまる特徴である（表4－3参照）。[131]

ここで「ヨーロッパ型」とは、労働者が解雇されにくい反面、賃金システムにおいては「職務」賃金を採用するモデルである。[132]「ヨーロッパ型」の職務賃金体系においては、「同一労働同一賃金」の原則が徹底されるため、年功序列型の賃金体系よりも、労働市場の流動性は高いであろう。これに対して「日本的改革型」のモデルとは、年功序列の賃金体系を採用する一方で、解雇しやすい社会へ移行した社会であり、この場合は、解雇という手段を通じて労働市場の流動性が高まるといえる。これらに対して、「個人主義労働市場」のモデルとは、職務賃金と解雇しやすい労働法制を組み合わせた制度であり、労働力市場において、市場原理が最も機能している社会である。

このように区別してみると、「新自由主義」の社会とは、(7)この「個人主義労働市場」に加えて、「ヨーロッパ型」と「日本的改革型」を含めた、幅の広いモデルとなる。「新自由主義」の思想は、労働市場の流動化を望む一方で、人々の生活が一定の慣習に埋め込まれていることを社会秩序の理想としている。新自由主義は、リバタリアニズムとは異なり、あらゆる点で労働市場を流動化させてしまうと、かえって社会の秩序が成立しない

表 4-4. 家族形態と政府規模の関係

	保守家族	共働き家族
政府規模大	ドイツ	北欧、イギリス
政府規模小	スペイン、アメリカ、日本	カナダ

と危惧する。それゆえ「個人主義労働市場」のモデルは、必ずしもその中核的な理想にはならないであろう。

以上の二つの分類から、「新自由主義」のモデルは、「従来型福祉国家」や「既成労組」の見解と対立するとはいえ、その方向性には大きな幅があることが分かる。では「北欧型」の新自由主義とは、どんな特徴をもつのであろうか。

表4－2および4－3をふまえて言うと、「北欧型新自由主義」は、第一に、(7a)従来型の福祉国家を、「普遍的新自由主義」と「貧困対策・職業訓練社会」の両方向に変革するものであり、第二に、(8a)ヨーロッパ型の労働条件を、やや「個人主義的労働市場」へと変革するものだといえる。[133] これらの特徴は、最近の北欧諸国における政策の傾向を理念化したものである。加えて現代の北欧諸国は、(9)女性の社会進出や子育て環境において、先進的な取り組みを示している。ここでエスピン＝アンデルセンによる最近の分析を参照しつつ、家族形態と政府規模の関係を検討してみよう（表4－4、Esping-Andersen[2007]参照）。

表4－4において、「保守家族」とは、女性の専業主婦率が高い国のモデルであり、これに対して「共働き家族」とは、専業主婦率が低い国のモ

デルである。「政府規模」については、ここでは先の表4－2における「分配」面と「裁量」面をまとめて「大小」を区別しているため、やや荒っぽい分類になっている。いずれにせよ、この表4－4を用いて検討すると、「新自由主義」には、「ドイツ型」、「北欧・イギリス型」、「スペイン・アメリカ・日本型」、「カナダ型」の四つのタイプがあることが分かる。「北欧型新自由主義」とは、この場合、比較的政府規模の大きい社会のもとで、共働き家族を奨励するモデル（北欧・イギリス型）である。これに対して日本型の社会は、その対極に位置づけられるだろう。

次に、研究開発費や国家主導のイノベーション政策について考えてみよう。国家は例えば、医療や年金や失業などの面で、「祭司型」の権威として、温情的な仕方で国民の生活を配慮することができる。あるいは国家は、「普遍型」の権威として、人類の進歩という普遍的な目標のために、技術開発や人材開発などの政策を推進することができる。他方で国家は、その「祭司」的な権力を極小化することもできるし、その「普遍」的な権力を極小化することもできるだろう。はたして国家がその権力をどこまで拡大できるのかについては、諸説があるだろう。ここではその権力のあり方をめぐって、「開発主義」と「非開発主義」を区別してみたい。「開発主義」は、国家が人々の潜在能力を開発したり動員したりすることができると考える。これに対して「非開発主義」は、国家にそのような権力を与えるべきではないと考える。この「祭司型／普遍型」と「開発主義／非開発主義」の二つの区別を用いると、表4－5の四類型を得ることができる。

この表に照らしてみると、いわゆる「リベラリズム」とは、諸個人の主体性とヒューマニズ

表 4-5. 開発志向と普遍志向の関係

	祭司型	普遍型
開発主義	祭司型設計主義 従来型福祉国家	成長論的自由主義 潜在能力開発主義
非開発主義	古典的自由主義＋ 地域共同体主義	普遍的非開発主義 リベラリズム

ムを大切にする立場であり、この立場は「普遍的理性」の観点から統治を行い、祭司型の権力行使や理性以外の諸能力の開発をともに避ける傾向にあるだろう。別の類型として、「古典的自由主義＋地域共同体主義」というモデルを考えることができる。これは、祭司権力による包摂を地域共同体へと分散し、社会全体としては市場のルールを重視して統治しようとする立場であり、例えばコミュニタリアニズムの側からハイエクの新自由主義を摂取すると、このモデルに至るであろう。第三に、普遍的な立場から諸個人の潜在能力をさまざまに開発していくべきだとする立場は、私がこれまで、「成長論的自由主義」と呼んできたモデルである。この立場は、経済の活動をたんに市場に任せるのではなく、国家および中間集団が主体となって、諸個人の潜在的能力を開発したり、あるいは能力開発のインセンティヴを制度的に与えたりしていこうとする。その思想的な源泉としては、アマルティア・センの潜在能力論や、シュンペーター的な国家による企業家精神の造成といった企てがある。この立場は、「潜在能力開発主義」と言い換えることもできるだろう。

これらの四類型のうち、「新自由主義」は、従来型の福祉国家を除いた三つのモデルすべてにあてはまる。これら三つのモデルは、中央政府が祭司的な権力を行使せず、市場ベースの社会秩序を認めるからである。その場合、「北欧型新自由主義」は、(10)「成長論的自由主義（ないし潜在能力開発主義）」のモデルとして特徴づけられるだろう[134]。それは普遍的な開発主義のモデルと言える。

さて、以上に検討してきたさまざまな分類を綜合してみると、「北欧型新自由主義」のモデルとは、新自由主義の基本的特徴（(1)先進国前提、(2)結果不平等容認、(3)貨幣原理・選択原理の導入、(4)大きな政府容認）を前提とした上で、さらに次のような諸特徴をもつものとして理解することができる。すなわち、(5)「構造改革」＋(6)「積極的労働市場政策」＋(7a)「普遍的新自由主義＆貧困対策・職業訓練社会」＋(8a)「個人主義労働市場（職務賃金＆解雇規制小）」＋(9)「共働き家族＆政府規模大」＋(10)「成長論的自由主義（潜在能力開発主義）」である。

2－c　論争の収斂としての北欧型新自由主義

こうした「北欧型新自由主義」のモデルは、つまるところ、人々の潜在能力を開発するための積極的な政策パッケージをもった体制であるといえる。ではこのモデルは、いったいどこまで魅力的なのだろうか。ここで、日本を代表する福祉国家論の二人の論客、神野直彦と宮本太郎が共同で執筆した論文「『格差社会』を超えるために」[神野／宮本 2006]を検討してみたい。というのも二人の提案する理想の体制は、この北欧型新自由主義のモデルに近いからである。

二人はまず、「結果の平等」ではなく、「参加保障型の制度によって機会の平等を実質化していくことが大切」と謳い、次に、「労働市場への参加」や、「無償労働を含む地域社会のアクティビティへの参加」、あるいは「政策過程への参加」が必要であるとしている。加えて二人は、現在の北欧社会のように、教育や職業訓練を通じて、質の高い労働力を養い、高付加価値生産によって、知識社会における持続可能な経済発展を目指すべきだと主張している。同論文では具体的に、以下のような諸政策が提案されている。

①ジニ係数や相対的貧困率を下げるために、出産・育児支援、就労・再訓練への支援など、事前の予防的な参加保障を充実させる。
②ミニマム保障の額を上げて、これをセーフティ・ネットというよりも、自律と参加を下支えするための「トランポリン」とみなす。
③公共事業を通じた雇用創出よりも、生産性の高い部門への労働力移動を促すかたちで完全雇用を実現するために、人々のエンプロイアビリティ（雇用される力）を高めるための職業訓練を充実させる。
④教育休暇制度によって、労働者が熟練の機会を得ることができるようにする。
⑤ＮＰＯによるさまざまな自助団体の活動に期待する。
⑥各種の税控除を廃止して、所得税の累進性を実質化し、所得税の割合を増やす。
⑦教育、育児、養老サービスの無償化によって、労働市場への参加を保障する。

こうした諸々の提案は、「経済発展」と「平等」を同時に導くための、戦略的な政策パッケージと言えるだろう。とりわけ、勤労所得層のジニ係数（不平等度）を改善するために、若年層の雇用確保および職業訓練を施すという政策は、新たな経済成長のための、潜在的な投資と言える。また、育児サービスの充実化は、女性の雇用機会を高め、男女の雇用機会を平等にするための政策とみることができる。神野と宮本の共同論文は、平等化によって、経済の発展が可能になる局面に関心を寄せており、そこから導かれる政策は、北欧型の新自由主義モデルにきわめて近い。

こうした提案に対して、一見すると対立しているように見えるのが、新自由主義の提唱者たる八代尚宏のビジョンである。ところが精査してみると、八代のビジョンは、神野と宮本が描く新しい福祉国家像と近いところにあることが分かる。八代の提案を整理すると、次のようになるだろう[135]。

①正社員と非正社員のあいだに「同一労働・同一賃金の原則」を貫徹する。
②中流層の生活安定よりも、生活保護等の低所得層に十分な所得移転（再分配）を行う。
③夫婦共働きで、出生率を上げる（そのための保育市場の改革）。
④職業訓練を通じた積極的労働市場政策を実施する。
⑤雇用保険の普遍化を図る（負担に応じた給付ではなく水平的な所得分配、および保険加入資

格の拡大)。

⑥この他、学校選択制、学校法人改革、農地の集約化等の農業改革、構造改革特区、公共職業安定所への市場化テストの導入、高齢者を優遇する雇用制度など、人工的な自由市場の構築を図る。

以上の八代の提案は、驚くほど、先の神野／宮本の諸提案と類似しているのではないだろうか。ミニマム保障の強化、エンプロイアビリティの強化(主として職業訓練)、あるいは、共働き社会へのシフトといった点において、「新しい福祉国家像」と「新自由主義」の理念は、いずれも共通している。

八代は、自身の提案が、カナダ型社会をモデルにしているという。カナダでは、合計特殊出生率と女性の労働力率がともに日本よりも高く、女性が働きながら子どもを多く育てることができるという。このカナダ型のモデルは、ヨーロッパ型の福祉国家を土台とした上で、そこから、負担税率を低くしている点に特徴がある。租税負担率を低く抑えることができるのであれば、新自由主義者の多くは、そのような福祉国家を承認するかもしれない。

むろん、神野と宮本の「新しい福祉国家像」は、スローガンとしては「消費税増税反対」を掲げている。ただ北欧型の社会をモデルとするかぎりでは、「消費税増税賛成」の立場となるはずである。「北欧型の新自由主義」は、各種控除の廃止による所得税の実質増税を認める一方で、

表 4-6. 雇用形態からみた北欧型新自由主義の位置づけ

	解雇規制大	積極的労働市場政策	解雇規制小
職務賃金	ヨーロッパ型		個人主義労働市場
メンバーシップ		北欧型新自由主義	
年功賃金	既成労組		日本的改革型

消費税の比重を上げることに賛成するだろう。いずれにせよ、現代の北欧社会のように、消費税や教育サービス等に関する権限の多くを地方自治体に委譲するなら、「新しい福祉国家像」と「新自由主義」の対立は、それほど大きなものではないかもしれない。「新しい福祉国家像」と「新自由主義」は、理想の多くを共有しており、「北欧型新自由主義」は、これら二つの思想が重複するところに生まれる理想と言えるだろう。「北欧型新自由主義」は、福祉国家をめぐる論争を収斂させる実効的なビジョンである。そのような立場をより明確に把握するならば、表4－6の真ん中に位置づけられるだろう。

先の表4－3では、解雇規制と賃金形態をそれぞれ二つに区別して四つの類型を作ったが、表4－6では、それぞれあらたな類型を加えている。第一に、雇用保障のために、解雇規制を強化するのではなく、むしろ職業訓練などの「積極的労働市場政策」によって対応するという政策的立場を、一つのモデルとして加えている。第二に、職務賃金か年功賃金か、という二者択一にこだわらず、これら二つの賃金体系の並存状況において、非正規雇用の労働者が、企業ないし自治体・政府において、民主的な意思決定に「参加」できるという、「メンバーシップ」を保障された制度を新たにモデル化している。この「メンバーシップ」は、「予防的な参加保障」として、非正規雇用者に対する雇用保険の導入と、雇用保険制度の普遍化（負担に応じた給付ではなく、だれもが一定の所得を分配される制度）を求めるものである。

このように、賃金制度と雇用制度に関して類型を新たに三つに分類してみると、「北欧型新自由主義」のモデルは、「積極的労働市場政策」と「メンバーシップ」を保障する社会として位置づけられるだろう。先の表4-3では、「既成労組」以外の三つの類型、すなわち「日本的改革型」「個人主義労働市場」および「ヨーロッパ型」の三つは、すべて「新自由主義」の特徴を備えていた。これに対して分類を新たに設定してみると、「北欧型新自由主義」は、その中間的なところに位置づけられることが分かる。「北欧型新自由主義」のモデルは、諸々の立場の困難を克服するものとして、現実的なビジョンである。北欧型新自由主義は、ある意味で妥協の産物ではあるが、それは「連帯」の新たなビジョンであり、「ロスト近代」社会に対応する大きな可能性を秘めている。次節では、この「北欧型新自由主義」の思想的な可能性について考えてみたい。

3　ロスト近代の社会秩序

3－a　社会的包摂の変容

北欧型新自由主義は、必ずしも北欧の諸国に特有な新自由主義ではない。このモデルは「ロスト近代」の時代に応じるための、普遍的な魅力を携えている。似たような社会モデルは、フランスの思想家、ピエール・ロサンヴァロンの著書『連帯の新たなる哲学　福祉国家再考』にもみられる。あるいは、イギリスその他の国で導入されている「子供信託基金」には、北欧型新自由主義の思想の一端が反映されている。「北欧型新自由主義」の理念は、最近になって、さまざまな観点から模索されはじめている。ここではこのモデルを一つの普遍的なタイプとして捉え、それがもつ思想的な魅力を探ってみよう。

まず指摘できることは、「北欧型新自由主義」のモデルは、新しい「社会的包摂」の形態であるという点である。ヨーロッパ諸国ではおよそ二〇〇〇年の前後から、「社会的包摂」という言葉を用いた社会政策論が増えてきた。[136]「包摂（インクルージョン）」の概念は、しかし実際には定義が曖昧であり、いろいろな用い方をされている。ごく一般的に言えば、「包摂」とは、国家ないし地域による、被排除者や逸脱者の救済と統合という意味になる。この概念は、六〇年代においては、劣位の階層に属するとして差別された人々、例えば、底辺労働者、部落民、少数民族、障碍者、社会的不適応者、移民といった人々を、国家が「人権」の観点から守ることを意味していた。この考え方に基づいて、当時は例えば、雇用差別をしない、階層間移動を促すための追加的教育を提供する、公営住宅を提供する、などの政策がとられてきた。

当時の「包摂」政策は、いわば「国家型コミュニタリアニズム」の思想に基づくものであった。

国家は一つの共同体であり、その内部における中間的共同体から排除されてしまいがちな人々を、人権の理念に基づいて救済しなければならない。国家は、例えば物理的・心理的な差別をはらむ同和問題に対応するために、教育現場や住民組織、各種団体や企業を通じて人権教育を啓発しなければならない。国家は、普遍的な人権を、国家という共同体の下で実現しなければならない。このように国家は、自身を一つの共同体の単位としつつ、その下での普遍的な包摂を目指してきたのであった。

ところがこうした包摂の企ては、いわば「上からの政策」によって導かれたために、人々のあいだの相互扶助ネットワークは、かえって弱体化してしまったといわれる。実際問題として、劣位の階層から脱却することに成功する人々がいる一方で、劣位の階層に留まる者たちは、取り残されることになった。そこで七〇年代以降の国家は、新たに二つの課題を負うことになった。

一つは、長期的な失業状態に追いやられた人々を、いわば「下からの政策」によって包摂するという課題である。この問題に対して国家は、地域コミュニティの活性化によって、人々の潜在的な経済資源を高めたり、あるいは基本所得の給付によって社会的排除を克服したりすることを検討しはじめた。もう一つには、これまで、国家共同体の外部に位置づけられていた移民の教育や雇用を配慮することが、「包摂」の新たな課題となった。「包摂」の概念は、いまやたんに、国家共同体の紐帯と普遍主義的な人権の要求を満たすための指針ではなくなった。「包摂」は、排除された人々の潜在能力を開発し、部外者を取りこむための指針となった。

「包摂」概念のこうした変容は、国家がグローバル経済において支配的なプレゼンスを模索するための、一つの応答でもあっただろう。国家は、不活性な人々の生を活性化し、また、不当に差別された移民たちの生を承認することでもって、国民の繁栄を導かなければならない。そのような要請に応じるための「包摂」理念が、国家に求められたのであった。

　そして現在、「包摂」の概念は、多元的に用いられている。ルース・レヴィタスによれば、八〇年代以降の福祉国家は、社会的な「包摂」に対する考え方を変容させており、「包摂」をめぐる言説は、およそ次の三つに分岐しているという。[137]

　第一に、リベラルな所得再分配による「包摂」という考え方がある。これは旧来の社会民主主義、あるいはリベラリズムによって掲げられてきたものであり、包摂の問題を、もっぱら所得の再分配という観点から考える。

　第二に、シングル・マザーのように、道徳的・社会的に孤立しがちな人々を、社会的に包摂するという企てがある。この理念は、コミュニティ道徳を重視する国家共同体主義者たちが掲げてきたものであり、再分配の問題をリベラルな観点からではなく、共同体の道徳的観点から捉えている。むろん、こうした企てに対して、保守主義者たちは反対するにちがいない。保守主義者は、コミュニタリアニズムと同じ「国家共同体の道徳」という視点をもちながらも、シングル・マザーへの手厚い保護に対しては批判的である。というのもシングル・マザーへの援助は、家族という道徳的価値を侵食するかもしれず、国家共同体の道徳的基礎を弱体化させてしまうかもしれないからである。

第三に、失業者や働かない人々に対して、「支払い労働」を提供することを「包摂」とみなす立場がある。経済的不活性の状態をできるだけ避けて、人々を「支払い労働」に従事させたほうが、社会的な包摂という観点から望ましいという考え方である。こうした「包摂」の理解は、人々の労働力を積極的に動員する点で、グローバル経済の下で国家が競争力を増すための戦略とも言えるだろう。

この第三の「包摂」概念は、前節で述べた「積極的労働市場政策」を導くものとして、ますます要請されている。「包摂」はいまや、経済的な不活性の状態を克服するための理念となっている。かつてミッシェル・フーコーは、近代的な福祉国家の運営が、人々の「生」をミクロの次元で規律していくという権力作用を問題にした。フーコー的な視点で捉えれば、人々の「生」をミクロな次元で「包摂」しようとする福祉国家は、望ましい権力を行使しているとはいえない。人々の「生」は、あらゆるミクロの権力から解放されることが望ましいからである。

しかし、フーコー的な福祉国家批判は、「ポスト近代」の社会を当てにするものであった。それは、ミクロの権力から解放された「欲望の増殖原理」によって、社会を発展させることに期待を寄せるものであった。人はミクロの権力から解放されれば、自らの欲望の原理にしたがって、自己と社会の多元的な発展を導くことができる。そのような駆動因をもった「ポスト近代」社会においては、国家はできるだけ人々の営みを統治しないことが望ましかったにちがいない。

ところが「ロスト近代」においては、もはや私たちは、人々の欲望増殖原理を当てにすることができない。「ロスト近代」においては、国家は再び、人々の「生」に介入することでもって、社会を駆動させなければならない。ではその場合、国家が行使すべきミクロな権力作用とは、どんな性質のものであろうか。

「近代」、「ポスト近代」、「ロスト近代」というそれぞれの時代は、ミクロな権力作用をめぐって、それぞれ別の理想を掲げてきたと言える。「近代」とは、人々を勤勉に動かすような秩序であり、それはいわば「前方に掲げられた将来像としての秩序（forward-looking order）」であった。国家は例えば、都市計画、住宅政策、長期投資計画、あるいは独占を阻止するための産業政策などによって、人々の行動に長期的な目標を与えてきた。またそのような目標とともに、「努力すればやがて報われる」という信念を人々に植え付け、「勤労エートス」という動因によって、資本主義を動かしてきた。国家はあらかじめ長期的なビジョンを掲げて、そのビジョンに基づいて社会を計画的に運営してきた。そのような社会秩序の下では、ミクロの規律訓練権力によって、人々の行動を長期的な目標に適合させることが、社会を合理的に駆動するために必要な戦略となっていた。

これに対して「ポスト近代」が求めた権力作用は、正反対のものであった。ポスト近代の社会秩序は、いわば「後方に見出された秩序（backward-looking order）」であり、国家はあくまでも、事後的にのみ秩序を調整し、事前においてはあらゆる生成とカオスのダイナミズムを擁護しなければならない。「ポスト近代」の社会は、そのような戦略のために、人々の欲望増殖原理を動員した。「ポスト近代」におけるミクロの権力は、欲望機会を動かすための作用であり、それは人びとが、何かに満ち足りるという欲求の構造を、飽くなき欲望の増幅過程に投げ入れるものであった。そのような欲望の投企は、内生的な観点からみれば、あらゆるミクロ権力を逃れているものの、国家戦略の観点からみれば、欲望の増殖化（例えば内需拡大政策）は、一つの作為的な戦略であったと言えるだろう。

ところが「ロスト近代」の時代に入ると、もはや欲望のダイナミズムによっては、社会は駆動しなくなる。欲望そのものが衰退しはじめたためである。国家は新たに、人々の潜在能力を活性化することによって、社会の駆動因を得なければならない。そのような潜在能力の活性化によって生じる社会秩序は、自生的に生成するための要因を人工的に与えられた秩序、言い換えれば、自生化的な秩序（spontanized order）と呼ぶことができるだろう。例えば国家は、教育政策、少子化対策、職業訓練政策などを通じて、人々の潜在能力を刺激することができる。国家はそのような「社会的投資」を通じて、人々の潜在能力を活性化することができる。そのような政策によって、「ロスト近代」は新たな駆動因を掴み取らなければならない。

「ポスト近代」の社会においては、国家は、できるだけ人々の「プライバシー」に踏み込まずに、一律のサービスを提供することを求められていた。人々の欲望の次元に介入しない政策こそが、普遍主義的であると見なされていた。ところが「ロスト近代」においては、再び、各人の事情に応じた対応が求められている。これは一見すると、普遍主義の放棄のようにみえる。しかし、各人の事情に応じてその潜在能力を活性化する政策は、普遍主義に対立する特殊主義ではない。それは、「一般」的な方法とは対比される「個別」的な方法によって、普遍的な理念としての「発展」を実現しようとする。各人の潜在能力を実現し、人類の発展を促すという、普遍的な課題に取り組むのである。「ロスト近代」の普遍主義は、「個別的な普遍主義」である。この「個別的普遍」を理論的に例証するものとして、ここでロサンヴァロンの議論を一瞥してみたい[138]。

「新しい連帯」のかたちを思想的に模索するロサンヴァロンによれば、「社会権」に対する伝統的な理解は、もはや破綻しているという。従来の理解によれば、「社会権」とは、経済的不利益に対して「補償の引き出し」となるような権利であった。それは労働者に団体交渉権を与え、失業者に生活保障を与えるものであった。それが連帯の理想であると呼ばれてきた。しかし大量の失業と排除のもとでは、この「補償としての社会権」は、機能しない。財政的に自己破綻してしまうからである。そこでロサンヴァロンは、社会権を新たに、「社会参入の権利」として捉えることを提案している。

「人間が戦ってきたのは、保護者として人々を気遣う福祉国家によって衣食住を与えられる権利のためにではない。みずからの労働によって生活する権利、みずから得る収入を社会における職能に由来する承認に結びつける権利のために、戦ってきたのである[139]」。

ロサンヴァロンはこのような理解に基づいて、労働による社会参入こそが、社会権の理解として基礎的であると主張している。実際、フランスではこの一〇年間で、四種類の社会的参入政策が、実験的に行われてきた。第一に、若年層の労働市場への参入を容易にする政策、第二に、排除された者を社会復帰させて、職業上再適応させるための政策、第三に、非熟練者の雇用を可能にする政策、そして第四に、長期失業者への雇用への復帰を容易にするための政策である。これらの政策は、人びとが労働者として社会に参加することを積極的に支援するものであり、「積極的労働市場政策」と呼ぶことができるだろう。

その際に注意すべきは、こうした「社会参入」を実現するためには、きめの細かいアクティベーションが必要になるという点である。ロサンヴァロンによれば、従来の福祉国家は、比較的同質な住民や集団、あるいは階級の問題を扱う場合は、うまく組織されていた。しかし現代の福祉国家は、人々をその個別の状況に応じて扱わなければならない。

例えば、長期失業者に対する政策は、失業者をたんに性別や年齢、学歴、所得など通常の基準によって分類するだけでは、適切なものにはならない。失業状態が続くことを説明する変数は、もっと個人化されたレベルにおいて、はじめて理解される。例えば個人の職歴（移動性、労働契約の類型、過去に従事した雇用者の数、職業活動停止の回数と期間）、家族構造の変化（両親の不和、離婚、家族の経済的困難）、心理学的な個人史（学業上の中退、兄弟姉妹の数、父親の職業、気質的および心因的な疾患）などによって、失業状態が続くことの意味は、さまざまに異なるであろう。現代の福祉国家は、各人の置かれた個別の文脈を把握することを通じて、適切な支援を施さなければならない。長期失業者や過剰債務世帯者は、もはや、伝統的な意味における「階層」を構成しているのではない。各種のパラメーターを駆使するマクロ統計やマクロ社会学は、通用しない。むしろ個人史研究のような方法こそが、政策を運営するための知を提供するであろう。国家は、救済すべき個人を「階層」ごとに支援するのではなく、個々の事情に応じて支援しなければならない。ロザンヴァロンはそのような関心から、「社会権」のための新たな政策を展望する。もはや「社会権」は、労働にアクセスするための正当な権利に留まらない。「社会権」は、労働社会への積極的な参加を求めるための理念、すなわち「社会参入権」という普遍的な権利概念として正当化されるのである。

そこにおいては、各人のプライバシーが尊重されるのではなく、むしろ反対に、プライバシーにかかわる「個人史」の軌跡に踏み込んだ処方が模索される。そのような干渉的で温情的な政策を正当化するのは、プライバシーを尊重する「リベラリズム」の思想ではないだろう。諸個人のプライバシーに踏み込んだ政策を正当化するのは、別種の自由主義でなければならない。それは諸個人の潜在能力を活性化することを目標にする点で、自生化主義の発想を必要としている。「ロスト近代」の時代においては、国家が人々の潜在能力を活性化することによって、あらたな秩序の生成を促さなければならない。ロスト近代のモードは、各人の干渉されざる「欲望」のダイナミズムに社会の駆動因を求めた「ポスト近代」の時代とは、根本的に異なるということができよう。

3－b　子供信託基金

「ロスト近代」の時代は、各人の欲望を刺激することよりも、むしろ、各人の潜在能力を活性化することによって、資本主義の新たな駆動因を得ようとしている。こうした動因の変化に応じる取り組みの一つに、イギリスで二〇〇二年に導入された「子供信託基金（チャイルド・トラスト・ファンド＝ＣＴＦ）」がある。[140]「子供信託基金」とは、すべての新生児に資産を持たせるという制度であり、子どもたちは大人になったときに、一定額の資産、それも利子によって増殖した資産を供与され、社会のスタートラインに立つことができる。このような資産の付与は、ナショナル・ミニマムの発想を「子どもの資産」にまで拡張したものと言えるだろう。その効果は未知数であるとしても、思想的な含意はきわめて興味深い。最後に、この政策の思想的意義について考えてみたい。

従来の福祉政策においては、福祉を提供する際に、所得を再分配するか、あるいは公共サービスを提供するか、そのいずれかの手段を用いることが支配的であった。ところが子供信託基金は、「所得の再分配」でも「公共サービスの提供」でもなく、各人の「資産形成」に対して、国家が温情的な介入をしようとする。それはいわば、第三の手段による福祉政策であるだろう。

「資産」に注目した福祉政策は、他にも存在する。例えば、アメリカにおける「オーナーシップ社会」構想（二〇〇五年、ジョージ・W・ブッシュ政権時）においては、誰もが資産としての住宅を所有することができるように、住宅ローンに対するさまざまな優遇政策がとられた。ブッシュ政権のいう「オーナーシップ社会」とは、誰もが資産のオーナーになれるような社会である。それは人びとの消費傾向を、とりわけ住宅という資産の形成に向けさせるものであった。むろんその結果は、二〇〇九年のリーマン・ショック（サブプライム・ローンの破綻）によって痛手を受けることになるが、政策の理念としては、新しい福祉政策の試みであっただろう。こうした資産に注目する政策は、一方では「世界社会フォーラム」のような左派のグループからも、他方では「ケイトー研究所」のような右派のグループからも支持されている。イデオロギーの右と左から同時に支持されているという点で、資産ベースの福祉政策は、独特の位置を占めている。

資産ベースの福祉政策は、諸個人の私的な自律に対して、政府が主体となって温情的な配慮を施そうとする。それは端的に言えば、「自律のための支援」であるが、その帰結として、以下のようなさまざまな効果がもたらされる点に魅力がある。

(1)【潜在能力の活性化】資産の自由な活用によって、諸個人は自らの潜在能力をいっそう発揮することができる。

(2)【資産の形成と継承】家財などの形成された資産が、世代を超えて継承されていく可能性が高まる。

(3)【未来志向の強化】人々の貯蓄性向が高まり、お金を賢く使う能力が養成される（人々の未来志向が高まる）。

(4)【金融能力の上昇】金融面での人々の潜在能力を高め、金融資本主義のダイナミズムを導くことができる。

(5)【機会の実質的平等】人生のスタートラインを実質的に平等にするための分配的正義に資する。

(6)【世代間の連帯】若年世代への資産移転によって、世代間の連帯を高めることができる。

(7)【貧困世帯の生活の安定】貧しい人々の生活を、経済的に安定させることができる。

(8)【企業家精神の発揮】資産があれば、人々はもっとリスクを引き受けて企業家精神を発揮し、大きな事業を企てることができる。

(9)【市民的能力の付与】資産があれば、人々は政治的にも経済的にも、もっと交渉力を持つことができる。あるいは他者と対等に議論することができる。

(10)【少子化対策】子供信託基金は、親にとって養育コストの減少を意味するため、子どもを生み育てるインセンティヴが高まる。

このように、資産ベースの福祉政策には、さまざまな効果がある。それは、成長論な自由を志向すると同時に、保守的な価値を実現する手段にもなり、また、市民的な討議空間を生み出すと同時に、共同体の連帯を高める手段にもなる。実に資産ベースの福祉政策は、さまざまな思想的価値を新たなパッケージにして、時代の新たなニーズに応じる可能性を秘めている。

歴史的にみると、資産に注目した政策の提案は、トーマス・ペインの『農業的正義（Agrarian Justice)』（一七九五年）にまでさかのぼることができよう。トーマス・ペインは、誰もが文明的な生活を送ることができるために、二一歳になったすべての成人に対して、一五ポンドの資産を提供すべきであると提案した。（加えて彼は、五〇歳以上の大人に対しては、毎年一〇ポンドの所得（年金）を支給すべきであると考えた。）同様の提案は、フランスにおいても、フランソワ・ウエやポール・ボワトゥロンなどの論客によって提起されてきた。[141] イギリスではさらに、二〇世紀になって、ギルド社会主義を提唱したG・D・H・コール、R・H・トーニー、『社会主義の将来』の著者R・H・S・クロスランド、あるいは、『社会主義の場合』の著者ダグラス・ジェイなどによって、資産ベースの考え方が継承されていった。

資産形成の必要性を訴える議論は、当初は、いわゆる進歩主義の知識人によって唱えられていた。ところが二〇世紀になると、保守派の人々もしだいに資産形成の問題に注目しはじめた。例えば、ヒレア・ベロックは、その分配主義擁護論（一九二七年）において、個人的自由の理念を実現するために、各人が生産手段を個人的に所有することが重要である、と主張している。あるいはクインティン・ホッグズは、著書『保守主義の場合』（一九四七年）のなかで、人びとが「財産所有者」として自律することが、政府によるコントロールを避けるための「砦」になると論じている。ベロックもホッグズも、資産保有（財産所有）が「政府からの自由」にとって必要であるとの理由から、資産の分配に賛成したのであった。

保守派によるこうした資産分配の主張は、一九八〇年代になって、イギリスの首相マーガレット・サッチャーによって、大胆に取り入れられることになった。彼女は当時、その三二％が公的に所有されている住宅事情を解消するために、公営住宅を民間へ払い下げる政策を打ち出した。公営住宅を各人の私有物へと転換すれば、諸個人はその財産を基盤として、真の個人的自由を得ることができるのではないか。そのような期待から、民営化と規制緩和の経済政策を断行したのであった。

二〇世紀末になると、資産ベースの福祉政策は、再び進歩的な左派の思考を捉えることになる。それまでの左派は、どちらかといえば、財産を「共同で所有する」ことにこだわってきた。ところが新しい左派は、機会の実質的な平等を確立するために、あるいはまた貧困を克服するために、諸個人の資産形成に注目しはじめた[142]。不平等と貧困を克服しつつ、社会の進歩を恒常的に導くためには、人びとが経済的に自律して、自身のスキルを磨くようにインセンティヴを与えなければならない。そのためには例えば、一八歳になったすべての人に対して、一定の資産を分配することが望ましいと主張されるようになった[143]。

従来の左派は、労働者を「資本主義のもとで搾取される対象」とみなし、搾取を克服するためには、生産手段その他を「共同所有（ないし公的所有）」にすることがふさわしいと考えてきた。これに対して新しい左派は、もはや労働者を搾取される対象とはみなさない。労働者はむしろ、「資本主義のもとでその潜在能力を開発されるべき投資対象」とみなされる。労働者たちの潜在能力を開発するためには、生産手段その他の共同所有よりも、各人の私的な資産形成を促したほうがよいのではないか。かくして例えば、ブレア政権以降のイギリスは、人々の潜在能力を開発する「社会的投資国家」として、新たに作動しはじめたのであった。「社会的投資国家」とは、資産の移転を通じて、若い人々に充実した教育機会や職業訓練機会を与えるような社会である。そのような投資は、やがてあらたな資本を形成し、国富の増大を導くと期待されよう。左派におけるこうした発想の転換は、思想的には、大きな地殻変動であると言わねばならない[144]。新しい左派は、「機会の平等」を、ひとびとの能力形成を促進するものとして位置づける。その具体案のひとつが、子供信託基金であった。

子供信託基金とは、さしあたって、人生のスタートラインにおける「機会の実質的平等」を実現するための政策である。子供信託基金は、子どもが生まれた時点（あるいは一定年齢の時点）で、一定額の資産を与える。例えば、生まれたときに二五〇ポンドの資産を与えられた子どもは、その資産が一八歳の時点で、四五六ポンドにまで膨れ上がっていることに気づくであろう[145]。こうした資産の増殖は、一八歳の若者たちに、資産を形成することの意義を教えてくれる。若者たちに、資産を増やすためのインセンティヴを与えてくれるだろう。そのインセンティヴはさらに、若者たちが自身の潜在能力を開発することに、関心を向けさせるであろう。

子供信託基金は、こうして、たんに「機会の実質的な平等」を実現するだけでなく、人々の潜在能力を開発することを狙っている。その思想的意義は、人々のプライバシーに関与しないリベラリズムの発想とは、大きく異なっている。リベラリズムに立脚した場合、資産ベースの福祉政策は、スタートラインにおける機会の実質的な平等を目指すのみであろう。例えば、ブルース・アッカーマンとアン・アルストットが提案する資産保有社会のモデルは、二一歳になった成人すべてに、八万ドルの資産を供与すべきであるという。[146] 子どもの時点で資産を与えるのではなく、成人になった時点で資産を与えるならば、「資産効果」はもっと中立的なものに留まるであろう。

アッカーマンは、成人になった時点で資産を供与するモデルが、リベラルな社会にふさわしい構想であると考えた。その場合の「リベラル」な社会とは、次のような三つの理念を柱としている。第一に、各人は権力の行使に際して、ある理由を持っているという意味で、議論が理に適ったものになっている。第二に、さらにその理由が一貫している点で、応答可能性が保持されている。第三に、その場合、どんな理由も、ある優位な善の概念に結びついているわけではないという点で、価値の多元性が保持されている。そのような社会の理想を、アッカーマンは「会話的リベラリズム」と呼んでいる。[147]「会話的リベラリズム」の社会においては、人々はさまざまな善とさまざまな行為理由に従って、多様な生を楽しむことができる。ただしそのための前提として、人生のスタートライン（機会）が実質的に平等でなければならない。そうでなければ、各人は他者に対して、不当な権力を行使してしまうかもしれないからである。

アッカーマンによる、こうしたリベラル社会の構想は、しかし、リベラリズムの思想理念を超える可能性を秘めているだろう。若年層に一定額の資産を供与するという政策は、先に挙げた、一〇項目にわたるさまざまな効果（資産効果）をもたらすにちがいないからである。資産の供与は、それが為されなかったときと比べて、人々の人格形成やインセンティヴ構想を変化させるだろう。使い方を指定せずに資産を供与するという政策は、諸個人のプライバシーに踏み込まない点では「リベラル」な政策であるが、その同じ方法が、実質的には人々の自律を支援したり、潜在能力を開発したりすることに資する。政府がそれらの効果をあらかじめ意図するならば、それは「温情的な」政策となる。リチャード・セイラーとキャス・サーンスティンは、そのような政策を「リベラルな温情主義」と呼んでいる[148]。資産ベースの福祉政策は、形式的にはリベラルを装ったとしても、実質的には温情的な配慮をもった政策になるだろう。実際、実験経済学の研究は、さまざまな資産効果を、実験を通じて測定することに向けられている。

「リベラルな温情主義」とは、しかし矛盾を孕んだ思想理念である。その温情的な資産効果は、リベラリズムとは無関係な価値、例えば、潜在能力の活性化や、保守主義的な資産の継承、あるいは共同体的な連帯などの価値を付随的にもたらすだろうからである。そのような可能性があるなら、いっそうのことリベラリズムを装わずに、諸個人のプライバシーに踏み込んだ温情主義の政策を正面から謳うべきではないだろうか。

例えば、スチュアート・ホワイトは、「新しい共和主義」という観点から、民主的な相互配慮の理念に基づく資産政策を提唱している。ホワイトによれば、資産ベースの福祉政策は、資産の使い方を、共同体の価値に基づいて制約することが望ましい。ホワイトのいう「新しい共和主義」とは、次のような三つの価値を志向する社会である。第一に、人生は最善なものとして営まれなければならない、という「インテグリティ」の価値を志向する。第二に、人は、過酷な不運から逃れるための資源を与えられるべきだ、という価値を志向する。第三に、他者に依存した場合に生じる「搾取」の脆弱性を、回避すべきであるという価値を志向する。こうした三つの価値規範をみたすためには、「互酬性」の理念に基づいて、私たちが互いに他者を搾取することなく、互いにとっての最善の生き方を配慮しあうような関係が築かれなければならない。

この「新しい共和主義」の理念に従えば、資産ベースの福祉政策は、資産の用いられ方を、ある程度まで国家が制約すべきだ、ということになるだろう。「新しい共和主義」は、何が「善き生」であるかについて、一定の共同体的価値（互酬性にかなう道徳的価値）に基づいて規制することができる。しかしそれがどんな価値であるかについては、共和主義の下での民主的議論に開かれていなければならない。

ホワイトのいう「新しい共和主義」は、一見すると魅力的である。ただしこのモデルは、資産の用い方を制約する際に、実践上の困難を抱えてしまう。このモデルに従って、例えば、各人は供与された資産を、リスクの高い先物取引に投資してはならないとか、ギャンブルに用いてはならない、という制約を設けたとしよう。だが実際には、人々は裏の手口によって、規制を逃れることができる。例えば人は、供与された資産を、ビジネスのためのさまざまな道具を購入することに使い、それらの道具をただちに現金化することもできるだろう。[149] こうした「現金化」の抜け道を防ぐことは、きわめて難しい。すると実効的には、「新しい共和主義」は機能しない。この立場には、教育を通じて資産の使い道を「教え込む」という手段しか、残されていない。しかし教育による「教え込み」は、法的な強制力をもつものではないので、すると結局、「新しい共和主義」は、法制度的にはリベラリズムとあまり変わらないことになるだろう。

法制度的なレベルでのリベラリズムの外皮を破るためには、別の理念と構想が必要である。スタートラインの実質的な平等のために、たんに一定額の資産を供与するというのではなく、もっと別の観点から、資産ベースの福祉政策を考える必要があるだろう。例えば、子供信託基金に対して次のようなオプションを加える制度を考えてみてはどうだろうか。

(1) 親が子どものために追加の資産を積み立てられるようなオプションを用意する。
(2) 資産の運用方法について、いくつかのオプションを提供する。
(3) 資産の受け取り方を毎月のベーシック・インカムのようにする。
(4) 教育や職業訓練のために資産を用いる場合は優遇する。
(5) 資産の使い方については地域共同体の取り決めを優先する。

こうした諸政策をパッケージ化するならば、それは法制度の理念においても、建前としてのリベラリズムを超えて、新たな思想を体現する。これらの政策は、人々の潜在能力をアクティベーションするための個別的な配慮であり、各人のプライバシーに一歩踏み込んで、温情的な統治権力を行使するからである。それは「北欧型新自由主義」の理念を表現しているだろう。北欧型の新自由主義は、リベラリズムのように、たんにスタートラインにおける「機会の形式的ないし実質的な平等」を求めるのではない。あるいは新しい共和主義のように、「機会」を共同体的価値によって制約しようとするのでもない。北欧型の新自由主義は、「機会」というものができるだけ活用されるように、人々の潜在能力を活性化しようとする。その企ては、「ロスト近代」の駆動因として、中核的な意義を持ちうるのではないだろうか。

以上、本章では「北欧型新自由主義」の特徴について、さまざまな観点から検討してきた。北欧型新自由主義は、人々の潜在能力を活性化するための政策パッケージを携えている。そのような企ては、ある種の重商主義を擁護するであろう。次章では、この立場から導かれる他の経済政策、とりわけ金融政策と財政政策について、検討したい。

第5章

ローマ・クラブ型恐慌への不安と希望

0　はじめに

二〇〇八年九月に生じた「リーマン・ショック」は、一〇〇年に一度の経済危機といわれるほどの世界的影響をもたらしてきた。この危機はしかし、何度も起こりうるものとして、つまり、市場に内在的な不安定性を露呈したものとして、しだいに理解されるようになっている。

けれども私見によれば、一連の経済危機は、政府主導の重商主義（介入）政策に起因しているのであって、必ずしも市場に内在的な危機ではない。アメリカではとりわけ二〇〇一年以降、ブッシュ政権のもとで、軍需主導型の開発経済や、住宅購入の促進政策などが推進されてきた。それらの政策が一定の経済的効果をもたらしたのちに、やがて失速したというのが、危機の主たる原因ではないだろうか。

いま私たちが直面している危機は、新重商主義の失速による経済への打撃である。ところがこうした危機を超えるためのビジョンもまた、やはり新重商主義に頼らざるを得ない。というのも「ロスト近代」の最大の経済問題は、資源の枯渇であり、この問題に対処するための方法は、国家の長期的な戦略や手腕に依存しているからである。資源問題は、かつてローマ・クラブが警告したような、「人類社会の危機」という不安を与えている。資源問題に対する不安は、経済的には、どんな重商主義戦略を呼び寄せるのであろうか。「ロスト近代」における資本主義の駆動因という視点から、この問題に迫ってみたい。前章では、北欧型の新自由主義をめぐって、とりわけその労働政策、教育政策、および子育て支援策について検討してきた。本章で検討するのは、新自由主義をめぐる金融政策と財政政策、および、政府主導の資源政策と技術開発についてである。

最初に、リーマン・ショックの分析から始めよう。世界を震撼させたこの危機は、サブプライム・ローンの問題に端を発したとはいえ、根本的な原因は別のところにあると考えられる。教訓として得られる事柄は、政府の重商主義政策が失速した場合の対処方法である。そのための指南は、できるだけ瞬時の経済危機によって、不合理な要素を排出することが望ましい。奇妙に聞こえるかもしれないが、経済危機は、システム全体にとって、きわめて合理的な反応である。その場合、危機への対処法は、ケインジアン的な発想に基づく財政政策よりも、リバタリアン的な発想に基づく金融規制の強化のほうが有効であるだろう。

では経済危機を超えて、新たな経済社会の展望は、どこに拓けるだろうか。ローマ・クラブの報告によれば、私たちは早晩、資源問題に直面する。資本主義の発展は、資源の枯渇によって、大いなる停滞にいたる可能性がある。そのような不安は、私たちの生理的な防衛本能を刺激して、「欲望」そのものを萎縮させるかもしれない。「ロスト近代」の社会は、私たちの欲望の構造を、根底から変革するかもしれない。その変化を見極めつつ、私たちは新しい経済政策の指針を定めなければならない。

欲望の変容は、理論的には、「時間リスクの空間化」という構造的な問題とともに現われている。構造的にリスク・ヘッジされた現代の欲望は、逆説的にも、欲望の本体を枯渇させてしまう。資本主義の新たな駆動因は、欲望よりもむしろ、私たちの潜在的な可能性のなかに発見されなければならない。すると「ロスト近代」の社会の政策目標は、内需拡大ではなく、技術革新の促進に向かうであろう。そのような転換がなぜ必要であるのかについて、本章では検討してみたい。

1　サブプライムは問題の本質ではない

1—a　「一〇〇年に一度」の嘘

かつて、一九二九年の世界大恐慌は、この資本主義体制が崩壊するのではないかという予感を走らせた。それから約八〇年の年月が経って、二〇〇八年の秋に大規模な金融危機（リーマン・ショック）が生じたとき、蘇えったのはこの大恐慌のトラウマであった。このトラウマはしかし、茶番にすぎない。というのも現代人は、この資本主義体制が転覆されるなど、誰も本気で考えることができないからである。

大規模な金融危機が生じても、資本主義システムは存続する。そういった安心感のなかで起きる危機は、システム全体の悲劇を装うことができない。経済危機は、資本主義社会の「大失敗」であって、崩壊につながる「カタストロフィ」ではない。実は、二〇〇〇年から二〇〇一年にか

表 5-1. 金子勝による1920年代と1990年代の比較

1920 年代		1990 年代	
1920 年	大戦景気の崩壊	1991 年	バブルの崩壊始まる
1922－23 年	銀行取付け騒動	1994－95 年	信組の連鎖破綻と住専問題
1923 年	関東大震災	1995 年	阪神淡路大震災
1927 年	金融恐慌	1997 年	金融システム不安（山一・拓銀の破綻）
1928－29 年	米国バブル	1999－2000 年	米国バブル
1929 年	N.Y. 株式市場暴落	2000 年	ナスダック・バブル崩壊
1930 年	金再輸出解禁	2001－02 年	金融・会計ビックバンの実施

けて、ナスダック関連株のバブルが弾けたときも、「これは一九二九年の大恐慌に似ている」と語られていた。二〇〇二年にベストセラーとなった金子勝著『長期停滞』は、二〇〇〇年と一九二九年を比較して、次のような驚くべきアナロジーを発見している（表5－1参照）。[151]

金子勝は同書のなかで、二〇〇二年以降のアメリカ経済が、「新たなバブル神話を作れないかぎり、少なくともV字型回復はない」だろうと分析している。[152] 幸いにも、その後のアメリカ経済は、グリーンスパンFRB議長（一九八七年～二〇〇六年）による経済政策が功を奏して、新たなバブル、すなわち「住宅バブル」に乗ることができた。けれどもその後に私たちが理解したことは、次の新たなバブルに乗らないかぎり、経済全体を回復させる手立てはないということであった。

振り返ってみると、世界は一九八〇年代の後半から、度重なる経済危機に見舞われている。例えば、①日本のバブルとその崩壊（一九八〇年代後半から一九九二年にかけて）は、土地神話の崩壊をもたらした。②ブラック・マンデー（一九八七年）は、ポートフォリオ・インシュアランスの危機をもたらした。③ＬＴＣＭ（ロング・ターム・キャピタル・マネジメント社）の経営危機（一九八八年）は、ヘッジファンドの用いる「レバレッジ」のシステム上の欠陥を露わにした。④ＩＴバブル（一九九九年〜二〇〇一年）の崩壊は、アメリカのクリントン政権が推進したＩＴ産業政策の危機をもたらした。⑤二〇〇九年のサブプライム・ローン危機は、住宅バブルの崩壊をもたらした。

こうした度重なる経済危機の経験に比して、第二次世界大戦後から一九八〇年代前半までの世界経済は、石油危機という外生的なショックを除けば、大きな危機に見舞われていない。この時期の先進諸国は、相対的に自立した一国経済システムのなかで、経済危機を防ぐための管理能力を手にしていた。ところが一九八〇年代後半以降の世界は、バブルとその崩壊を繰り返している。現在試みられている「グリーン・ニューディール政策」もまた、資源市場や排出権取引市場のバブルをもたらすのではないかと危惧されている。

問題は構造的なものである。あるバブルが弾けると、政府はデフレーションを防ぐために、金融緩和策をとらざるをえない。すると市場にはお金がだぶつき、そのお金がある特定の市場に投資されて一定の活況を呈すると、やがてそれがバブルとなって弾けてしまう。そのような循環が生み出されている。もはや私たちは、バブルを繰り返すことによってしか、経済発展を企てる術がないのだろうか。金子勝によれば、現代社会においては、ケインジアン的な介入国家も、福祉国家も、あるいは中央計画型の社会主義も、理想としての魅力を失ってしまった[153]。時代はビジョンの見えない「エアポケット」に入ったのであり、私たちは「知的な革新をしなければつきぬけられない」という[154]。構造的なバブル・バーストの循環から抜け出すためには、長期的なビジョンがなければならないという。

そのビジョンを「ロスト近代」の政策術に求めようというのが、本書の視点である。以下ではこの「ロスト近代」という時代認識を視軸に、まず、二〇〇八年の経済危機について考えてみよう。

1－b　サブプライム問題がなくてもバブルは生じた

二〇〇八年の世界経済危機は、一般的には、サブプライム・ローンの危機によって生じた、と言われている。エコノミストたちはまずそのような前提に立った上で、では危機の本質が、サブプライム・ローンの「破綻」によって引き起こされたのか、それともサブプライム・ローンの「証券化」によって引き起こされたのか、といった問題を議論している。しかしいずれも的外れではないだろうか。かりにサブプライム・ローンが存在しなくても、資産バブルや住宅バブルは弾けたかもしれないからである。

二〇〇三年から二〇〇八年にかけて、アメリカの住宅価格は、その賃貸料に比べて高騰していた。二〇〇〇年のITバブルは、株価収益率の高騰によってもたらされたのに対して、二〇〇八

図 5-1. 価格対家賃比率と株価収益率の関係

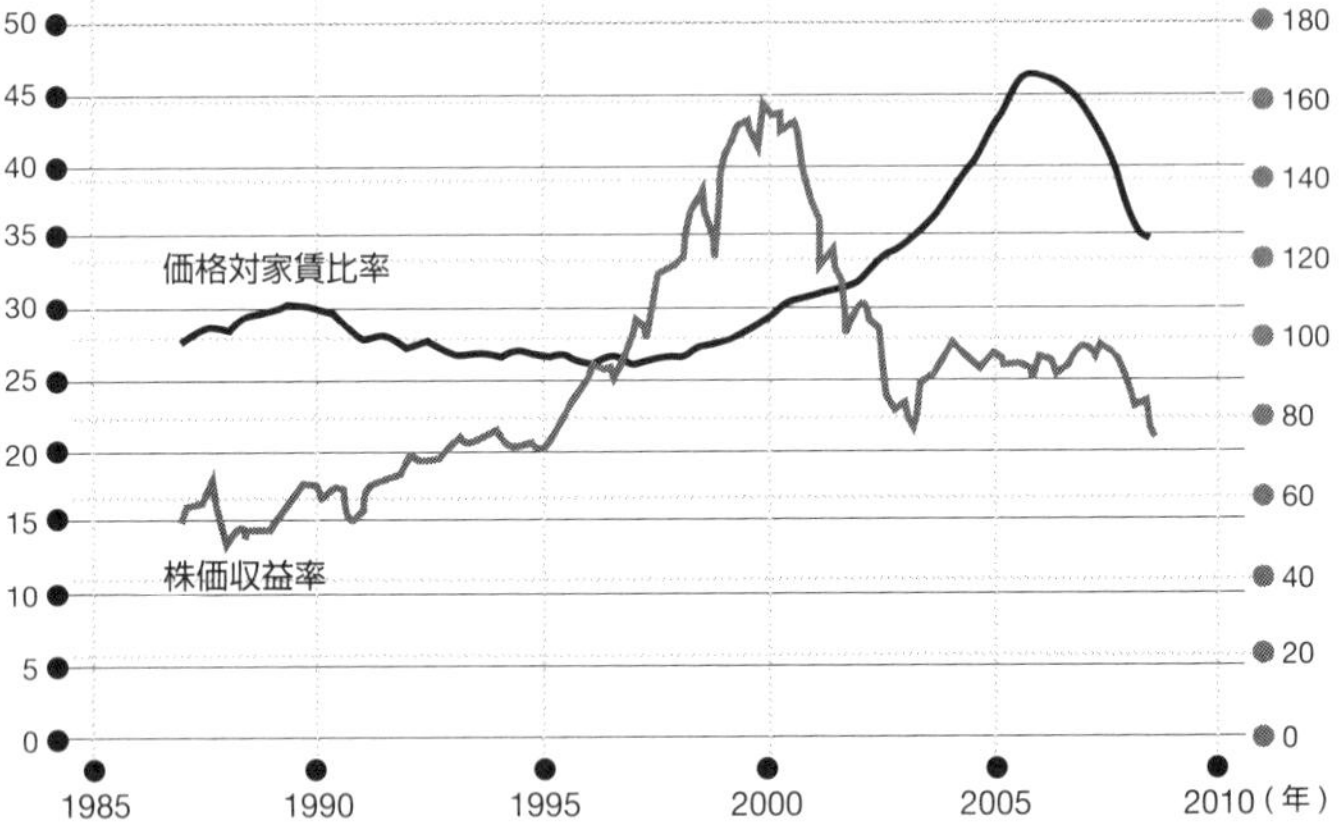

図の株価収益率はイェール大学のロバート・シラー教授のもの。シラー教授は好景気と景気後退局面における企業収益の短期変動をならすために過去10年の株価と平均的な収益とを比較している。住宅価格指標はケース・シラーの全国指標であり、賃貸料は米国商務省経済分析局からのものだ。

年の経済危機は、株価収益率は安定的に推移していたものの、住宅価格の高騰とその後の暴落によってもたらされたといえる。（図5－1は、二〇〇三年から二〇〇七年にかけて、住宅の価格と家賃のあいだの比率が、株価の収益率よりも著しく上昇したことを示している。）[155]

ところがポール・クルーグマンによれば、二〇〇八年の経済危機をめぐって、アメリカの右派も左派も、評価を誤った。アメリカの右派（保守派）は、住宅ローンの証券化を主導した政府系の住宅融資機関であるファニー・メイ（連邦住宅抵当公庫）とフレディマック（米連邦住宅金融抵当金庫）を批判したが、政府系の金融機関は、不正な融資をしたわけではなかった。これに対してアメリカの左派は、金融の規制緩和が経済危機の原因であるとみなしたが、今回の金融危機は、金融の規制緩和によって生じたのではなく、そもそも規制されたことのない「商業銀行のオフ・バランスシート」取引の拡大によって生じたのであった。クルーグマンによれば、経済危機の原因は、「住宅への不正融資」でもなければ、「規制緩和」でもなかったという。

実際問題として、サブプライム・ローンによって生じうる損害額は、一、〇〇〇億ドル程度であり、数百兆ドルの規模のグローバル経済にとっては、どうということはないであろう[156]。問題はむしろ、サブプライム・ローンが存在しなくても、アメリカでは住宅バブルが生じ、そして弾けたのではないかという点である。

いったい、なぜ住宅バブルが生じたのだろうか。その直近の原因は、グリーンスパンの金利政策に求められる。デフレを懸念したグリーンスパンは、二〇〇二年から二〇〇三年にかけて、思い切った低金利政策へと転換した。氏は、「失われた一〇年」と呼ばれる日本の経験（教訓）を繰り返さないために、大胆な金融政策に打って出た。ところがこの政策によって、住宅や土地の価格が上昇しはじめた。もしこのとき、グリーンスパンが低金利政策を避けたとすれば、その後の住宅価格か土地価格の極端な上昇を避けることができたかもしれない[157]。

むろん、グリーンスパンが金利政策を誤らなかったとしても、経済危機は生じたかもしれない。グリーンスパンの政策を評価する際に、しばしば参照されるのが「テイラー・ルール」である。スタンフォード大学教授ジョン・テイラーが一九九二年に定式化したこのルールは、実質G

ＤＰ（国内総生産）がその傾向を上回ったり、あるいは、現実のインフレ率が目標値よりも上がったりした場合には、中央銀行は、短期金利を引き上げることが相応しいという、一つの規範的な政策目標を定式化している。ではかりに、当時のアメリカ連邦準備銀行（ＦＲＢ）が、このルールに従ったとしてみよう。するとおそらく、ＦＲＢは少し時間を遅らせて、金利を引き下げることになったであろう。その場合でもしかし、住宅ブームは、およそ半年遅れで生じたのではないか。グリーンスパンの金利政策がどうであれ、住宅バブルとのその崩壊は、生じていた可能性がある。

では、もっと根本的な思考実験として、住宅バブルが生じなかった場合を考えてみよう。それでもアメリカ経済は、何らかのかたちでバブルの発生とその崩壊に見舞われたかもしれない。というのも、ＦＲＢは二〇〇四年の段階で、経済を制御できない事態に直面していたからである。この年にＦＲＢは、短期金利を連続して引き下げたが、長期金利は変動しなかった。それまでは短期金利の操作によって長期金利を連動させることができたにもかかわらず、この年は例外的であった。[158] ポール・ボルカー元ＦＲＢ議長は当時、次のように述べている。「あまりにも多くのバブルが、あまりにも長いあいだ進行しつづけている。状況をしっかりコントロールするなどという芸当は、もはやＦＲＢにはできない」と。[159]

その後、ＦＲＢは、二〇〇七年九月から二〇〇八年四月にかけて、バーナンキ議長のもとで金利を五・二五％から二％へと急激に引き下げた。インフレーションが懸念されるなか、景気が大

図 5-2. 30年ジャンボ住宅ローンとFF目標金利の関係[160]

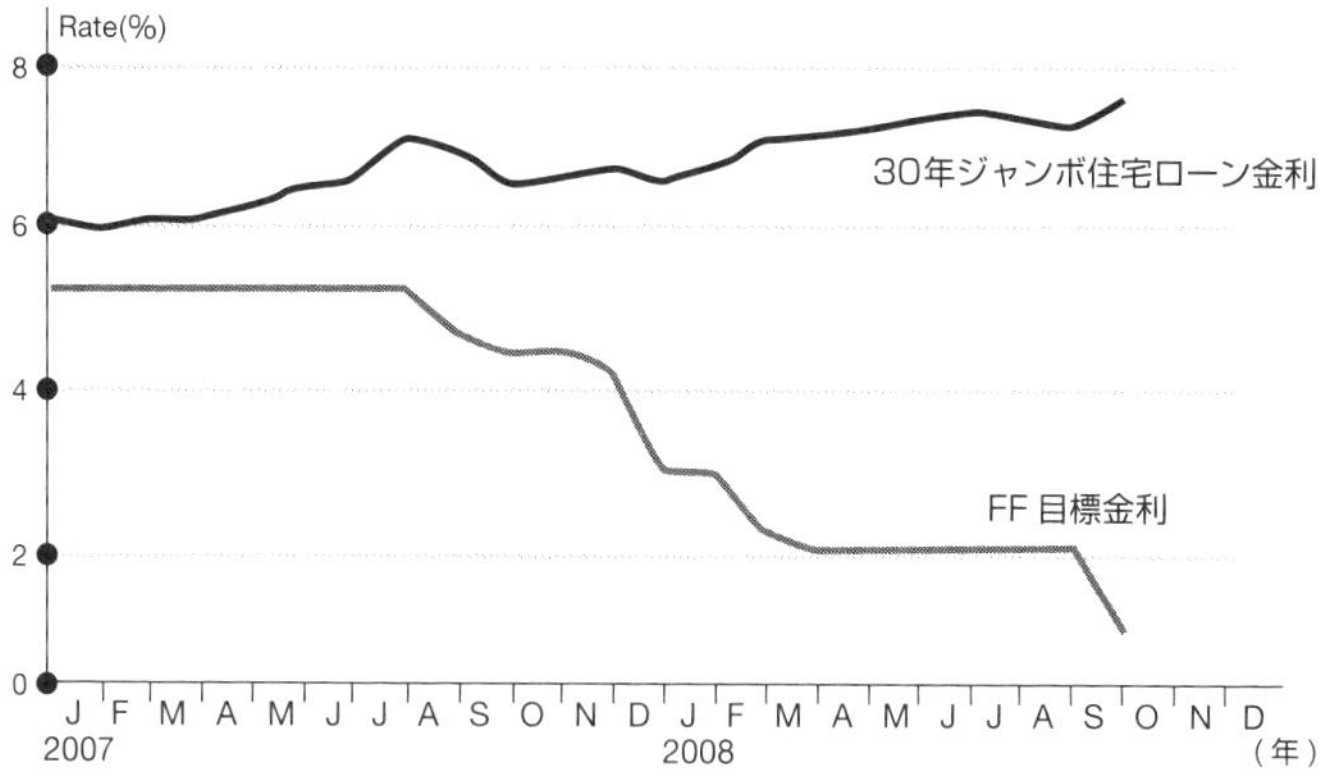

きく減速する事態（スタグフレーション）に直面して、景気対策を優先した。ところがこの金利政策もまた効かなかった（図5―2を参照）。金利政策には「パイプライン効果」というものがあり、実際に政策が効きはじめるのは九か月後から一五か月後とされる。急激に低金利へと誘導しても、その政策は、急激な景気後退には対処することができない。結果として、FRBによる金利の引き下げは、意図した効果とは反対に、住宅ローン金利の上昇をもたらすことになった。当時のFRBは、住宅金融に対する信認が揺いだために、経済を舵取るための短期的な政策手段を失ってしまったのである。

　つまり、かりに住宅バブルが生じなかったとしても、FRBはITバブルの崩壊以降、いずれはスタグフレーション（景気後退とインフレーションの同時発生）に追いこまれ、金融政策のコントロール能力を失った可能性がある。今回の経済危機の原因をたどっていくと、根源的には、サブプライム・ローンでもなく住宅バブルでもなく、ＦＲＢによる経済コントロールの不可能性という問題に至りつくのではないだろうか。

もちろん、サブプライム・ローンは、社会的には重要な問題を投げかけている。ポール・ミュオロ／マシュー・パディラ著『実録サブプライム危機』[161]は、サブプライム危機の詳細をドラマ仕立てで描いたものであり、誰がどこで、どのような判断のミスをしたのかについて、その原因を究明している。例えば、アメリカ最大の住宅ローン会社、カントリーワイド・フィナンシャル社のＣＥＯ兼共同創業者であるアンジェロ・モジロが、二〇〇七年七月二四日に「住宅市場は大恐慌以来最悪の状態にある」と発言したこと、あるいは、カントリーワイド社をきめこまかく調べていたメリルリンチの株式アナリスト、ケニス・ブルースが、同社が倒産する可能性を示唆したことなどが、サブプライム・ローン危機の引き金になったと分析されている。

けれどもこうした関係者たちの発言や行動の連鎖は、株価が暴落するまでの実際の経緯を説明するとしても、もしそのような発言や行動がなかった場合に、どのような因果関係の連鎖が生じたのかについては説明しない。因果関係の帰責の仕方には、およそ二つの考え方があるだろう。一つは、システムの破局に対して、「誰が責めを負うべきか」という関心から、人々の行動と発言の連鎖を帰責する方法である。もう一つは、「何がなければ、システムの破局にいたらなかったのか」という問題関心から、システムの全体を検討する方法である。

前者のアプローチに従えば、システムの破局の責任は、すべての関係者たちにあるだろう。例えばグリーンスパンは当初、サブプライム・ローンが公益に適っているとみなし、最小限の規制しか必要ではないと語っていた。ところが二〇〇七年一〇月のCBSテレビのインタビューでは、彼は、サブプライム問題の重大性を認識したのは、かなり後になってからだった、と反省の弁を語っている。[162] このような言明を分析することは、大いに意義があるだろう。

けれども、システム論的な発想からすれば、帰責されるべき責任は、政策担当者たちが与件とみなす制度にある。システムの条件が変わらなければ、政策担当者たちも政策を大きく変更することはできない。たとえサブプライム・ローンによる危機が回避されたとしても、同じ制度設計のもとでは、別の形で経済危機が生じたかもしれない。この場合、経済危機の本質は、サブプライム・ローンにあるのではなく、経済システム全体のデザインにあるだろう。

システムを別様に設計しなければ、経済危機は、何らかのかたちで生じたかもしれない。例えば、グローバル金融市場が形成されるところでは、危機は別の仕方であれ、生じたかもしれない。あるいは政府が重商主義的な政策を続けるかぎり、危機はいずれ生じたかもしれない。二〇〇三年のイラク戦争によって、アメリカでは軍需景気に沸いていた。その景気はしかし、めぐりめぐってその後のバブル崩壊を招いたかもしれない。

2　新自由主義と新重商主義

2－a　パニックは不均衡の累積化ではない

こうしたシステム論的な観点から考えると、問題の本質は、金融規制や新重商主義政策にあるように思われる。そこでまず、新重商主義の政策について考えてみたい。

「新重商主義」とは、クリントン政権におけるＩＴ産業主導の経済政策に始まり、二〇〇三年以降の軍需産業主導型の政策を経て、現在のグリーン・ニューディール政策に至るまでの開発主義政策の流れである。一九世紀末から二〇世紀前半にかけての先進諸国に見られた「保護貿易主義（ネオ重商主義）」とは異なり、内需を拡大することよりも、外貨その他を獲得するための産業を支援する政策全般を意味している。

一般に、第二次大戦後の世界は、一九八〇年を境にして、「ケインズ主義」の時代から「新自由主義」の時代へ転換してきた、と言われている。ところが実際には、一九八〇年代以降のアメリカは政府の規模を小さくせず、財政赤字を大幅に増やしてきた。日本政府もまた、一九九〇年のバブル崩壊以降、大規模なケインズ型財政政策を呼び寄せてきた。財政規律という点では、一九八〇年代以降のほうがそれ以前よりも弱まっている。[163] それゆえ、一九八〇年前後の区別をもって、ケインズ主義の時代と新自由主義の時代を区分する仕方は、適切ではないだろう。現代の

図 5-3. スタンダード&プアーズ500の株価指数の推移 (1920-2009)

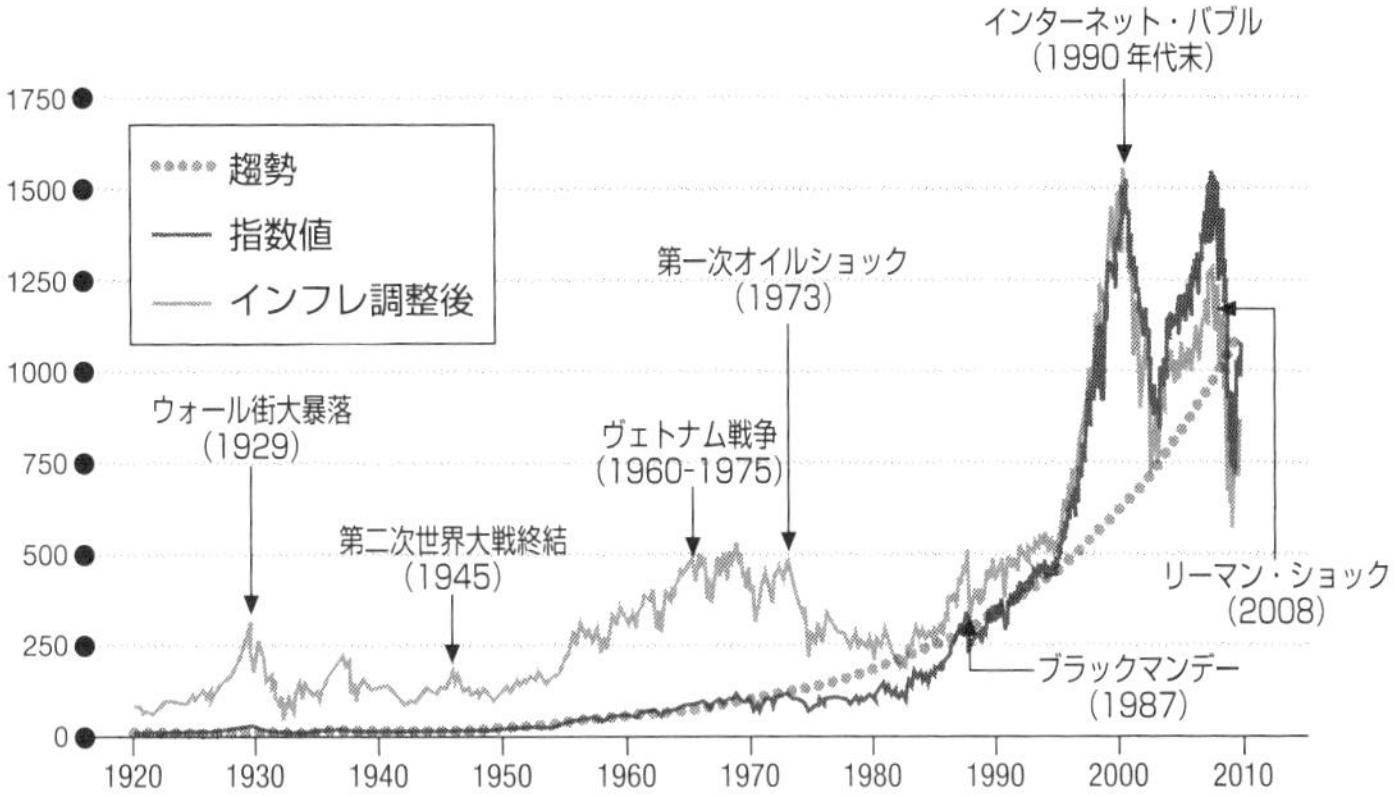

先進諸国は、政府の規模においても、財政規律の面でも、きわめてケインズ主義的といえる。

加えてアメリカは、財政政策や金融政策の面でも、ケインズ主義を推し進めてきた。図5－3は、一九二〇年から二〇〇九年にかけての「スタンダード・アンド・プアーズ五〇〇」の株価指数の推移を示したものである。[164] ちょうど二〇〇〇年と二〇〇七年に景気の山が二つあることが分かる。最初の山はITバブルである。もう一つの山は、金融危機によって生じたバブルであり、この背景をなす要因は、イラク戦争と住宅ローン金利の優遇政策に求められよう。IT革命にせよ、イラク戦争にせよ、あるいは住宅ローン政策[165]にせよ、いずれも政府主導の重商主義政策であり、こうした政策によって、バブルは人為的に生み出されてきた。

新重商主義とは、政府主導の経済開発主義である。その問題点は、一定の政策が失速すると、政府はデフレーション（資産価格の下落）を阻止すべく、超低金利政策を実施せざるを得ない点にある。例えば、ITバブルがはじけたとき、アメリカのFRBは、二〇〇二年から二〇〇五年にかけて低金利政策を断行している。そのような政策は、資産の価格を一時的に下支えすることができる。しかし田中隆之によれば、資産価格の暴落を迅速な金融緩和によって阻止するというこの手法は、「市場参加者のモラルハザードを利用するもの」であって、このような政策を採用すると、投資に失敗しても公的権力が救ってくれるという期待を生み出してしまう。[166] 政府は、次の経済ブーム（バブル）を生み出さないかぎり、低金利でだぶついた資金を有効に活用することができなくなる。かくして新重商主義の政策は、バブル経済の人為的な促進と、その後の金融緩和政策によって特徴づけられることになる。

　こうした新重商主義の手法は、理論的には、次のように理解することができよう。いま、新重商主義の政策によって、年率五％のGDP成長率が実現できるとしよう。すると四年間でGDPは約一・二倍になる。ここで、五年目に経済危機が生じて、年率一〇％のマイナス成長になったとしよう。この場合、GDPは五年間で、平均して約二％の成長を遂げたことと同じ規模になる。新重商主義的な政策を行なわなければ、経済はおそらく、年率二％の安定成長を遂げたかもしれない。しかし新重商主義の政策によって、年率五％の成長が四年間、年率マイナス一〇％の収縮が一年間、それぞれ生じたことになる。こうした新重商主義の介入政策は、実行しないほうがよかったであろうか。

実行しなかったほうがよかったように思われる。けれども実際には、国家もまた、グローバル経済のなかの一人のアクターとして、国富を最大化するための競争に駆りたてられている[167]。グローバル経済における国家戦略を認めるかぎり、私たちは当面、新重商主義政策によるバブルの発生と崩壊という循環から逃れられないのかもしれない。

国家主導の「新重商主義」というものがグローバル経済の現実であるとすれば、そのような前提のもとでの市場の合理的デザインは、政府によって仕込まれた経済危機の発生を、できるだけ短期間で処理することであろう。経済危機とは、好況と不況が循環する経済システムにおいて、不況が一気に訪れることである。安定した好況の時期が続けば、金融のレバレッジによってバブルが必然的に生じる。その場合、バブルを処理するためには、できるだけ瞬時のパニックによる調整こそが、最も合理的な対応になる。

実際問題として、パニックに陥った市場関係者たちは、「最悪の事態を避ける」という自身の本能にしたがって、合理的に行動することができる[168]。例えば、リーマン・ショック前の九月一二日から一〇月一〇日にかけて、株価はダウ平均で三二%も急落したが、翌二〇〇九年三月九日には、株価は最終的に、四三%も下落している。つまり、パニック時に株を売ったことは、その当時、最も合理的な行動（損を最小限に抑える方法）だったのである。

瞬時のパニックによる調整という対処方法は、ジジェクやバディウのような、ラディカルな左派の立場からも支持されている。長原豊は、そうした左派思想家たちの見解を紹介しつつ、景気循環の波は短ければ短いほどよいと評している。[169] 長原によれば、今回の経済危機は、恐慌ではなくて、たんなる景気循環である。景気循環においては、できるだけ速い調整こそが求められるというわけである。

現代の経済危機（パニック）とは、この体制が存続できなくなるという崩壊（カタストロフィ）への不安ではない。あるいは経済危機は、市場の均衡を破って、不均衡が累積化していくような過程でもない。経済危機とは、経済の不純物を排出するための、最も合理的な方法である。そのように理解すると、私たちはパニックというものを、きわめて有効な手段とみなすことができるだろう。

2―b　金融規制を求めるリバタリアニズム

他方で、今回の経済危機を増幅させたのは、金融規制が比較的少なかったヨーロッパの諸国であった。金融制度という点では、アメリカよりもヨーロッパのほうが、はるかに問題を抱えていたことが露呈した。そこで次に、金融政策の問題点について考えてみよう。

アメリカでは一九九九年に、それまでのグラス・スティーガル法（一九三三年）が改正され、新たにグラム＝リーチ＝ブライリー法が執行されている。これによって金融の規制が緩和され、その結果として経済危機が生じたのではないかとみる人も多い。けれどもヨーロッパ諸国においては、そもそも銀行の預金業務と証券業務を分けないユニバーサル・バンクの制度が伝統的であり、アメリカよりも金融に対する規制がゆるかった。アメリカは、一九九九年の法改正において、ヨーロッパの金融制度がもつユニバーサル・バンキングの利点を取り入れた、とみることもできよう。アメリカは二〇〇四年になって、金融業における自己資本比率を緩和させているが、これもまた、ヨーロッパの主要銀行との競争の結果であったとみなすことができる。[170]

ヨーロッパの主要銀行は、とりわけ二〇〇四年以降、証券市場の業務を拡大していった。共通通貨のユーロが導入され、為替リスクが消滅したことから、ヨーロッパの諸銀行は、新たに証券化のリスクを引きうけていった。従来はリスク回避的なドイツ人たちも、公共性の高い大手銀行による「証券化」を通じて、リスクに対する積極的な姿勢をとった。[171] 実際問題として、経済危機を大規模なものにしたのは、証券化されたサブプライム・ローンを、ヨーロッパの諸銀行が購入したことにあったといわれる。[172]

アメリカとヨーロッパが「金融の規制緩和」を競って推し進める。どうもそのような政府間の競争関係に、問題がありそうである。もしヨーロッパ諸国が金融を規制していれば、世界的な経済危機を防ぐことができたかもしれない。いま、経済危機を防ぐために必要な処置は、ケインズ的なバラマキ財政を施すことではなく、銀行の自己資本比率を高めることではないか。そのためには、「影の銀行システム（shadow banking system）」と呼ばれる金融業――資産運用会社である投資ビークル（SIV）や、ヘッジファンドなどのファンドなど――を規制する必要があるだろう。アメリカの民間銀行は、九〇年代以降、通常の預金業務よりも、影の銀行との取引を通じて利益を上げるようになっており、その際、民間銀行と影の銀行との取引は、銀行の連結対象外とされ、自己資本比率規制が適用されていなかった。金融システムの脆弱性は、影の銀行システムが肥大化した結果であると考えられよう。

ここで、銀行の自己資本比率を高める政策は、リバタリアニズム（自由尊重主義）の理念と矛盾しない点に留意したい。およそ骨のあるリバタリアンたち、例えばミーゼスやロスバードのような経済学者であれば、民間銀行が金融不安を生み出してはならないとの関心から、金本位制の下で、銀行に対して一〇〇％の準備金を用意すべきだと主張するであろう。リバタリアンの思想家たちは、金融の不安定性を取り除くために、これまで一〇〇％準備通貨を理想としてきた。金融の規制強化という政策は、介入主義者によってではなく、リバタリアニズムによって主張されてきたことを、忘れてはならないだろう。

思想的に考えるべきは、金融の規制強化が、リバタリアニズムと矛盾しないという点である。私たちはともすれば、「規制のない市場原理主義」を批判して、「市場に介入する政府の役割」を強調しがちである。けれども真の争点は、「市場原理主義」と「介入主義」のあいだにあるのではない。対立はむしろ、危機に際して、ケインズ主義的なバラマキ財政政策を施すのか、それともリバタリアン的な発想でもって、銀行の準備率（すなわち自己資本比率）を規制するのか、という点にあるだろう。いま求められている現実的な対応は、金融の規制強化であって、これはリバタリアニズムの立場を否定するものではない。

2―c　新自由主義批判の虚実

同様に、新自由主義（ネオリベラリズム）に対する批判についても、その虚と実を明らかにしておかねばならない。

二〇〇八年の経済危機以降、アメリカ社会は、市場原理主義から政府介入主義へと、急旋回を遂げてきた。経済危機に直面したアメリカは、民間銀行のみならず、リーマン・ブラザーズを除くすべての大手投資銀行を、直接・間接に救済してきた。例えば、投資銀行第一位のゴールドマン・サックスと第二位のモルガン・スタンレーは、二〇〇八年九月二一日に銀行持ち株会社に移行すると発表され、ＦＲＢの規制と保護下に入った。第三位のメリルリンチは、同年九月一五日にバンク・オブ・アメリカに買収された。第四位のリーマン・ブラザーズは、同日に破産申請したが、第五位のベア・スタンダーズは、すでに二〇〇八年三月一六日の段階で、Ｊ・Ｐ・モルガン・チェースに買収されている。

この他にもアメリカ政府は、世界最大の保険会社ＡＩＧ（アメリカン・インターナショナル・グループ）を救済し、二つの住宅ローン会社、「ファニー・メイ（連邦住宅抵当公社）」と「フレディマック（連邦住宅貸付抵当公社）」を救済している。両社は、二〇〇七年の夏以降、人々がサブプライム・ショックを恐れて住宅金融市場に資金が流れなくなると、政府の指導のもとで住宅ローン債権をその市場全体の七五％も買ったといわれるが、これによって両社の株は叩き売られ、結局、政府が両社を救済することになった。

　こうした一連の救済策は、九〇年代において日本政府が企業を救済したケースよりも、「市場の自己責任原則」に欠けるものであったといえる。アメリカは、ゼロ年代に入ってから、市場原理主義から政府介入主義へと大きな転回を遂げている。[173] どうも「新自由主義」は、アメリカでも受け入れられていないようである。そしてこの傾向に乗じて書かれたのが、中谷巌著『資本主義はなぜ自壊したのか』であった。これまで市場原理主義の主導者とみなされてきた中谷は、同書のなかで次のような自己批判を行なっている。

「今にして振り返れば、当時の私はグローバル資本主義や市場至上主義の価値をあまりにもナイーブに信じていた。そして、日本の既得権益の構造、政・官・業の癒着構造を徹底的に壊し、日本経済を欧米流の「グローバル・スタンダード」に合わせることこそが、日本経済を活性化する処方箋だと信じて疑わなかった。／もちろん、戦後日本経済の活力を奪いつつあった既得権的構造の打破などに関しては、今でも私は自分の主張が正当なものであったと信じている。／だが、その後に行なわれた「構造改革」と、それに伴って普及した新自由主義的な思想の跋扈、さらにはアメリカ型市場原理主義の導入によって、ここまで日本の社会がアメリカの社会を追いかけるように、さまざまな「副作用」や問題を抱えることになるとは、予想ができなかった。」

「社会の平等性、一体性によって成長を続けてきた日本経済にとって、新自由主義の思想とは、結局のところ、自らを殺す「毒杯」であったのではないか。「日本株式会社」としばしば揶揄されもした、日本社会の平等性や一体感は今は見る影もない。社会としての連帯を失えば、日本経済のパフォーマンスが落ちてしまうのは、むしろ当然すぎるほど当然のことであったのではないか。」[174]

中谷は同書において、新自由主義を克服するために、適切な再分配によって貧困層を減らすべきだと主張している。ところが逆説的なことに、中谷が提案する二つの政策案を検討してみると、いずれも新自由主義の思想圏内にあることが判明する。それぞれ検討してみよう。

中谷の第一の案は、「還付金付き消費税」というものである。[175] これは例えば、消費税を二〇％にして、その代わりに、すべての国民に等しく四〇万円を還付するという制度である。このような制度を導入すると、例えば、年収二〇〇万円の人は、その所得をすべて消費に回す場合には、年間、四〇万円の消費税を支払うことになるだろう。ところがこの四〇万円は、政府から還付される額に等しいので、損はしない。これに対して、年収一、〇〇〇万円の人は、もしその所得をすべて消費に回す場合には、二〇〇万円の消費税を支払うことになる。ただしその後、政府から四〇万円が還付されるので、実質的な消費税は二〇％ではなく、一六％に留まるであろう。このようにして中谷は、一定の税率のもとで税収を確保しつつも、貧困層には「基本所得」となる四〇万円を支給することが望ましい、と主張している。
けれどもこの政策案は、年収二〇〇万円の人々の所得を引き上げて、年収一、〇〇〇万円の人々の所得を引き下げるという平等主義的な政策ではない。消費税の税率上昇によって、できるだけ税負担を公平にしようという新自由主義の発想に基づくものであり、そのような制度のもとでは、おそらく貧富の格差は、いまよりも拡大するのではないだろうか。[176]
中谷の第二の提案は、正社員を解雇しやすくして、失業保険を手厚く支給する、あるいは無料で職業訓練校に通うことができるようにする、というものである。しかしこれは、貧困層を減らすための根本的な政策とは言えない。むしろ労働市場を流動化することによって経済の活性化を企てるという、新自由主義的な発想に基づくものであろう。[177]
このように中谷の提案は、いずれも新自由主義の思想圏内に留まっており、氏の自己批判は、依然として新自由主義の正統性を揺るがせるものではない。こうした中谷の自己批判と比べるならば、U2のリードボーカル、ボノのグローバリズム批判はもっと矛盾が少ない。ボノはこれまで、グローバル資本主義の体制を批判して、格差や貧困やエイズ問題に対して積極的な支援を行なってきた。他方でボノは、市場原理にしたがってビジネスを展開している。彼はこれまで、母国のアイルランドを拠点に活動してきたものの、活動の拠点をオランダに移した。というのもアイルランドでは、ショービジネスに対する課税率が引き上げられたからである。ボノは、新自由主義に歯止めをかけようと言いながら、市場で得られる利益を最大化している。私たちは「人間の本性」というものが、このようなものであることを理解しなければならない。

ボノに限らず、多くの人々は、一方で新自由主義を批判しながら、他方で自己の欲望を肯定している。私たちはもはや、新自由主義を否定することができないほどに、この思想を実践的に受け入れているのではないだろうか。市場原理を「悪」とみなしながら、他方では、株取引や投資信託に手を染めている人もいる。現実的に考えれば、ボノのように、市場の原理にしたがって行動しながら、この世界を変革することはできるのではないか。新自由主義の思想を一面的に批判するだけでは、思想的な未熟さを露呈してしまうだろう。

新自由主義の思想を徹底的に批判するなら、二宮厚美著『新自由主義の破局と決着』のような立場に敬意を払わなければならない。同書は新自由主義の思想に対して、根本的な批判を投げかけている。例えば二宮は、一般に新自由主義を批判しているとみなされる「福祉ガバナンス論」の論者たち（とくに宮本太郎の説）も、結局のところ新自由主義と親和関係に立ったところから生まれている、と批判する。福祉ガバナンス論とは、福祉の供給主体を国民国家に集約させるのではなく、第三セクターや企業、ＮＧＯ、ＮＰＯ、社会的中間集団、諸々のネットワークなどによって、多元的に構築しようとする考え方である。この戦略はしかし、「少なくとも現代日本にあっては、新自由主義戦略が狙う路線そのものである」[178]と二宮はいう。福祉ガバナンス論は、労働者の雇用を守るのではなく、むしろ労働者の労働市場への参入や移動を支援するための政策になっている。これでは安倍政権当時の「再チャレンジ支援策」程度の意味しかもちえない、というのである。[179]

二宮によれば、福祉ガバナンス論が提案する労働のアクティベーション政策は、労働の「脱商品化」というマルクスの理想とは程遠いものであり、「労働力の商品化」または「労働市場への包摂」の域を出るものではない。また、失業者や非正規雇用者に対する「エンプロイアビリティ（雇用獲得能力）」政策は、市場への包摂を促す政策であって、それはナショナル・ミニマムとしての所得保障の概念を曖昧にしてしまう。[180] こうしてつまり、福祉ガバナンス論は、新自由主義に対する抜本的なオルタナティブではなく、むしろ規制緩和論者たちと同床異夢の関係にあるという。これに対して二宮は、福祉サービスをすべて行政に委ね、所得の再分配によって格差を是正するような社会を展望している。新自由主義に対する根本的なオルタナティブは、前章の表4-2で示した「従来型福祉国家」の理想に戻るのかもしれない。この問題に関する検討は、前章に振り戻されることになるだろう。

以上、本節では次のように論じてきた。すなわち、経済危機とは、最も合理的な市場調整の方法でありうる。これを防ぐためには、金融の規制を強化しなければならないが、ただしそのような政策は、リバタリアニズムの思想と矛盾しない。また、新自由主義に対する批判の多くは徹底したものではなく、むしろ多くの場合、その思想を前提にしたものとなっている。リバタリアニズムや新自由主義は、いわば打たれ強い思想理念であるといえるだろう。

3　社会構造の理論

けれども私たちは、リバタリアニズムや新自由主義といった立場に、容易に立つことができない。「ロスト近代」においては、人類は資源の枯渇という問題に直面するため、実践的には、国家の長期戦略が必要となってくるからである。私たちは、思想の枠組をもう一度考え直さなければならない。従来の考え方では、もし市場が内在的に不安定であるとすれば、政府介入が必要であるとみなされてきた。反対に、もし市場が内在的に不安定でないとすれば、政府介入は正当化されないと考えられてきた。ところがこうした二項対立の図式は、もはや通用しない。市場の論理は、もっと巧妙な仕方で構造化されているからである。

ここで展開してみたいのは、市場の新たな社会理論である。市場は、内在的な不安定性をもたないにもかかわらず、政府による救済を求める方向に、リスクを構造化していく。市場は、それ自体として不安定ではないにもかかわらず、政府による経済政策を正当化してしまう。思想的にいえば、私たちはリバタリアニズムや新自由主義の正当性を認める一方で、政府介入を認める方向に向かわざるを得ない。その論理について、ここでは明らかにしてみたい。

3－a　ミンスキーの金融理論

経済が安定的に成長すると、人々はしだいに経済倫理を失い、ハイリスク／ハイ・リターンのギャンブルに手を染めていく傾向がある。こうした行動の習性から、いかにして経済危機が生じるのかについて理論的な説明を与えたのが、ミンスキーであった[181]。

例えば、経済社会が数年間、安定した成長を遂げたとしよう。すると人々は、「この状況がこれからも続く」という期待を抱いて、高いリスクを引き受けるようになる。しだいに長期的な投資が可能となり、投資家はレバレッジをかけて、少ない元本で高収益を上げようとするだろう。例えば、六倍のレバレッジをかければ、一〇％の株価上昇で六〇％の値上がり益を見込むことができる。こうしたレバレッジをかける投資家が増えると、株価は、経済のファンダメンタルズを反映する価格を容易に上回る。レバレッジによって株価が上昇し、経済は刺激され、長期投資と個人消費の両方が増えるだろう。賃金と物価は上昇するだろうが、しばらくの間は、経済の好循環が続くことになる。

しかしこの段階から、景気が少しでも下向くと、レバレッジによって利益を得ていた投資家たちは、多大な損失を被る。景気の下降が予測されると、投資家はできるだけ速くレバレッジを解除して、購入した株を売却しなければならない。もし投資家たちが、いっせいに同じ行動に出るならば、株価は急落するだろう。

こうして株価は、上昇と急落の循環を描くことになる。このような現象において興味深い点は、バーバラが指摘するように、「景気後退を引き起こした原動力が、将来に対する異常な期待ではなかったということである」[182]。逆説的ではあるが、経済が安定的であると期待されるからこそ、バブルとその崩壊のプロセスが生じるのである。

レバレッジが存在するかぎり、安定した経済環境の下でも、バブルとその崩壊が発生する。そのような循環を回避するためには、レバレッジを禁止して経済の規模を収縮させるか、あるいはレバレッジによるバブル発生を認めた上で、バブル崩壊時には政府が諸々の企業や銀行を救済するかのいずれかであろう。はたして私たちは、経済を最初から規制すべきなのか。それとも経済活動の自由を認めた上で、危機に際しては政府介入を求めるという態度をとるべきなのか。

市場の利害関係者たちの発想からすれば、後者が望ましいであろう。株や投信などの自身の資産を守るためには、銀行や証券会社がもはや「大きすぎて潰せない」ように、リスクを構造化すればよい。個人資産のリスクを、システム全体の危険に転化すればよい。システムの全体が危機に陥ったときのみ、市場関係者たちが損失を出すのだとすれば、そのときには政府がなんとかしてくれるからである。ハイリスクをとりながらリスクを逃れるための方法は、諸個人が将来の利子配当や将来の株価から得られる利益と損失のリスクを、一時点で全般化してしまえばよい、ということになる。

このリスク転化の戦略を、少し理論的に考えてみよう。市場関係者たちは、短期利子率と長期利子率のあいだの差異を利用して儲けることができる。デリバティヴを用いて、短期でお金を借りて、長期で貸すことができる。しかしこのデリバティヴによって、長期でお金を貸したい人が増えると、長期金利はしだいに低下するであろう。金融工学の技術によって、究極的には、短期と長期の利子率のあいだに差異がなくなるだろう。このことはつまり、時間の不確実性によって生じる長期利子率のプレミアムが失われることを意味している。

するとどうなるだろうか。時間の不確実性が、利子率というかたちで現われないとなると、私たちは、「時価総額」という発想をすることができるようになる。現在の一〇〇万円と、将来の一〇〇万円が同じ価値をもつ、と考えることができるようになる。長期利子率によって、将来の不確実性やリスクを判断できなくなるためである。こうなると、人々は将来の儲けを見越して、自分の株式資産や自社の時価総額を、現在において享受しようとするだろう。例えば、ライブドア社の元社長、堀江貴文は著書『稼ぐが勝ち』のなかで、「経済は先取りします。……儲かるはずの分を見越して先につかってしまうのです」と述べている。会社の株式を公開することによって、企業は、これから数十年で得られるだろう利益を、現在の時価総額として得るようになる。時価総額という考え方は、会社の将来の経営という時間リスクを、現在の段階で、株主に負わせることによって生じる経営者の利益である。金融工学が可能にしたのは、そのような時価総額を先取りする技術なのであった。

加えて金融工学には、時間リスクを空間化するというテクニックがある。自分が損をするときは、経済システム全体が、空間全体として立ち行かなくなるときである。すべての人が同時に損をするときである。金融工学はそのような仕方で、時間のリスクを、一時点における集団のリスクへと空間化することができる。このようにリスクを管理すれば、個人のリスクによる損失は、政府ないし国際機関が救済してくれるだろう。究極のリスクヘッジとは、金融の技術開発によって、自己責任の原則を、集団責任の原則へと転換することにあるだろう。

実際、金融業者はリスクを計算するときに、一〜二％の確率でしか起きないようなバブル崩壊を、排除して考える傾向にあるという。そうしたリスクを計算に入れると、儲けることはできないからである。二〇〇八年の経済危機で問題になったのは、CDS（Credit Default Swap）＝信用デフォルト・スワップという保険であった。これは購入したCDO（Collateralized Debt Obligation）＝債務担保証券（個々の資産のリスクを分散して売りに出された証券）が値下がりしたときに、その損失を補塡するものとして開発された保険である。このCDSの登場によって、投資家たちは、ローンのデフォルトに対して保険がかけられたため、あたかもリスクがないかのように、高リスクの証券を購入するようになった。CDSという保険が危機に陥るとすれば、それはグローバル恐慌が生じるときのみである。投資家たちはそのリスクを考慮に入れないことで、儲けることができた。ただし、そのような儲けは、一〜二％の確率で起きるバブルの崩壊を無視した場合に得られるものであった。

住宅ローンの証券化などによって、リスクを切り刻んで世界中に分散させると、時間のリスクは空間化される。それは、一定の時間において数％の不履行リスクがあるという性質の商品を、拡張された空間において瞬時に数％の不履行リスクがある状態へと変換してしまう。リスクを回避する手段の開発は、リスクが世界経済の危機という形で生じる場合にのみ損失を生み出すように、システムを作り変えたのであった。個々のリスクをヘッジする手段は、個々のリスクを低下させる一方で、システム全体が崩壊するリスクを高めていく。しかもこのリスクは、世界規模で経済危機を生じさせたために、国際的な分散投資を無意味なものにしてしまう。リスクを各国の市場に分散するという投資戦略は、結果として投資の市場を、世界単一なものに作り変えてしまったのである。

3－b　ルーマンのリスク論

リスクに対するこの構造変化を理解するためには、経済学者フランク・ナイトのリスク論よりも、社会学者ニコラス・ルーマンのリスク論の方が、説得力のある説明を提供するだろう。ナイトは、「リスク」と「不確実性」を区別して、「リスク」とは確率論的に予測しうる危険性であり、これに対して「不確実性」とは、確率論的には予測できない危険性であると定義した。そしてナイトは、現実の市場経済が、後者の「不確実性」に直面しているものの、その危険性はたえず、企業家たちの行動によって引き受けられ、市場は全体として、安定した秩序を生み出すのだと考えた。言いかえれば、ナイトは市場の安定化機能を、知識の完全性にではなく、企業家たちが引きうける不確実性の吸収に求めたのであった。

しかし、現代の市場経済において問題となるのは、もはや企業家の行動によっては吸収することのできない危険性である。市場は、システム全体としての危機に見舞われる。しかもその危険は、投資家たちによって、一〜二％のリスクとしてすでに確率論的に認識されている。投資家たちはなぜ、このリスクを考慮した上で、合理的に行動することができないのだろうか。それを説明する手がかりは、ルーマンのリスク論にあるだろう。

ルーマンによれば、「リスク」とは、未来の損失が、ある行為主体の「決定」によって発生したと考えられる場合の損失可能性のことである。これに対して未来の損失が、行為主体ではなく、システムその他によって発生すると考えられる場合には、その損失の可能性は「危険」と呼ばれる。「リスク」と「危険」の区別は、損失の可能性を、あらかじめ行為主体（誰か）に帰属するのか、それともシステム（社会全体）に帰属するのか、という私たちの認知的な操作にかかっている。この場合、リスクは、ある行為者がなにも行為しない場合にも、その無作為に対して帰属されることがあるだろう。行為者があるリスクを回避するために何も行為しなければ、それによって別のリスクが生じるからである。

ルーマンのこの用語法に従えば、現代の経済危機は、「リスク」と「危険」の両方の側面をもっている。経済危機は、それぞれの行為者が引きうけるべきリスクであるとみなされる一方で、誰も責任を引きうけることができない「危険」の側面を持っている。危険は、大きなシステム障害、あるいはシステムの崩壊となって、私たちの生活を襲ってくる可能性がある。経済危機は、もはや市場の内部では処理することができない。それは一度起きてしまえば、市場の外部の権威＝政府によって処理されなければならない。市場システムには、そのような「危険」が必然的に付きまとっている。というのも、市場システムは、他でありうる可能性をもっており、その可能性のなかの「危険」の要素を、私たちは認知的に取り除くことができないからである。言い換えれば、市場関係者たちによって軽視された「残余リスク」（経済危機の可能性）が、「危険」となって現われるのである。

ルーマン理論に依拠すれば、経済危機とは、私たちが確率論的に計算不可能な不確実性に見舞われるという事態ではない。むしろ、市場関係者たちが考慮に入れなかった確率論的な残余リスクが、システム全体を危機に陥れるという事態である。ではそうした危険をあらかじめ行為者たちのリスクとして考慮に入れるシステムを、私たちは構築することができないだろうか。問題は、行為者たちが「残余リスク」とみなしたリスクの性質である。「残余リスク」とは、もしそれを各人が引きうける場合には、システムのルールを変更して、分配されなければならない。言いかえれば、システムのあり方に変更の余地があるならば、その可能性はつねに行為者たちにとって「残余リスク」となって現われる。ここでルーマンの卓見は、私たちがシステムを変更しうるばあいに、システムのコンティンジェンシー（他でありうる可能性）そのものが増大するという点にある。コンティンジェンシーが増大すれば、経済危機に対して、システムの変更によって対処する可能性が高まるのであり、行為者たちは結局、その可能性を「残余リスク」として処理しなければならない。そしてその残余リスクは、システム全体を危険に落とし入れる可能性があるだろう。

こうしてつまり、私たちは、システム全体の「危険」を、個々の行為者の「リスク」に転換して処理することができない。システムが他でありうる可能性が増大すれば、私たちは戦略的に、リスクをシステム全体の危険へと導くことが、よりよいシステムを採用するための条件となりうる[183]。つまり私たちは、システムの全体が「危機」に陥っても、そのような危機が「合理的な調整方法」であると言えるような、そのようなシステムの回路を築く必要がある。

市場システムは、個々の行為者がランダムに動く結果として、不安定になるのではない。むしろ個々の行為者は、銀行その他の金融業者の戦略に導かれて、少なくとも金融面では、個々のリスクを全体のリスクに転化することができる。システム全体が崩壊する場合にのみ損失を出すような、そのような仕方でリスクをヘッジすることができる。その意味で市場システムは、個々の行為者が合理的に行動する結果として、「危機」以外には不安定化しないように「構造化」されていく。

さらに、システムの「残余リスク」を合理的に分配するための構造化として、政府は一定の機能的な役割を与えられる。政府介入が正当化されるのは、市場システムが内在的に不安定だからではなく、市場システムのルールが、コンティンジェンシーの増大によって、たえず変更可能になり、個々の行為者たちも、そのような変更を考慮して行為するようになるからである。行為者と政府機能の共犯関係は、市場システムにおいて、巧妙な仕方で構造化されてきたといえるだろう。

こうした市場システムの構造化を踏まえるとき、私たちはたんに市場が不安定だから政府介入を正当化するとか、市場が安定的だから政府介入を認めない、という発想を採ることができない。むしろ市場システムのルールが偶有的であるという理解が、「残余リスク」を生み出し、そのリスクをめぐって行為者と政府機能の共犯関係が生じてしまうのである。このような市場理解に立脚するなら、私たちは市場がいかに安定的であっても、政府介入の正当性を認めざるを得ないであろう。

4 ローマ・クラブ型恐慌

そこで考慮すべきは、市場システムにとっての「残余リスク」が、どのような仕方で構造化されるのかについてである。結論から言えば、「ロスト近代」の市場社会においては、資源の枯渇問題に対する私たちの不安が、最重要の「残余リスク」を形成している。資源問題は、市場システムの全体を、危機に陥れる可能性がある。最後に、ローマ・クラブの最近の報告書を素材にして、この資源問題が資本主義の動因に与える意味について考えてみたい。

4―a ローマ・クラブの報告

一九七〇年代から、一貫して地球環境と人類の危機を訴えてきたローマ・クラブは、最近の報告書のなかで、図5－4のようなシミュレーション結果を示している[184]。このシミュレーションによれば、私たちが環境問題への対応を誤れば、世界は二〇〇〇年から二〇五〇年にかけて、急激な変化に見舞われるかもしれない。例えば、資源は著しく枯渇し、工業生産物や農産物の量は、人口に比して極端に減少する。一人当たりの消費財の量は、二〇五〇年には、二〇世紀初頭の水準にまで戻るかもしれない。また「生活の豊かさ指数」は、二〇五〇年までに、現在の約半分に低下するかもしれない。こうした事態は、経済危機と呼ぶにふさわしいであろう。はたして私たちは、このような危機をどこまで防ぐことができるのだろうか。

もちろん、このシミュレーション結果に納得できない人もいるだろう。かりにこの「シナリオ1」が誤りであるとして、世界経済はこれから、安定的に成長すると想定してみよう。けれども長期的な展望が開ける場合には、いずれ地球環境問題が生じることが、容易に予測される。資源の枯渇は、四〇年後に訪れるか、それとも一〇〇年後に訪れるか、それは分からない。しかし市場における資源価格は、将来の危機を見越して高騰する可能性がつねにある。現在、世界で最も戦略性の高い資源の七五%は、国営の石油企業によって保有されていると言われる。資源の市場は、各国政府の戦略的な買占め行動によって、高騰したり暴落したりする。各国政府は、通常の民間企業よりもいっそう長期の展望をもって行動することができるので、資源市場は遅かれ早かれ世界的な規模での資源争奪戦になりうるだろう。実際、資源市場は現在、潤沢な資金をもった政府系ファンドを通じて、国家間競争の場と化している。そこでは国の支配者と国有企業の経営

図 5-4. 新しいローマ・クラブ報告のシナリオ1

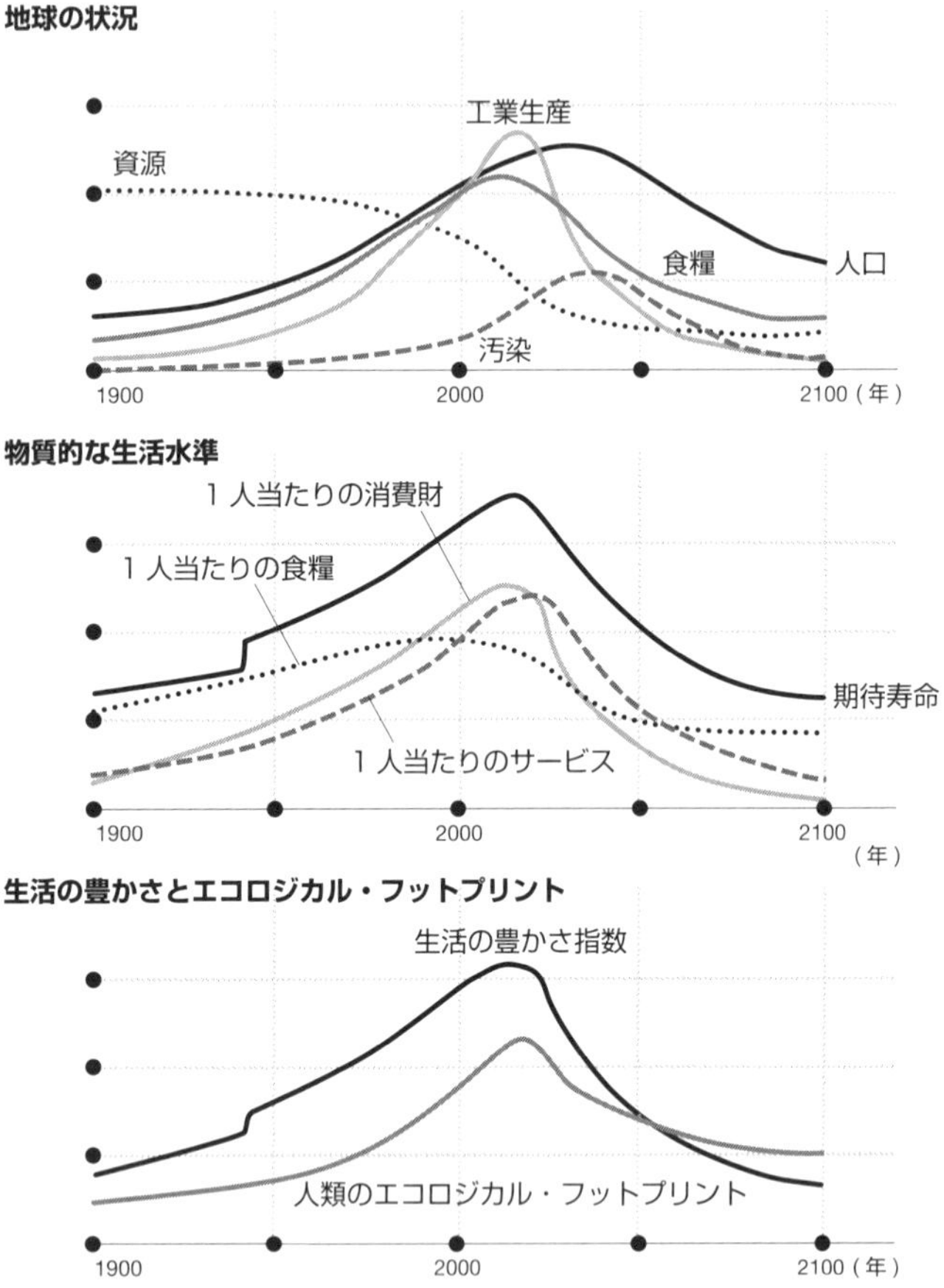

世界は、20世紀のほぼ全期間に追求されてきた政策からあまり大きく変更されず、これまでと同じように進んでいる。人口と工業生産は成長を続けるが、再生不可能な資源がしだいにアクセスしにくくなることで、成長が止まる。資源のフローを維持するために必要な投資が加速度的に増え、最終的に経済の他部門への投資資金が欠乏することから、工業製品とサービスの生産が減り始める。それとともに、食糧や保健サービスも減退し、期待寿命が低下し、平均死亡率が上昇する。

者が強く結びつき、国家が資源を管理する重商主義が台頭している。[185]

こうした事態に対して、リバタリアニズムや新自由主義の政策提言は、無力に等しい。私たちは資源の問題を、グローバル市場の自生的な解決に任せることができない。将来、資源が枯渇するのではないかという私たちの不安は、グローバル経済の重要なアクターとしての政府に一定の役割を求めている。かりに資源が枯渇しないとしても、諸国の資源争奪戦によって、資源価格は高騰し、あるいは暴落する。そのような危機を、私はここで「ローマ・クラブ型恐慌」と呼んでみたい。

ローマ・クラブ型の恐慌は、世界経済の新たな始まりである。この点に関連して、水野和夫は、次のような興味深いデータを提示している。[186] すなわち、先進国における一人当たりの世界粗鋼生産量は、一九七四年以降、約一トン前後でほぼ安定している。先進諸国は一九七四年以降、GDPの規模を約二倍に高めてきたものの、その内訳はサービス業のウェイトが高まっただけで、物質的な生活面では、ほとんど変化がない。(ちなみに、一九七四年は、ドルの低価格供給が終焉したときでもあり、また、資本の利潤率がピークを迎えたときでもあった。)それまで経済成長を続けてきた先進諸国は、一九七四年以降になると、資源の消費量としては、安定した時期に入ったというのである。

ではこの安定した時代は、いつまで続くのか。時代が大きく変化するとすれば、それは石油価格や粗鋼価格が大幅に上昇して、環境問題が深刻になるときであろう。すると先進国における一人当たりの粗鉄消費量は、減少するかもしれない。「ロスト近代」の社会においては、安定した資源消費量を確保できないかもしれない。

むろん、一人当たりの粗鉄消費量が減ったとしても、世界経済は安定的に成長する可能性もある。すべては技術革新にかかっている。最近のローマ・クラブ報告書は、諸々の技術革新が生じた場合のシナリオを、次のように想定している。まず二〇〇〇年の時点で、同年の消費ペースであれば、一人当たりの消費量は減るとしても、世界全体としては、一五〇年使えるだけの資源（再生不可能な資源）があると仮定しよう。またその場合の資源のコストは、工業生産全体の約五%であると仮定しよう。ここでさらに、人類は技術革新に成功して、①汚染除去技術が次第に効果を発揮して、生産単位当たりの汚染を、二〇〇二年から年率四%で削減できると仮定してみよう。さらに、②農業収穫率を増大する技術が生まれ、二〇〇二年から、年率四%の収穫率上昇が見込まれ、その技術が世界中で実施されるまでに、平均して二〇年かかるとしよう。第三に、③土地浸食を軽減する技術が開発され、その効果が二〇五〇年をすぎてから発揮されるとしよう。以上のような三つの技術革新の仮定に加えて、④夫婦が子どもの数を平均で二人に抑え、一人当たりの消費財、食糧、期待寿命のいずれも高い水準になったと仮定してみよう。しかも、⑤その水準は、二〇〇〇年の世界平均よりも、一〇%ほど高い水準であると仮定してみよう。

以上のような仮定をすべて導入すると、図5-5のようなシミュレーション結果（シナリオ9）を得ることができる。[187] このシナリオにおいては、人類は八〇億人弱の人口を抱えながらも、消費

図 5-5. 新しいローマ・クラブ報告のシナリオ9

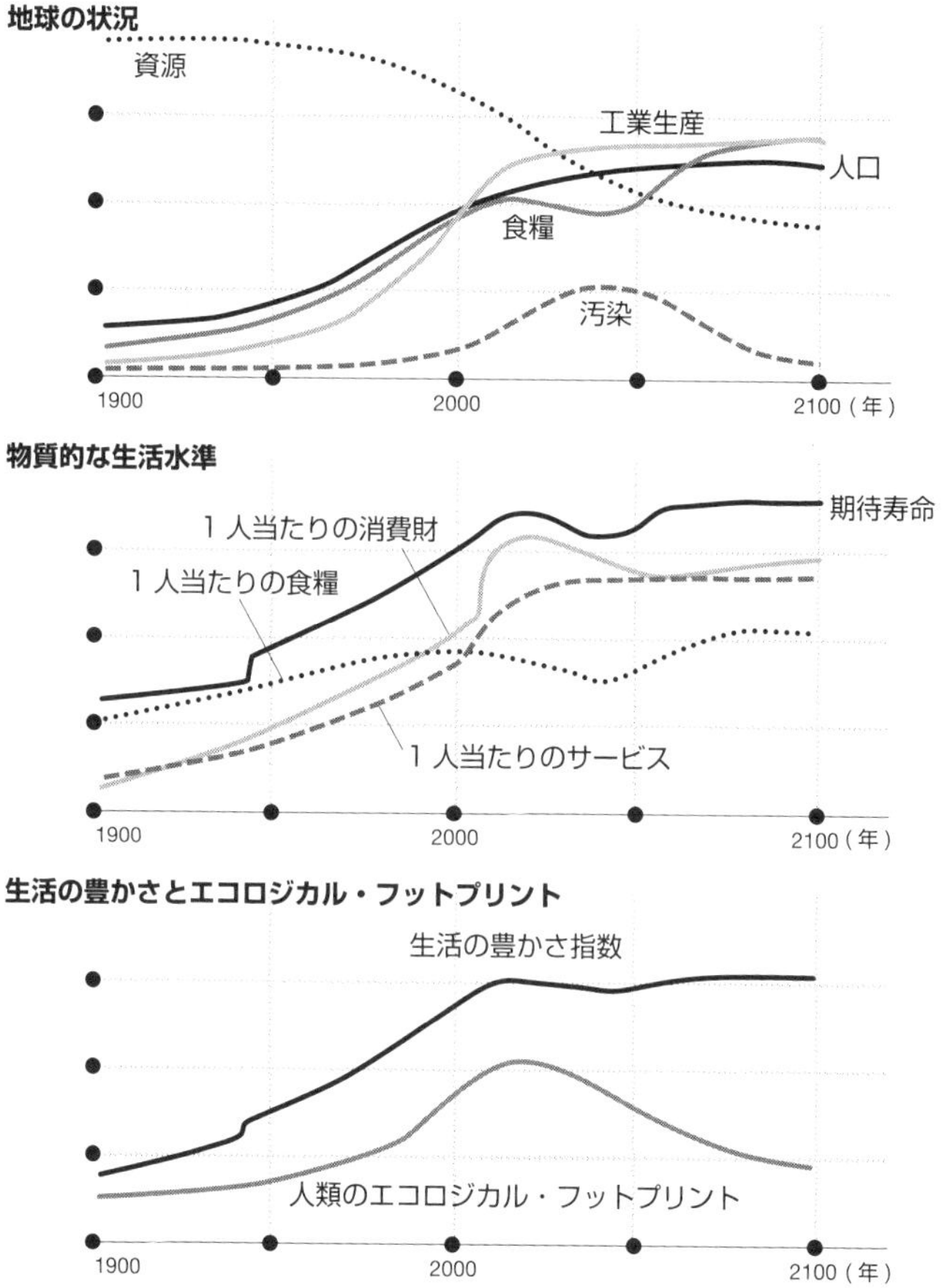

人口と工業生産は、シナリオ8のシュミレーションと同じに制限し、加えて、汚染を除去し、資源を保全し、土地の収穫率を改善し、土壌浸食軽減の技術を実施する。その結果、社会は持続可能になる。80億人近い人々が、高い生活水準を保ち、持続的にエコロジカル・フットプリントを減らしながら暮らしている。

財、食糧、期待寿命のいずれにおいても、比較的安定した定常状態を保つことができる。

人類はこのようなシナリオを、はたして実現することができるだろうか。私たちは、将来世代（二一〇〇年頃の人類）の生活を配慮して、あらたな技術を取り入れることができるだろうか。技術開発とその導入が進まなければ、資源価格は高騰し、人々の消費水準は低下するだろう。また食糧は不足し、期待寿命は低下するだろう。そうなれば各国政府は、いっそうの資源争奪戦に向かうかもしれない。現実には、資源価格の高騰と技術開発は、同時に進行すると考えられる。これはつまり、人々は、ローマ・クラブが示したシナリオ1の不安によって、技術革新に駆り立てられることを意味するであろう。

4−b　地球温暖化問題との比較

ところで以上に示したローマ・クラブのシミュレーションは、「地球温暖化」の問題とは、切り離して考えることができる。現在のところ、地球温暖化は、一つの仮説であって、もしかすると反証されるかもしれない。けれども、地球温暖化に対する各種の対策は、かりに温暖化が進行しなかった場合にも有効である。例えば、二酸化炭素の排出量を抑えるための政策は、資源を効率的に用いるための技術革新を促すであろう。そのような政策は、地球温暖化が進行しなかったとしても、資源の枯渇問題に対して有効な手立てを与えるであろう。

ここで簡単に、地球温暖化に対する強力な反対仮説について検討してみたい。丸山茂徳は、I

ＰＣＣの提示する温暖化仮説に対して、興味深い反対仮説を提示している[188]。丸山によれば、温暖化に関するＩＰＣＣの公式仮説は、次の三つを考慮に入れていないという。第一に、小寒冷期と呼ばれる一九四〇年〜一九七〇年に、人類は工業化によって化石燃料の消費量を急増させたものの、それが温暖化に結びついていない点。第二に、空気中の二酸化炭素量の変化は、温度の上昇から一か月遅れて生じるので、因果関係としては、温度上昇が二酸化炭素量の上昇を招いているかもしれないという点。第三に、ＩＰＣＣは、デンマーク国立宇宙センターのスベンスマーク博士が提起した、宇宙線と雲形成に関する新理論を考慮していないという点、である。

丸山の対抗仮説によれば、地球の大気温度は、太陽活動と宇宙線の量、およびそれに相関する雲の形成によって決まるのであり、二酸化炭素の量は関係ない。そもそも大気中の二酸化炭素の占める割合は、質量比で〇・〇五四％、体積比で〇・〇四％にすぎず、しかも毎年増えている二酸化炭素の量は、一・四ppm（ppmとは100万分の1の単位）にすぎない。こうした点から、丸山は、温暖化の原因が二酸化炭素の量ではないと考えている。

二〇〇九年の夏は、比較的過ごしやすい温度にとどまり、温暖化とは思えない気候であった。二〇一一年から一二年にかけての冬は、平年の気温を大きく下回った。丸山によれば、今後数年間で天気が曇りがちとなって気温が下がるなら、自身の仮説が支持されるという。かかる仮説は、十分に敬意を持って扱われなければならない。ただし、かりに地球が温暖化しなかったとしても、私たちの社会はいずれ資源問題に直面するだろう。経済システムにとって本質的な問題は、資源の枯渇という「不安」に導かれた資源価格の高騰である。資源を有効に利用するための技術開発を促進しなければ、私たちの資本主義は、資源コストの増大に悩まされ、やがて失速するのではないだろうか。

「ロスト近代」の資本主義は、資源価格の高騰という、ローマ・クラブ型恐慌への不安に悩まされている。するとこの時代を規定するのは、私たちの不安であり、この不安を克服するための技術革新に期待が寄せられることになる。

新しい資本主義の社会を、「環境技術の革新」によって駆動する。そのような企ては、短期的には、新たな雇用創出のための手段としての意義をもつであろう。また長期的には、産業構造の大きな転換をもたらすであろう。一八世紀のイギリス産業革命を支えたのは、石炭と蒸気機関と綿織物であった。また一九世紀から二〇世紀にかけてのアメリカ経済を支えたのは、自動車産業とＩＴ産業、あるいは金融工学であった。そして現在、資本主義の駆動因として期待されているのは、環境技術革命である。アメリカでは一九九六年から二〇〇〇年にかけて、ＩＴ産業の全体で一六〇万人の雇用を作り出したといわれる。これは新規雇用の一四％にあたる数字である。二〇〇〇年代に入って、アメリカでは金融部門における付加価値が、ＧＤＰの三五％程度を占めるに至っている（図5-6を参照）。また住宅産業は、新規雇用の四〇％を生み出したといわれる。ところがこれらの雇用が二〇〇八年のバブル崩壊とともに失われると、代わって新たな雇用創出の方法として期待されているのが、グリーン産業である。オバマ政権が構想するグリーン・ニュ

図 5-6. 金融の付加価値と利益シェアの比較

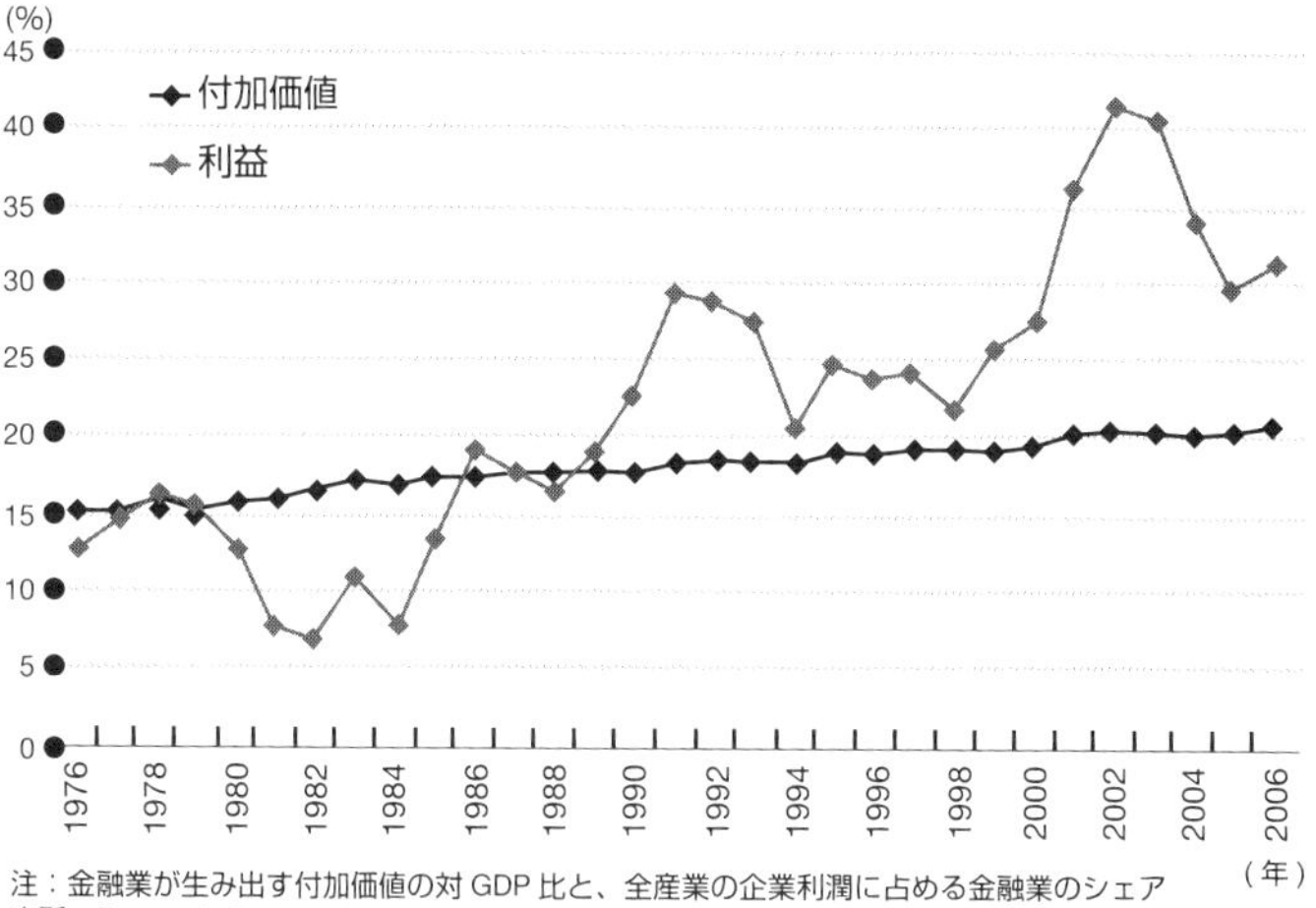

注：金融業が生み出す付加価値の対 GDP 比と、全産業の企業利潤に占める金融業のシェア
出所：Economic Report of the President, 2008

ーディール政策は、一〇年間で一、五〇〇億ドルを戦略的に投資することによって、環境関連の民間雇用を五〇〇万人程度創出しようと企てている。このような経済刺激策が成功するためには、環境技術の革新と導入が不可欠であろう。

4ーc　祝福を受けた不安

以上にみてきたローマ・クラブの報告は、資源問題への対応が、私たちの生活の質を決定的に左右することを教えている。資源問題が深刻になれば、資源価格の高騰によって経済が失速する。と同時に、技術革新への期待も高まる。ローマ・クラブ報告が示唆するこの不安と希望は、環境活動家のポール・ホーケンが表現するように、人類にとって、「祝福を受けた不安(blessed unrest)」と言えるかもしれない[189]。

私たちは、資源問題に不安を抱いている。しかし不安だからこそ、私たちはライフ・スタイルの「質」を向上させるべきだと考える。その意味で現代の不安は、「善き生」に至る契機であり、私たちはこの「祝福された不安」に導かれて、環境問題に積極的に応答していくことができるのではないだろうか。「祝福された不安」は、政府の資源戦略に期待を寄せるだけにとどまるのではない。その不安は、各人の行動を変革するための駆動因にもなる。例えばホーケンは、地球の生態系について、変革への希望と不安をもって向き合う活動家たちが、中核的な組織を持たず、自生的なネットワークを築いていくことに期待を寄せている。ホーケンは、経済学者ハイエクの思想的含意を引き出しながら、次のように述べている。

「ハイエクは全体主義提唱者が根本的に宿す欲求への治療法を予見していた。それは、情報と意思決定権とを共存させる、ということだ。そのためには、情報を意思決定者に、意思決定権を情報に移すのである。［個々の環境］運動はこの両者を上手に使っている。地球の問題は人類すべての問題であり、最新テクノロジーを使って運動がなしうることは問題解決ツールを天体（地球）の隅々にまであまねく行き渡らせることなのだ」[190]。

環境運動家たちは、技術革新の知を、社会にあまねく行き渡らせるために活動する。そのような活動は、ロスト近代の資本主義を駆動するための、重要な要因になるのではないか。環境運動は、この資本主義社会を離脱するための運動ではない。むしろこの資本主義社会を、「祝福された不安」にふさわしい生活様式へと転換していく。それは個々の運動家たちの自発的な活動を通じて生み出される「自生化主義」の秩序である、ということもできる。ローマ・クラブ報告は、資源高騰による恐慌が起こる可能性を示唆しているが、この不安は、祝福された人間の美質を実現すると同時に、新しい資本主義社会の秩序を築くための希望でもあるだろう。その希望について、最終章ではさらなる議論を展開したい。

第6章

グローバル化の逆説

0 はじめに

これまでの二つの章では、「ロスト近代」の駆動因をめぐって、主として国家の政策（労働政策、教育政策、子育て支援策、金融政策、財政政策、および技術開発）の問題を論じてきた。次に検討したいのは、国家を超える問題についてである。

「ロスト近代」の社会は、グローバル化とともに生じている。九〇年代に入って、世界はしだいに「国際化」の時代から、「地球化＝グローバリゼーション」の時代へと移行してきたといわれる。それまでの「ポスト近代」の社会においては、世界は「国家」の枠組みを前提とした上で、「国際（インター・ナショナル＝国家間）」的な交流が模索されてきた。ところが「ロスト近代」の社会になると、国家の枠組みを超えた諸々の組織が生み出されている。もはや一国の経済を合理的に運営するという発想では、世界的な諸問題に対応することができない。かくして例えば、ヨーロッパではＥＵ（欧州連合）が誕生し、また世界全体では、二酸化炭素の排出権取引制度が運営されるようになっている。

「ロスト近代」においては、新たな制度が模索され、私たちの世界はますます「一つのコミュニティ」へと統合されつつある。ところが他方で、グローバリゼーションの波は、大きな不満をもたらしてきた。グローバル化の恩恵に浴する人びとは、一握りのエリートにすぎないのであって、多くの人びとは取り残されてしまうのではないか。低賃金労働者は、グローバル化とともに

「底辺への競争」を強いられるのではないか。そうした疑念から、世界の各地で反グローバリズムの運動が盛り上がりをみせてきたのも、「ロスト近代」においてであった。

現代の世界を特徴づけているのは、グローバル化の現象と、それに対抗する反グローバル化の運動が、相互に作用しながら発展していくダイナミズムであろう。その動態は、「ロスト近代」の中核的な駆動因をなしているといえるかもしれない。本章では、この二〇年間の世界の趨勢を振り返りながら、グローバリズムに対抗する諸運動（それは「反グローバリズム運動」とか「オルター・グローバリゼーション」と呼ばれる）の意義について検討してみたい。

あらかじめ結論を先取りすれば、次のようになるだろう。グローバリゼーションとは、私たちの生活に「遠心力」をもたらす力であり、日常を揺さぶり、私たちの埋もれた「潜在的可能性」を刺激する。ところがグローバリゼーションは、実際には私たちの「潜在的可能性」を剝奪してしまう。被支配層の活動を不活性にしてしまう。この逆説に抗して、人々の「潜在的可能性」の全面開花という理想を掲げたのが、反グローバリズムの運動であった。根本的な対立点は、グローバル化の「遠心力」とナショナリズムの「求心力」のあいだにあるのではない。むしろ、グローバル化によって本来可能になるべき、潜在能力の全面的な解放という理念こそが争われている。「潜在能力の解放」という理念は、「ロスト近代」の駆動因を特徴づけている。反グローバリストたちの活動は、「ロスト近代」の駆動因を探る営みであったと考えられる。本章ではそのような視角から、過去二〇年間のグローバル化の歴史を振り返ってみたい。

1　グローバリズムの歴史――過去二〇年間を振り返る

この二〇年間のグローバル化の歴史は、「ロスト近代」の駆動因を発見するための、試行錯誤の期間であったといえるかもしれない。問題の中心にあるのは、なんといっても、新自由主義のイデオロギーである。市場経済の自由化は、国民国家の制御能力を超えるグローバル市場を生み出してきた。それが一方では、世界的な富の集中によって新たな支配層を生み出し、他方では、民衆の従属と軋轢を世界レベルで生み出してもいる。民主的な統治のおよばないこの世界において、支配／被支配の関係をいかにして形成していくべきなのか。そして人々の潜在能力を全面的に開花していくべきなのか。グローバル派と反グローバル（オルター・グローバル）派の闘争は、こうした問題をめぐって展開し、そして世界はその弁証法によって突き動かされてきたと言えるだろう。

新自由主義の思想は、すでに一九六〇年において、ハイエクが著した著作『自由の条件』[192]のなかで体系的に述べられていた。それが現実の政治に適用されたのは、一九八〇年頃からであり、例えば、日本の中曾根政権、イギリスのサッチャー政権、アメリカのレーガン政権などは、この思想を大きく体現したといわれる。ベストセラーとなったM&R・フリードマン著『選択の自由』[193]は、この時期を代表する新自由主義のバイブルであった。

ところが、「グローバリゼーション」の時代に盛り上がりをみせた「新自由主義批判」の言説は、ハイエクやフリードマンの教説を正面から批判するものではなかった。とりわけ二〇〇〇年以降になって「新自由主義批判」の言説が人気を博すと、はたして批判者たちが本当にハイエクやフリードマンの新自由主義思想を理解しているのかどうか、疑わしいケースが増えてきた。いったい「新自由主義批判」の言説が、どこまで「新自由主義」の思想を本気で扱っているのか。それを検討しなければ、批判者たちの思想的貢献を正当に評価することはできないだろう。

そこで以下では、最近の批判者たちの関心に即して、新自由主義の概念を次のように定義してみたい[194]。すなわち新自由主義とは、(1)市場経済のグローバル化によって生じた先進諸国（民主主義と福祉国家の建設において歴史的に成功した諸国）の体制がもつ一特徴であり、それは、(2)結果としての所得不平等を容認すると同時に、(3)公的サービスの提供の仕方に貨幣原理や選択原理などを導入しようとする。またこの体制は、(4)地域－国家－国際機関の民主的運営を目指すよりも、多国籍企業の支配力を優先するものであり、そこにおいては、(5)物質的な充足を追求する画一的な消費文化というものが支配的な影響力をもち、(6)企業が収益性を求めて行動する結果として、人々の社会的紐帯が脆弱化すると同時に、(7)労働者たちが解雇をおそれて企業に忠誠を誓うという「従順な主体化」を促している。さらにこの体制は、(8)社会階層の分断化と階層間移動の非流動化を容認しつつ、(9)人的資本を高めるような訓練の機会を十分に提供できないでいる、と。

以上の特徴のうち、最初の三つが新自由主義の基本的特徴であり、残りは副次的特徴である。

すると副次的特徴をすべて克服した体制は「洗練された新自由主義」の体制であるといえるだろう。（なおこの定義の仕方では、平等主義と自由主義の中間をさぐる「第三の道」政策も、新自由主義の一形態となる。実際、イギリスのブレア政権が推進した「第三の道」は、新自由主義的であるとの批判を、急進左派勢力から受けることになった。）さて、こうした定義を前提とした上で、新自由主義の基本的特徴を克服するような政治体制を描くことはできるだろうか。

　総じて言えば、この二〇年間、新自由主義を推進するベクトルと、その行き過ぎを正すベクトルの二つが拮抗しながら、世界システムは全体として、新自由主義の遠心力を飼いならす方向に向かってきたといえる。新自由主義は、洗練されたものへと次第に修正されてきた。それを象徴する出来事は、九〇年代の後半になって、ヨーロッパ諸国で社会民主主義の政権が相次いで誕生したこと、またＩＭＦやＷＴＯやＧ８などの世界的機関が、新自由主義化の傾向を緩和した（せざるをえなかった）こと、あるいは、ラテンアメリカの諸国が、俗に新自由主義体制と呼ばれる体制を克服しはじめたこと、[195] などである。私たちの世界は、たんに新自由主義の思想で動いているのではない。むしろ世界は、ますます社会民主主義的なイデオロギーによって運営されつつある。

　けれども新自由主義のイデオロギーは、批判によって克服されたわけでも乗り越えられたわけでもない。新自由主義のイデオロギーは、反グローバリズム運動との弁証法的な融合を通じて、「ロスト近代」社会にふさわしい理念へと変容しつつあるのではないか。その実態を検討するために、以下では過去二〇年間に生じた出来事を、「経済」、「社会運動」、「政治」という三つの領域に分けて検討してみたい。

1―a 経済

いまから約二〇年前の一九八九年の地点に降り立ってみると、当時の日本経済は、バブル経済の真っただなかにあって、経済的繁栄のピークを迎えていた。他方で、東ヨーロッパ諸国においては、共産主義の体制がなし崩し的に崩壊し、時代の転機を迎えていた。第二次世界大戦後の一九四五年から一九八九年にいたるまで、世界は共産主義圏と資本主義圏の勢力に二分され、双方のあいだでは武力行使を抑制するという「冷戦」の体制が敷かれていた。ところが一九八九年になって多くの共産主義国が瓦解すると、世界は資本主義の体制へと一元化されていく。それまで西ドイツと東ドイツに分断されていたドイツでは、東ドイツの人びとが「海外旅行の自由」を求めて、ベルリンの壁を崩しはじめる。すると東欧諸国は雪崩を打つかのように、旧体制から資本主義の体制へと移行していった。

アメリカの思想家フランシス・フクヤマは、かかる東欧諸国の体制崩壊をもって、ヘーゲル的な意味での「歴史の終わり」が実現したと考えた。フクヤマは、当時ベストセラーとなった『歴史の終わり』[196]のなかで、人類の歴史がヘーゲル的な市民社会の段階をもって最終的な理想の社会体制に至るのではないかと考え、その「終わり」が八九年になって訪れたとみなした。共産主義の政権が崩壊して、世界はしだいに自由と民主主義の諸国が集まった連邦制を実現していく。人類の歴史はその時点で、発展の役割を終えるというのである。

ところが一九九〇年代になると、中近東諸国の情勢が不安定化しはじめ、歴史は新たな変動に飲まれていった。それまでの中近東諸国は、冷戦構造のもとで、アメリカとソ連という二大大国によって勢力を分割されていた。ところが冷戦体制が崩壊すると、同地域には権力の空白状態が生まれ、イラクのフセイン大統領はこの機会に乗じて小国クウェートへ侵攻する。このイラクのクウェート侵攻に対して、アメリカは多国籍軍を出動して撤退させることに成功するが（「湾岸戦争」）、当時のアメリカのブッシュ大統領は、イラク国家の政治に内政干渉することを避け、フセインを国際法廷で裁くことをしなかった。結果としてフセインの独裁体制はその後も続き、イラクの近代化と民主化は遅れた。かかる事情は、中近東諸国が依然として、「歴史の終わり」には到達していなかったことを示しているだろう。

一九九五年になると、世界はしだいに、新自由主義的なグローバル化を駆動し始める。それを象徴する出来事として、スイスのジュネーブに本部をおくＷＴＯ（世界貿易機構）が、制度上の大きな変革によって、経済自由化のための巨大な権力を発揮できるようになったことが挙げられる。ＷＴＯはそれまで、諸国の合意を取り付けるための意思決定の煩雑さに悩まされてきた。ところがこの年、「逆コンセンサス方式」と呼ばれる意思決定方法が導入され、すべての国が合意しなくても、反対する国がなければ議案を通過させることができるようになった。以降のＷＴＯ

において は、先進諸国の提案する議案が、つぎつぎと議会を通過していく。これによって自由貿易のグローバル体制は、加速度的に実現していった。

もちろんこうした勢いに対しては、当然、批判や反発も出てくる。[197] 例えば、これまで比較的高い賃金を得ていた先進国の労働者たちは、WTOの自由貿易協定を受け入れると職を失うのではないかとの不安から、WTO反対運動を起こし、その動きは世界的なうねりをなしていった。この年以降、反グローバリズム運動は、WTOにその矛先を向けていく。それが大きな社会現象となって噴出するのは、後述するように、一九九九年のWTOシアトル会議においてであった。

九〇年代の後半になると、自由貿易や金融自由化のグローバルな流れは、国家の財政・金融政策の力をしだいに侵食していった。グローバルに解放された条件の下では、国家は自律した政策によって経済成長を導くことができない。グローバル化とともに経済ナショナリズムの理念は影を潜め、代わって海外の投資家たちが諸国の政策を評価するようになった。国家が内向きの反グローバルな政策を施せば、その国から資本が逃避してしまう。海外からの潤沢な資金を得て開発を進めるためには、経済の自由化を進めなければならない。かかるグローバル化の要請が、しだいに威力を増してきた。

ところが一九九七年、こうした新自由主義的なグローバリズムの矛盾が、アジア諸国で一気に噴出する。韓国、タイ、マレーシア、インドネシアにおいて、国際投機家たちの空売りによる通貨危機が生じたのである。[198] とりわけインドネシアでは、一時、約三〇%も通貨が下落した。空売りの主要因として、固定相場制度の脆弱性があげられる。一般に途上国は、固定相場制を採用しているが、経済発展とともに変動相場制へ移行するだろうと期待されている。けれども変動相場制への移行時には、その国の通貨が空売りされる可能性がある。通貨の空売りをかけられると、その国は、自国通貨を買い取らなければならない。ところが国際投機家たちによる一斉の空売り攻勢を浴びると、そのために備蓄しておいた外貨準備の底がつきてしまう。国家はこうして、固定相場制から変動相場制への移行を、なし崩し的に強制されてしまうことになる。これはグローバルな金融権力が、途上国の政治的主権を侵食するという、新自由主義の威力を示しているだろう。

アジア通貨危機に際してもう一つ問題になったのは、政治体制の民主化であった。インドネシアでは、それまで独裁政権を維持してきたスハルト大統領が、IMFの圧力に屈して失脚する。IMFの見解では、開発独裁のもとで経済発展を続けることは難しいのであり、途上国が民主主義体制に移行しなければ、通貨危機後の融資を継続することはできないという。こうしてつまり、アジア通貨危機においてIMFは（もちろんその背後にはアメリカという国が構えている）、先進国による途上国への内政干渉をもたらした。韓国はすでに民主主義の国ではあったが、通貨危機に際してIMFは、経済を実質的に仕切っている同国の「財閥」を解体するように迫った。

アジア通貨危機によって、アジア諸国は内発的に民主化を遂げるのではなく、外圧によって民主化させられていった。かかる事態を、私たちはどのように評価すべきであろうか。注意すべきは、新自由主義のイデオロギーは、各国に民主主義を強要するものではないという点である。新自由主義者は、とにかく経済を自由化することが大切であると考え、そのためには独裁政権すらも容認する用意がある。ところがこれに対して、ＩＭＦは、途上国が民主主義体制に移行しなければ、融資を続けないという強硬な考え方を示した。これはもはや新自由主義ではなく、むしろ新保守主義と呼ばれる別のイデオロギーのなせる業であったといえるだろう。新保守主義は、民主主義の伝統を誇りとする先進諸国（とりわけアメリカ）が、外交面で世界の民主化を主導すべきだと考える。通貨危機後のインドネシアの民主化は、実はこのアメリカの新保守主義によって導かれていた。

　ゼロ年代になると、グローバル化がもたらす世界レベルの経済格差に人々の関心が集まっていった。グローバル化によって、富める者はますます富み、貧しき者はますます貧しくなるのではないか。そのような疑念から、世界各地で反グローバリズム運動が盛り上がりをみせた。その事情については次の「社会運動」の節で説明したい。

　二〇〇五年になると、日本では新自由主義をめぐって、二つの相反するベクトルが拮抗した。一つは、京都議定書（二酸化炭素排出権取引の提案）の発効である。元々、一九九〇年代に構想された制度案であるが、二〇〇五年になって日本がようやく同意したため、発効に至った。この制度は、新自由主義政策の行きすぎに歯止めをかけるための、一つの方向性であった。ところが他方で、当時の小泉純一郎政権は、公約どおりに郵便局を民営化した。小泉政権は、九〇年代後半以降の政策理念を引き継いで、さまざまな規制緩和策を断行してきた。特区制度、地方自治体の施設の指定管理者制度、市場化テストの導入、駐車違反対応業務の民間委託、幼稚園と保育所を一元化した総合施設の許可、混合診療の一部解禁、派遣社員業務の製造業への拡大、等々である。そして政権最大の目玉となったのが、郵便局の民営化であった。この民営化は、新自由主義の政策を推進するための、大きな柱であった。

郵便局の民営化は、他の規制緩和とは大きく意味合いが異なっていた。郵便局の背後には、局長のパートナーや家族、あるいは元郵便局員から構成される「大樹会」という全国組織がある。これまで各市町村レベルで、議員立候補者の選定を実質的に担ってきた。小泉首相は「自民党をぶっ壊す」と言って規制緩和を進めたが、それはこの大樹会という安定した得票マシーンの基盤を掘り崩すことも意味していた。[199] 思想的にみると、郵便局の民営化は、コミュニティを基盤とするトクヴィル的な熟議民主主義の理念に代えて、もっぱら政党の改革力とその人気投票によって運営するという、政党主導の大衆民主政治を導入するものであったといえるだろう。

その後、二〇〇九年に民主党政権が誕生すると、郵便局の民営化を食い止めるための諸政策が検討されているが、民営化そのものを食い止めるための新たなビジョンは提起されていない。民主党の基本的な政策理念においては、一方では法人税の減税や各種の規制緩和によって市場の競争力を強化しつつ、他方では子ども手当てや農家への戸別保障、あるいは消費税の増税等によって、普遍的な（各人のプライバシーに介入しない）政策を実施するという方向性が示されている。

これは、結果としての所得不平等を容認すると同時に、公的サービスの提供の仕方に貨幣原理や選択原理などを導入・許容する点で、新自由主義イデオロギーの基本的な特徴を継承するものといえるだろう。

以上の概観から分かることは、経済の領域においては、グローバル化の遠心力が、新自由主義のイデオロギーとともに与えられてきた、という事実である。こうした遠心力に対して、反グローバリズム運動は、どのように対抗したのであろうか。節を改めて検討してみたい。

1―b 社会運動

過去二〇年間のグローバリズム反対運動を振り返ってみると、最初の大きな出来事は、一九九四年にメキシコで起きた二つの事件であった。日本経済はちょうどバブルの崩壊によって大きな痛手をこうむり始めた時期であるが、メキシコでは、当時の世界の矛盾を象徴する二つの出来事が起きている。

その一つは「サパティスタ蜂起」である。[200] 土地を追われたメキシコ南部の先住民族たちが、反政府軍を組織して武装蜂起した。その背景には同年、アメリカとカナダとメキシコの三国が、自由貿易協定を結んで自由主義化を進めるという、新自由主義的なグローバリゼーションがあった。メキシコは、アメリカやカナダと比べて労賃の安い国であり、自由貿易協定を結べば、多くの企業がメキシコに投資するだろうと期待されていた。実際、自由貿易協定は、メキシコ人に多くの利益をもたらした。ところがメキシコでは、この協定と並行して、政府主導による土地開発を進めたため、先住民族たちは、自分たちの土地を取り上げられてしまった。かかる不当な権力に対して、武力で対抗したのがサパティスタ民族解放軍であった。サパティスタ蜂起は、新自由主義的な開発主義に対抗する武装闘争として、反グローバリゼーションのうねりを象徴する最初の運動となった。

メキシコでは同年、もう一つの事件が起きている。ルイス・コロシオという次期大統領候補が、遊説中に南部で殺されるという悲劇である。一九九四年、メキシコでは新自由主義に親和的なセディ・ジョ政権（一九九四年～二〇〇〇年）が誕生し、自由貿易協定の締結とともに、大量の外貨が投資市場に集まった。ところが自由貿易主義の考えを受け継ぐ次期大統領候補が暗殺されると、国内では政変が起きるのではないかという不安が生まれ、流入した外貨は大量に流出してしまった。政府は通貨ペソの切り下げを断行するものの、結局、通貨危機に陥って政情が不安定になる。こうしてメキシコでは、一方では先住民族の武装闘争によって、他方では次期大統領候補の暗殺によって、新自由主義的な自由貿易政策が阻まれたのであった。現在、サパティスタ武装解放軍が生まれた南部のチアパス州は、事実上の統治権を獲得して解放区となっている。メキシコ政府が進めた新自由主義の政策は、国内統治を難しいものにしたと言えるだろう。

九〇年代のグローバリゼーションは、他方で、諸国の民主化が、外圧によって実現するという皮肉な事態を生み出した。通貨危機が生じなければ、アジアの諸国は、もっとすぐれた民主化を遂げていたかもしれない。ところがアジア諸国は、それまでにアメリカから多額の融資を受けて開発をすすめてきた。それが一九九〇年代後半になって、アメリカのドル高政策によって返済困難に陥ったという事情がある。アジア諸国は、投機家たちの空売り攻勢だけでなく、アメリカからの借金返済にも苦しんでいたのである。

二〇世紀後半の先進諸国は、途上国に返済不可能なほどの多額の融資をして、しだいに途上国への内政干渉を強めていった。こうしたいわば国際的搾取の構造に反対すべく、一九九八年には「ジュビリー二〇〇〇」という、債務帳消しのための反グローバリズム運動が起きている。イギリスのロックグループ、U2のヴォーカリストのボノが呼びかけて、アフリカの最貧国に対する債務帳消しを求めた運動である。「ジュビリー」とは、旧約聖書の外典の一つ、ヨベル書に出てくる話にちなんだ言葉であり、それによると、七年を単位に七回繰り返される期間ののちに、教会は貧しい人の借金を帳消しにするという恩赦を行ったという。「ジュビリー二〇〇〇」は、二〇〇〇年をそのような恩赦の年にしようと訴え、最貧国の債務を帳消しにする運動を展開した[201]。

他方で一九九八年には、後の「9・11テロ事件」(二〇〇一年)につながる事件が起きている。ケニアのアメリカ大使館で起きた同時爆破テロである。死亡者約三〇〇人、負傷者約五、〇〇〇人の被害を出したこの事件は、その犯行声明から、ウサマ・ビンラディンが率いるテロリスト・グループの存在が明らかとなっている。

一九九九年になると、先に触れたように、WTOへの批判が噴出する。アメリカ西海岸のシアトルでWTOの会議が開かれようというとき、世界各国から多くの活動家たちが集結して会議を阻止することに成功する。この反グローバリズム運動を指揮したのは、アメリカの政治家ラルフ・ネーダーであり、彼は二〇〇〇年のアメリカ大統領選にも出馬した大物である。ネーダーは、パブリック・シチズンという団体の指導者であり、この団体を通じて、反グローバリズム運動を指揮していた[202]。彼はシアトル会議の前に、あるカナダの女性弁護士を雇ってカナダ政府からWTOの資料を手に入れ、WTO会議の議案をホームページでリークする。先進国が「MAI（多国間自由貿易協定）」を武器に途上国に自由貿易を迫るというやり方が、途上国の主権（民主的な統治）を侵害するものだと批判したのである。先進国は、実際には保護貿易を行っているが、途上国に対しては自由貿易を強いて、統治力をなくそうと企てている。そのような不公平な貿易協定は、途上国の国家主権を侵害する、というのである。

なおシアトルでの反グローバリズム運動においては、もう一つの団体、ディレクト・アクション・ネットワークが活躍した。この団体は、さまざまな政治的主張をもった人たちが連携して、互いに手をつないで人の輪でもって会場を取り囲み、会議の運営を阻止することに成功した[203]。

こうして一九九九年は、反グローバリズム運動が大きく盛り上がりをみせた時期であった。運動に参加しない多くの人びとも、反グローバリズム運動に大きな関心を寄せはじめた。例えば当時のアメリカの大統領ビル・クリントンも、シアトルの事件に際して反グローバル派の人たちの行動に共感を示し、WTOのやり方を牽制している。

一九九九年から二〇〇〇年にかけて、フランスでは、ジョセ・ボヴェのマクドナルド襲撃事件が起きている。ジョセ・ボヴェは、アメリカのハーバード大学で博士号をとった秀才で、フランスに戻ってからは、チーズ作りの農民となっていた。ところが当時、フランスとアメリカのあいだに貿易問題が生じた。フランスがアメリカ産の牛肉、とくにマクドナルドで用いられるようなホルモン剤を注入した牛の肉に対して関税を引き上げると、アメリカはこれに対する対抗措置として、フランス産の輸入チーズに高率の関税を課した。困ったのは、ボヴェのようなチーズ作りの農民である。フランスの農民は、ホルモン剤を使った牛肉をフランスに売ろうとする業者、とりわけマクドナルドに反発した。ボヴェは抗議の政治的表現として、彼の住む街に新しく開店するというマクドナルドの大きなガラス窓を撤去して、工事の邪魔をした。

ボヴェは牢獄に入れられたが、出獄すると、反グローバリズム運動の旗手として世界的に有名になっていた[204]。マクドナルドの牛肉のように劣悪な食品を世界中に普及するという「マクドナルド化」は、文化の劣悪化であり平板化である[205]。ボヴェのパフォーマンスはそのような劣悪化を招くグローバル化に対抗すべく、文化の矜持（死守すべき誇り）を示したのであった。

二〇〇〇年にはもう一つ、九州・沖縄サミットが開催されたが、あまり報道されなかった。他方で同年には、ペルーの政治を一〇年間主導してきたフジモリ大統領が失脚し、この頃から南米諸国では、しだいに自由貿易主義のイデオロギーが退潮しはじめた（後述）。

二〇〇一年には、反グローバリゼーションの記念すべき祭典「世界社会フォーラム」の第一回会議が、ブラジルのポルト・アレグレで開かれている。それまで国際自由貿易の勢力に対抗する「反グローバリズム」運動は、WTO会議などの集会が開かれるたびに、その開催地に赴いて反対運動を行ってきた。ところがこの年、反グローバリズムの運動家たちは「もう一つの世界は可能だ（another world is possible）」という共通の標語を掲げて、自らの祭典をもつに至った。[206]

この標語はもともと、フランスのアタック（ATTAC）という団体が掲げていたものである。アタックとは、グローバルな権力に対抗するための権力基盤として、為替取引税の導入（元々は経済学者J・トービンの発案）を提案し、世界的な統治機構のための財源確保を目指す団体である。例えばドルと円を取引するとき、そこに微率の取引税をかければ、その税収によって国際的な公共機関を運営することができよう。このアタックの構想は、必ずしも「世界社会フォーラム」のメンバー全体に共有されたわけではない。けれどもグローバリゼーションに対抗する「もう一つの世界」をデザインするというその姿勢は、世界社会フォーラムの理念にも受け継がれていった。

なお同年には、イタリアのジェノバで開かれたG8サミット（先進国首脳会議）に対して、大がかりな対抗運動が起きている。一部の民衆は暴徒化し、警察権力とせめぎあった。警察側は先進諸国のグローバルな支配のために、国家権力を不当に行使しているのではないか。民衆は、圧倒的な権力を前にしてひれ伏すことしかできないのか。民衆の姿がさまざまに報じられたが、このジェノバ・サミットは、主催国が反対運動に対応するための大きな教訓を与えたといえるだろう。サミットの成果（先進諸国の権力誇示）よりも、反対運動の成果（民衆の不満の表現）のほうが、衝撃的に報道されたからである。以降のサミットは、先進国の主要都市では開催されなくなっていった。

二〇〇一年の終わりには、WTOの会議がカタールのドーハで開かれている。この会議では、反グローバリズム運動が生じないように、細心の注意が払われた。ところが翌一月、ワシントンでIMFと世界銀行の総会が開かれると、アメリカ中の反対派が集まって抗議運動を展開した。

反グローバリズム運動は、この時期からしだいにWTOを標的にせず、G8サミットに批判を集中させていった。その理由は、およそ二つあるだろう。一つには、WTOの組織内部において、ブラジルなどの新興国が発言権を増して組織改革が進み、交渉の仕方は「新多角的貿易交渉」へと変化したことが挙げられる。これによって自由貿易の協定は、国の個別の事情に応じやすくなった。もう一つには、とりわけ先進諸国においては、自由貿易協定に対する批判は正規雇用者の生活を守るけれども、非正規雇用者の生活を守らないという問題がある。自由貿易を阻止すれば、先進諸国の大企業は、諸外国の企業との競争を強いられず、安定した経営を維持できるので、正規雇用者たちの雇用は安定する。ところがその恩恵を受けないのが非正規雇用者であり、彼らはWTO批判よりも、もっと政治的な支配－被支配の問題へと関心を移していったと考えられる。

G8サミットとは、先進諸国の支配層が集まる祭典である。この会議に向けて、各国政府は約一年間をかけてさまざまな行政努力を重ね、その総決算として会議に集結する。かかる政治の手続きは、グローバルな問題をめぐる国内の意見調整を、国会のためにではなく、G8サミットのためにする点で、きわめて超国家的といえる。むろんG8サミットは、世界を民主的な仕方で統治することはできない。そこで諸国の民衆は、G8サミットに集うエリートたちが、いかに醜いか、卑怯か、悪しき権力者であるか、ということを戯画的に描いて告発する戦略に出た。民衆は、オルタナティブな祭典を組織化することでもって、世界を別の仕方で民主化するための契機を示そうとした。反グローバリズムのエネルギーは、そのような反権威の運動へと転じていった[207]。

二〇〇五年になると、アイルランドで行われたG8サミットに合わせて、イギリスのロンドンにおいてバスと地下鉄を用いた同時多発テロが起きている。五六人の死亡者を出したとされるこの惨事には、アルカイダをはじめ、いくつかの組織から犯行声明があったが、真相は明らかにされていない。三人の実行犯は、自分が所持していた荷物が爆弾とは知らず、雇われ仕事で自爆を余儀なくされたという。いずれにせよこの事件は、G8体制に対する批判として世界に衝撃を与えた。

また同年、このテロ事件に応じるかのように、アイルランドの歌手、ボブ・ゲルドフの提唱で「ライブエイト（LIVE8）」と呼ばれるチャリティー・コンサートが世界同時に行われている。サミットとほぼ同時に開催されたこのコンサートは、アフリカ諸国に対する経済的支援を訴え、東京、ロンドン、フィラデルフィア、パリ、ローマ、ベルリン、トロント、ヨハネスブルグ、エディンバラ、モスクワの八都市で、何百万もの観客を動員した。

ところが、このアフリカ支援運動の一部である「ホワイトバンド・プロジェクト」は、日本では苦い教訓を残すことになった。[208] 当時、元サッカー選手の中田英寿がコマーシャルに出て、「ほっとけない世界のまずしさ」というフレーズのもとに、世界の貧困を救おうと呼びかけた。一つ三〇〇円の白いリストバンドを買ってこれを身につけると、それが貧困を救うための意思表明になる。世界全体では、六五〇億円程度の売り上げとなり、日本でもよく売れ、売り上げにして一三億円、純利益にして五億数千万円程度の利益が出た。ところがホワイトバンド・プロジェクトのために集まったお金は、最貧国に寄付されたわけではない。そのほとんどは、広告費とロビー活動費に用いられた。例えば、東京タワーをイルミネーションで夜間ライトアップすることに、二日間で一、三〇〇万円が用いられたりもした。むろん、かりに六〇〇億円を最貧国の債務削減のために用いたとしても、たかだか数日分の債務削減にしかならないだろう。ところがイギリスのロックシンガーたちは、この額でG8（先進国の首脳たち）に働きかけ、全体として六兆円ほどの債務を帳消しにすることに成功したのであった。

二〇〇七年になると、ドイツのハイリゲンダムという小さな港町で開かれたG8サミットに対抗する、過激な反対運動がおきた。[209] この運動に参加した世界中の民衆たちは、上下黒い服を着て、黒い目出し帽をかぶっていた。というのも、機動隊と衝突したときに、誰が投石したかわからないようにするためである。約八万人の参加者のうち、二、〇〇〇人が捕まったといわれるが、物証がないまま、取り調べで不起訴処分になるケースが多かったという。

二〇〇八年には、北海道の洞爺湖でサミットが開かれている。その数か月前から、日本各地でさまざまな催し物がつづき、お祭りムードとなっていた。例えば、サウンドサミットと称して、ロックバンドがライブをする。サミットを基本的に支持するNGOフォーラムが、全体として二〇〇から三〇〇ぐらいの催し物を組織化する。あるいは、先住民族や少数民族の世界的会議が注目され、サミットの直前には、先住民族アイヌの権利法案が国会を通過してもいる（自民党による議員立法）。このほか、中学生によるジュニア8（J8）サミット、世界大学サミット、環境総合展という名のビジネスの祭典、等々が同時に開催され、日本はこの時期、世界の諸問題について考える機会をさまざまに得た。

洞爺湖サミットが示した意義は、大きく二つあるだろう。一つは、先進諸国が地球温暖化問題に対処する姿勢を明確に示したこと（後述）。もう一つは、日本政府がNGOを含めた民主的意思決定過程を組織化したことである。

一国の政府組織では、国民国家を超えるグローバルな問題にうまく対応することができない。かといって国連を通じた解決は、あまりにも広範な民主的手続きにしばられるために実効性が乏しい。そこでG8サミットに望まれる役割は、先進諸国の政府が、G8サミットに向けてNGO等のグローバルな組織と連携を深め、世界的で民主的な議論を醸成することである。まず政府は、一国内部の民主的な手続きとして、各省庁とNGO市民の連携による熟議をはかった。これまでバラバラに活動してきたNGO市民たちは、この機会にネットワークを形成し、コミュニケーションを通じてオルタナティブな制度を提案することができるようになった。こうして、洞爺湖におけるG8サミットは、それまでG8サミットに批判的だったNGOの多くを取り込んで、国家を超える民主主義の実践を醸成したのであった。

こうした、政府によるNGOの包摂という動きに対して、もちろん、批判的な民衆もいた。そのような民衆は、かつてフランス革命期の民衆がそうであったように、権威をあべこべにするような祭典（例えばピース・ウォーク）を通じて、自身のグローバルなエンパワメントを企てた。G8サミットに対抗して、世界中の虐げられた民衆が集まり、それぞれの国内で問題となっている事柄を世界に向けて同時発信する。あるいは反グローバリズム運動そのものをインターネットで動画配信していく。こうした試みは、世界の支配層に対抗する国際世論の形成を担う、オルタ・グローバリゼーションの運動と言えるだろう。

反グローバリズム運動は、しだいに二つの流れに分岐していった。一つは、G8サミットのための熟議民主主義に参加するNGOであり、もう一つは、そのような熟議過程に対抗する民衆の勢力である。はたして民衆は、G8サミットの政治過程に取り込まれつつ、一定の地位と役割を与えられたNGO市民として、世界を上から変革していくべきなのか。それとも政府側には取り込まれずに、むしろ政府の警察権力に迫害されるような行動でもって、国際世論に訴え、「迫害による連帯意識」を醸成していくべきなのか。もともと新自由主義的なグローバリゼーションに批判的であった市民たちは、選択を迫られた。

グローバリズムの遠心力は、それだけでは人々の潜在能力を刺激しない。人々の潜在能力を活性化するためには、一方では、熟議民主主義の過程が必要であり、他方では、体制に抗する反グローバリズム運動が必要になってくる。「ロスト近代」の社会は、両方のエンパワメントを求めている。いずれにおいても、人々の潜在能力を活性化し、社会を新たに駆動する源泉を呼び込むからである。

Ｇ８側と反Ｇ８側の拮抗関係は、新たな民主主義の壮大な実験を示しているだろう。そもそも私たちは、国家を超える民主主義がどんな実質をもちうるのかについて、確定したビジョンをもっているわけではない。世界全体を民主主義的に統治するといっても、世界には国民の代表者を送り込むような機関が成熟していない。そこで私たちは、民主主義の根源的な地点に戻される。民主主義とは、その本質的な意味においては、「民衆（デーモス）のエネルギーをエンパワーする」ことである。民衆が活躍し、民衆が自らの勢力関心を満たしていく。そのようなプロセスがなければ、世界規模の民主主義は、実質的な内容をもたない。いまだに民主的な制度が成熟していないところで必要とされるのは、代表されざる民衆の政治的登用であり、また、代表されざる民衆の世界的な連帯である。洞爺湖サミットが示したのは、そのような世界民主主義に向けての一歩であったといえるだろう。二〇〇八年には同時に、第一回の「世界二〇か国・地域首脳会議（Ｇ20）」が開催され、以降毎年開かれることになるが、これは世界的な民主主義の手続きを拡張していく試みであり、新しいエリート層の支配権を拡大する試みであろう。

1—c　政治

　最後に「政治」について検討してみたい。過去の二〇年のあいだに、世界はしだいに新自由主義的なグローバル化を遂げてきたといわれるが、政治体制に関するかぎり、新自由主義を阻止するための動きは、いろいろと企てられてきた。

　イギリスでは一九九七年に、一八年ぶりの労働党政権（ブレア政権）が誕生し、九八年には、ドイツで一六年ぶりに社会民主党が第一党となって、緑の党との連立政権（シュレーダー政権）が成立している。フランスでは九七年に社会党が第一党となり、同じく緑の党との連立でジョスパン政権が誕生した。九九年四月には、アメリカのクリントン大統領がドイツ、イギリス、イタリア、オランダの首相を招いて「第三の道」に関する会議を開き、この立場を支持することを表明している。また日本においては、とりわけ小渕恵三政権（一九九八年〜二〇〇〇年）以降、ケインズ型公共政策や政府による銀行・民間企業の救済策が支持されるようになり、新自由主義を支持してきた多くのエコノミストたちもまた、この政策転換を支持したという経緯がある。小泉純一郎政権になってから自民党の政治を新自由主義と同一視して批判する向きも多々あったが、二〇〇六年に安倍晋三政権が誕生すると、「美しい国づくり」を標語に、道徳的な一体性を強調する新保守主義のイデオロギー色が強まっていった。

　ゼロ年代になって、新自由主義に対抗する勢力が、新保守主義となって現れたことは強調するに値しよう。その転機となったのは、二〇〇一年における「9・11テロ事件」であった。イスラム教の過激派グループ、アルカイダのメンバーたちが、二機の飛行機をハイジャックして、ニューヨークのマンハッタンにある世界貿易センター（ツイン・タワー）に突っ込んだ。ちなみに筆者はこのとき、ニューヨークに滞在していたために、この事件に大きな衝撃を受け、またその後生じた炭疽菌事件の恐怖にも悩まされることになった。郵便物で白いパウダーが入ったものが送りつけられると、その粉を吸いこむだけで死に至る。約三か月のあいだに、ニューヨークでは八名が亡くなっている。

9・11テロ事件は、世界史を塗り替える事件であった。それ以前のアメリカは、IT産業の成功とグローバル経済の恩恵を謳歌していた。ところが事件後、民衆のあいだに新たなナショナリズムの意識が芽生え、その意識は祖国防衛の愛国心と結びつき、二〇〇三年のイラク攻撃へと結実した。かかるアメリカ人の意識変化は、グローバル化の意味を変容させていった。それまでのグローバル化とは、国際自由貿易の利益とその矛盾を主題として論じられていた。ところがアメリカ人の多くは、しだいに「アメリカによる世界支配」という、いっそう大きな問題に目を向け始める。9・11テロ事件から約一週間後のアメリカの新聞『フィナンシャル・タイムズ』は、痛烈なアメリカ批判の記事を載せている。映画「スターウォーズ」に登場するダースベーダー（闇の支配者）が、アメリカの国旗をまとって地球を抱えるというイラスト付きで、アメリカ批判を前面に押し出したものである。アメリカは世界をダースベーダーのように支配しようとしているのではないか。そういった警告が、アメリカ人の心に響くようになっていた。

新自由主義と呼ばれる国際自由貿易の現実は、アメリカに経済的な富を集中させるという一極支配の構造をもたらしたが、その矛盾のなかで「9・11テロ事件」が起きたとすれば、アメリカ人はいったい世界に向けて何をすべきなのだろうか。この問いかけに対して、アメリカ人は、自らが誇る民主主義の原理を、世界に輸出する使命を負うべきではないかと考えた。二〇〇一年から二〇〇二年にかけて、アメリカが最初に試みたのは、アフガニスタンのタリバン政権を打倒し、そこに民主政権を樹立することであった。かくして現在のカルザイ政権は、いわばアメリカの傀儡政権としてアフガニスタンの統治にあたっている。

二〇〇三年三月になると、イラク戦争が勃発する。当時のアメリカのブッシュ政権は、イラクに大量破壊兵器があると断じてイラク攻撃に踏み切ったものの、結果として大量破壊兵器は見つからず、アメリカのイラク攻撃は、正当性のない、無根拠な突入であったことが判明する。アメリカは、なぜこれほど軽率な誤りを犯してしまったのか。その背後には、どんな理由であれイラクを民主化すべきであるという、強権的な外交思想があった。「新保守主義（ネオ・コンサーヴァティズム）」、略して「ネオコン」と呼ばれるその思想は、9・11テロ事件後のアメリカ国民を支配した意識でもあった。アメリカは、たんなる経済的自由主義の国ではない。その誇るべき能力として、民主主義の原理を他国に輸出することもできる。そのようなプライドの意識に導かれて、アメリカはイラクを民主化すべく軍事介入を試みたのであった。

新保守主義には、国内政策と対外政策の二つの顔がある。[210] 国内政策においては、宗教その他の中間集団を動員して、弱者の自力救済を支援するという点に大きな特徴がある。これに対して対外政策においては、世界を民主化する使命感をもつ点に（最近の）特徴がある。歴史が示すところによれば、国家間の戦争は、民主主義国同士のあいだではほとんど生じていない。一万人以上の死者を出すような戦争は、これまで民主主義国同士の間では起こっていない。だから諸国を民主化すれば、世界はもっと平和になると展望できるのではないか。もちろん、武力介入でもって諸国を民主化することは危険である。新保守主義の問題性は、そのような正当化できない武力介入を、目的＝結果の観点から正当化してしまう点にあるだろう。いずれにせよ新保守主義の思想は、新自由主義的なグローバル化に代わる、新たなグローバル化（すなわち民主主義の移植）をもたらしたのであった。

新保守主義はその後、しだいに衰退していった。もはや武力介入による諸国の民主化は、イラク以外に適用できないのではないか。イランや北朝鮮への武力介入は無効ではないか。グローバリズムと反グローバリズムの相克は、ふたたび、新自由主義の是非をめぐる問題圏へと戻っていった。

ちなみに二〇〇四年には、イラク戦争の余波を受けて、イラクで日本人の人質事件が起きている。はたして危険地域に赴いた日本人は、人質になるというリスクを、自己責任で受け入れるべきなのか。新自由主義のイデオロギーは、リスクの責任を、国家ではなく個人に負わせようとする。しかしこうした原則を人質の問題に適用できるのか。新自由主義をめぐる是非が、かかる問いに投影されて日本の世論を二分した。

二〇〇九年になると、アメリカでは第四四代の大統領にバラク・オバマが就任する。演説の巧みさから人びとの心を捉え、カリスマ的な指導力を発揮している。核兵器の削減のための姿勢を示したことで、オバマははやくも同年九月にノーベル平和賞を受賞し、また二〇一〇年三月には、国民皆保険制度のための礎となる医療制度改革法案を国会で通過させることに成功した。こうした成果は、アメリカでは、軍事行動を重んじる新保守主義との決別を意味すると同時に、自由市場を重んじる新自由主義への抵抗を意味するだろう。むろんオバマの政治は、その他の場面ではきわめて現実主義的であり、これら二つの改革によって、新保守主義や新自由主義の思想が葬り去られたわけではない。

国際機関に目を向けると、ＩＭＦは九〇年代になって、途上国に資本の自由化を迫るためのアジェンダ＝「ワシントン・コンセンサス」を次第に解除して、あらたに「ポスト・ワシントン・コンセンサス」と呼ばれる綜合的な政策を打ち出した。この転換はすなわち、新自由主義イデオロギーの衰退を意味している。かかる転換を受けて、反グローバリズム運動は、ＩＭＦの新しい政策理念についてはほとんど批判せず、むしろ容認しているようにみえる。二〇〇七年になると、ＩＭＦの議長にドミニク・ストロス・カーン（フランス労働党の元党首）が選ばれ、ＩＭＦは、途上国に民営化や自由化を迫らずに融資を続けるという、政策の方向転換を図っている。

その背景には、南米諸国のＩＭＦ離れという現象があるだろう。もはや南米諸国はＩＭＦからの融資に頼らなくても、経済開発のための資金を集めることができるようになった。南米諸国では最近になって左派政権が多く誕生し、ＩＭＦによる経済支配の体制からしだいに離陸しつつある[211]。

一九九九年、ベネズエラでは、元軍人のウゴ・チャベスが大衆の心をつかんで大統領に就任し、南米において最も急進的な反米左派政権を打ち立てた。彼は、民営化された電話・電気事業をもう一度国有化し、あるいはＩＭＦの返済を完了して新しい銀行をつくり、世界中の投資家からお金を集めることに成功している。ブラジルでも、二〇〇三年に左派政権が誕生し、貧しい農家に生まれた大統領、ルイス・イナシオ・ルラ・ダ・シルバは、それまで鉄鋼労組の委員長を務め、労働者党を立ち上げるという実績をあげている。ボリビアでは、二〇〇六年、エボ・モラレスが初の先住民族大統領として選ばれ、彼はキューバやベネズエラと緊密に連絡を取りながら、新自由主義体制への敵意を鮮明に打ち出し、天然ガスの国有化に成功している。チリでは同じく二〇〇六年に、ミシェル・バチェレが女性初の大統領に就任し、アジェンデ社会主義政権に協力した父（ピノチェト独裁政権時に獄死）の遺志を受け継ぎながらも、現実的な左派政治を運営している。アルゼンチンでは二〇〇三年にネストル・キルチネル大統領が就任すると、反新自由主義の方向へと政策を舵取ることで、対外債務の返済と経済成長を遂げている。また二〇〇七年になると、今度は大統領の妻が出馬して次期大統領となり、急進的な経済社会政策を続けている。

このほか、ウルグアイでは二〇〇五年にタバレ・バケス大統領が左派政権を打ちたて、ニカラグアでは、二〇〇七年にダニエル・オルテガが八五年の大統領就任から返り咲いて就任している。エクアドルでは、左派経済学者のラファエル・コレアが反新自由主義政策をすすめるものの、世界銀行やＩＭＦとの関係が悪化して辞任に追い込まれた。パラグアイでは、元左派カトリック神父のフェルナンド・ルゴが大統領となり、それまで六〇年以上続いたコロラド党支配を終焉させている。

こうして南米では、次々と左派政権が誕生している。ブラジルとアルゼンチンという、南米で最も経済的に成功した国は、二〇〇六年にＩＭＦの借金を返済すると宣言し、ＩＭＦの経済支配から離脱した。他国もこれに続き、以降のＩＭＦは、次第に世界的影響力を失っていった。

加えて先述したように、ＷＴＯは、貿易の自由化交渉を、先進国の主導で行うことはせず、国家間の個別交渉にゆだねる方向を示しており、いわば上からの強制的自由化という権力行使を避けるようになっている。さらにＧ８サミットは、とりわけ洞爺湖サミット以降、温暖化対策に積極的に取り組んでいる。

地球温暖化対策についていえば、反グローバリズム運動は、エリート主導の政策を真っ向から否定することが難しいように思われる。現在、地球温暖化に対する取り組みは、次の四つの機関によって複合的に展開している。(1)京都議定書、(2)Ｇ８サミット、(3)アジア太平洋パートナーシップ、(4)国連の気候変動枠組み条約（バリ・ロードマップ）である[212]。このうち、(1)の京都議定書は、二酸化炭素排出権の取引によってその排出量を減らしていく取り決めであるが、しかし経済大国のアメリカがまだ参加していないことから、その実効性は大きく制約されている。(3)のアジア・太平洋パートナーシップは、アメリカを中心とした組織であり、アメリカの企業が年に一回話し合って、自主努力によってできることから始めようという限られた取り組みである。(4)の国連の気候変動枠組条約は、インドネシアのバリで開かれたことから「バリ・ロードマップ」とも呼ばれるが、国連に参加しているほとんどの国が参加するため、とくに実効性のある対策を打ち出しているわけではない。むしろ「バリ・ロードマップ」は、まず先進国が二酸化炭素の排出量を減らすべきだと訴え、先進国に責任を負わせようと主張している。

こうしてつまり、(1)は最も厳しい環境政策だが参加国が少なく、(3)と(4)はあまり実効性がない。そこで(2)のG8サミットに、別の役割が期待されることになる。実際、二〇〇八年の洞爺湖でのG8サミットにおいて、日本政府は、二〇五〇年までに二酸化炭素の排出量を半減させると提案した。二〇五〇年になれば、日本の人口はかなり減ると予測される。すると二酸化炭素の排出量も激減するだろう。短期的にはともかく、こうした長期の方向で考えれば、実現できる可能性も高い。長期のビジョンをめぐって、先進国の首脳たちが互いに提起しあい、その政治的パフォーマンスを評価する空間がG8に生まれるならば、各国の首脳は、世界的な名声を得るべく、競って環境問題に取り組むようになるだろう。G8に期待できることは、環境をめぐって、名声をとどろかせるための公共空間を確保することではないだろうか。

むろん、地球がはたして温暖化しているのかどうかについては、批判的な検証が必要である。地球はもしかすると、これから寒冷化するかもしれない。いずれにせよ問題の本質は、限られた天然資源の争奪であり、資源の枯渇に備えて新しい環境技術や生産技術を開発した国が、長期的には経済的に成功すると予測される。温暖化にも寒冷化にも対応するエコ商品の開発は、今後の日本経済が目指すべき方向と言えるだろう。そのためには市場競争主導の経済発展に代えて、政府主導の経済開発が求められているように思われる。

以上をまとめると、「ロスト近代」の政治においては、新自由主義のイデオロギーよりも、軍事的にもっと強力な遠心力を働かせる新保守主義のイデオロギーが、一方で台頭してきたことが分かる。他方では、諸国で社民政権が誕生したり、あるいはＩＭＦやＷＴＯの組織が変容したり、また、地球温暖化対策が国際的に制度化されるなど、新自由主義の遠心力を飼いならすための、さまざまな制度が生成してきた。新自由主義に対抗したのは国家ナショナリズムと軍事的な遠心力としての新保守主義であったが、これに対して新自由主義を飼いならそうとする勢力は、「ロスト近代」の資本主義を駆動するための環境を作り出してきたように見える。最後に、この点について考察してみたい。

2 新自由主義の変容

新自由主義的なグローバリゼーションは、次第にその猛威を飼いならされてきた。ヨーロッパではすでに、九〇年代の後半から社会民主主義への回帰がみられる。また南米諸国では反新自由主義の政権が次々と誕生し、ＩＭＦの支配から離脱している。ＷＴＯは現在、分散型の国家間協定を重視する方向に向かっており、中央集権的な権力行使を避けつつある。加えてＧ８は、環境問題に取り組むための場として、新たな役割を持ちはじめている。

また、世界のマクロ・データを検討するかぎり、ある程度の国富水準に達した諸国は、もはや経済活動をそれ以上に自由化しても、国富を増大させるとはかぎらない[213]。先進諸国においては、経済的な自由化を推進する新自由主義の考え方は、必ずしも経済成長を実現しない。経済発展のためにはむしろ社会民主化すべき余地が、十分にあるだろう。そこでもし世界がしだいに社民化するならば、新自由主義の体制は、歴史的な役目を終えるかもしれない。すると同時に、反グローバリズム運動の側も、運動理念の変容を迫られるだろう。

すでにアイルランドにおける二〇〇五年のＧ８サミットでは、イギリスの反グローバリズム運動が、運動の指針や組織化をめぐって大きな難題に直面したことが、活動家たちの反省として語られている[214]。反グローバリズム運動の失速は、新自由主義イデオロギーの飼いならしと共犯関係にある。「ロスト近代」の社会が、人々の潜在能力を活性化するためのさまざまな装置を取り入れるならば、反グローバリズム運動の意義はすでに一定の成果を挙げたとみることができよう。反グローバリズム運動とは、人々の「潜在的可能性」を剝奪するグローバリゼーションの「遠心力」に抗して、潜在的可能性の実現（全面開花）を掲げるものであった。それは「ロスト近代」の駆動因を掴み取るための試みであったとも言える。その試みは、グローバル化との弁証法を通じて、さまざまなかたちで制度の中に体現されていったように思われる。

　では、今後の反グローバリズム運動は、いかなる方向に向かうのであろうか。それは象徴的な権力闘争において霊的超越をとげるために、祝祭的なアナーキー空間の実現に向かうだろうか。[215]それとも、国際連帯税のような新しい民主統治の財源を求めて、ネット・メディアを駆使した世界的な世論形成へと寄与する方向に向かうだろうか。アナキズムか、連帯か。また後者の場合、G8が取り組む環境対策に対して、これを支持するための世論形成を企てるのか。それとも、環境政策など先進諸国のイデオロギーに過ぎないと退けるのか。さまざまな問題に応答を迫られることになるだろう。「グローバル化の遠心力」に対抗する「反グローバリズム運動＝潜在能力の発現」という単純な対立構図は、もはや成り立たないかもしれない。人々の潜在能力の発現は、すでに「ロスト近代」社会のなかで、さまざまな仕方で機会を与えられてきた。ある意味で反グローバリズム運動とは、人々の型にはまらない潜在力というものが、いかにして「ロスト近代」という時代のモードになるのか、その組み込みに関する試行錯誤の歴史であったとみることができるだろう。

今後、グローバル社会の問題の中心が、一国経済に対する新自由主義の遠心力ではなく、地球規模の環境問題への対応となったとき、反グローバル派の運動は、もっと積極的に、はたして環境駆動型の資本主義経済とはいかにあるべきか、という問いを引き受けなければならない。反グローバル派の「潜在能力」への関心がそのような方向に向かったとき、「ロスト近代」はさらなる駆動因を得るだろう。次の二つの章では、とりわけ3・11以降の環境問題に照準して、「ロスト近代」社会の駆動因を検討してみたい。

第7章

3・11大震災と原発事故を考える[216]

0　はじめに

二〇一一年三月十一日、東日本の広範な領域を襲った大震災とその後の原発事故は、日本社会のあり方を根底から揺るがすほどの衝撃を与えている。もはや私たちは、以前の思考習慣に戻ることができない。「原発は安全である」とみなしてきた私たちは、それがたんなるプロパガンダ（宣伝広告）にすぎなかったことを、嫌というほど思い知らされてきた。「3・11」と呼ばれることの大災害は、「明治維新」（一八六八年）や「敗戦」（一九四五年）と並ぶほど大きな時代の転換点になるのではないか。そんな予感が私たちを捕らえている。一八世紀に君臨した帝国ポルトガルが勢力を失った原因の一つは、リスボン大地震（一七五五年）であった。日本もまた当時のポルトガルと同様に、「3・11」を境にして衰退の道をたどるのではないか。漠たる危機感が私たちを覆っている。

しかし、日本の未来を悲観するのは早急であろう。本書の観点からすれば、「3・11」が与えた衝撃は、いわば「ロスト近代」の発現であったと言える。ロスト近代とは、「3・11」の前からしだいに芽生えてきた時代の新たなモードであり、それは「ポストモダン」とは別の駆動因によって動かされている。その新たなモードが、「3・11」大災害とともに、急速に流布しているのではないだろうか。本章では、「3・11」によって露わになった「ロスト近代」の特徴について、これを「明治維新」や「敗戦」などと照らしながら、掴んでみたい。

1 文明の視点で考える

1－a 明治維新と文明開化

3・11以降の現代社会は、「第二の文明開化」ではないかと言われている。「文明開化」とは、江戸の幕藩体制を崩壊させ、明治政府のもとで「近代化」を推進した新しい精神の勃興であった。いまそれが、新たな段階で必要とされているのではないか。

江戸の幕藩体制に対比される現代の組織は、日本のエネルギー業界である。現代の幕府とは「電気事業連合会」のことであり、この幕府のもとに、東京電力や中部電力あるいは関西電力といった「御三家」が座しており、北海道電力をはじめとする「親藩大名」がその脇にいるという構図である。電気事業連合会は、国会や審議会などにおいて、自身の意向を非民主的な仕方で反映させてきた。この電力幕藩体制において、国の原子力エネルギー政策の中核をなす「原子力・安全保安院」は、超越的な権威として君臨してきた。現在、この組織は「原子力村」などと呼ばれ、その閉ざされた性質が批判されているが、この権威を超えるための「第二の文明開化」が求められているとすれば、その典拠とすべきはやはり、まずもって福沢諭吉の『学問のすゝめ』ではないだろうか。

福沢諭吉の『学問のすゝめ』は、明治の文明開化を支えたベストセラーであった。明治五年（一八七二年）から九年にかけて、合計一七の小冊子で出版され、各編約二〇万部、合計四〇〇万部も売れている。前半の八編までは、ウェーランドの『修身論』（一八三五年）の翻訳・翻案が少なくない。福沢はここに、アメリカの民主主義論を持ち込んで、次のように主張した。すなわち、国民の多くが無知ならば、政府はそのような愚民を支配するために、威光で脅すしかない。無知な人民は、非道な政府に支配されるほかない。しかし、「人民もし暴政を避けんと欲せば、すみやかに学問に志しみずから才徳を高くして、政府と相対し同位同等の地位に登らざるべからず。これすなわち余輩の勧むる学問の趣意なり」。つまり、私たちが政府の暴政を避けることができるとすれば、政府の官僚に見劣りしないレベルにまでに、自身の知識と才能を向上させなければならない。政府官僚に知的に対抗し、官僚に代替しうる能力を備えた人間にならなければならない。これが「文明開化」における学問の目標である、と主張されたのであった。

加えて福沢諭吉によれば、学問を志す人は、すぐれた文明の遺産を受け継いで、時代の進歩の先頭に立ち、限りなき前進を続けなければならない。「わが輩の職務は今日この世に居りわが輩の生々したる痕跡を遺して遠くこれを子孫に伝うるの一事にあり。その任また重しというべし。」「学問の本趣意は読書のみにあらずして精神の働きにあり。この働きを活用して実地に施すにはさまざまの工夫なかるべからず」。

私たちは歴史に新たな一歩を付け加えるために、知識にさまざまな工夫を凝らして、これを実用しなければならない。またそのために、観察・推論・読書によって知見を集め、会話・議論によって知見を交換し、著書・講演によって知見を広めなければならない。福沢諭吉の『学問のすゝめ』は、身分社会からの脱却を図る明治という時代にあって、近代的な市民として生きるための、一つの生き方のモデルを提供した。身分社会においては、農民は農民から学び、漁民は漁民から学び、武士は武士から学ぶという具合に、同じ階層の人々が生き方のモデルを与えていた。ところが近代化とともに、地位や身分の流動性が高まると、人々は将来の自分の生き方について、いっそう多くの試行錯誤を迫られる。社会全般について広く知るための「教養」が必要となってくる。市民社会における学問とは、「自分の親の生き方をモデルとするだけではとうてい不足だ」という認識から出発している。福沢諭吉の『学問のすゝめ』が売れた背景には、身分流動社会における「教養」のニーズがあったと言えるだろう。

そして現在、私たちに求められている知識もまた、新たな「教養」ではないだろうか。それは第一に、国の電力政策を司る官僚機構に対抗するための「市民的リテラシー」であり、政府の暴政に対抗するための知識である。また第二に、新たな教養は、これまでのような原子力エネルギーに依存した生活から脱却するための、新しい生き方を模索するものでなければならない。電力を節約して、代替エネルギーの可能性を探るためには、もはや親世代の生き方をモデルとするだけでは、とうてい不足である。「ポスト近代」のきらびやかな消費生活とは異質の、「ロスト近代」の生き方が求められるゆえんである。そのために必要な精神は、明治維新に匹敵する「第二の文明開化」であるだろう。

藤田省三によれば、「（明治）維新の精神」[217]とは、志のある者たちが互いに横断的なコミュニケーションを試みることによって、新たな体制を築く点に特徴があった。それまでの「幕藩体制」においては、改革のための意見は、すべて上へ上へと吸い上げられ、藩主とその周辺の人々が最終的な意思決定をくだしてきた。ところが明治維新においては、「横議」が発生し、「脱藩」の浪人たちが全国を「横行」するようになる。旧社会を飛び出した「志」ある者たちが天下国家を論じ、新たな体制を構築していった。すべては「横議横行」のなかで進行した。現在求められる「第二の文明開化」も、そのような横のつながりによってもたらされるのではないだろうか。

1―b　第二の敗戦

「明治維新」から私たちが学ぶべきは、新たな社会改革の精神であり、「電力」と「環境」をめぐる意識の文明開化である。これに対して、私たちが「敗戦」から学ぶべき事柄は何であろうか。福島第一原発の事故は、「第二の敗戦」とも呼ばれている。第一の敗戦、すなわち、第二次世界大戦における日本の敗戦は、勝つ見込みのない戦争に、幹部の誰もが無責任のまま突き進んでしまった点に問題があった。同様に、福島第一原発の事故の背景には、核燃料廃棄物の最終的処分方法の見通しがないままに、原子力エネルギー行政に携わる幹部の誰もが、無責任のままエネルギー開発事業に突き進んできたのではないか、という問題が指摘されている。再処理や採算の見込みがないままに、政府は原子力発電所を作り続け、挙句の果てに大事故を起こしてしまった。私たちはこの「第二の敗戦」を、どのように受けとめるべきだろうか。参考になるのは、丸山眞男の超国家主義批判である。

丸山眞男の論文「軍国主義者の精神形態」（一九四九年）[218]は、第二次世界大戦を遂行した日本の幹部たちが、いかに無責任な意識しか持ちえなかったかについて、批判的に分析したものである。例えば丸山は、戦後の裁判過程において、キーナン検察官が書いた次のような最終報告書に注目している。

「元首相、閣僚、高位の外交官、宣伝家、陸軍の将軍、元帥、海軍の提督及内大臣等より成る現存の二十五名の被告の全ての者から我々は一つの共通した答弁を聴きました。それは即ち彼等の中の誰一人としてこの戦争を惹起することを欲しなかったというのであります。これは一四カ年の期間に亙る熄《や》み間もない一連の侵略行為たる満州侵略、続いて起った中国戦争及び太平洋戦争の何れにも右の事情は同様なのであります。……彼等が自己の就いていた地位の権威、権力及責任を否定出来ず、又これがために全世界が震撼する程にこれら侵略戦争を継続し拡大した政策に同意したことを否定出来なくなると、彼等は他に択ぶべき途は開かれていなかったと、平然と主張致します。」[219]

丸山によれば、日本の権力者たちは、自らの責任において戦争を遂行したのではなく、すでに戦争が拡大されているという「既成事実」を受け入れて、「それ以外に為すすべはなかった」という意識でもって、戦争の拡大を是認したという。幹部たちは、既成事実に屈服し、無責任な権力を行使してきた[220]。丸山はこうした「無責任の体制」を告発し、これに代わって、自らの決断に責任をとりうる近代的な主体像を理想として対置したのであった。

むろん丸山は、近代のヨーロッパ社会を理想視していたわけではない。ドイツのナチズムに対して、丸山は、マルティン・ニーメラーの次のような発言に、社会の病理を読みとっている。

「ナチが共産主義者を襲ったとき、自分はやや不安になった。けれども結局自分は共産主義者ではなかったので何もしなかった。それからナチは社会主義者を攻撃した。自分の不安はやや増大した。けれども依然として自分は社会主義者ではなかった。そこでやはり何もしなかった。それから学校が、新聞が、ユダヤ人が、というふうに次々と攻撃の手が加わり、そのたびに自分の不安は増大したが、なおも何事も行わなかった。さてそれからナチは教会を攻撃した。そうして自分はまさに教会の人間であった。そこで自分は何事かをした。しかしそのときにはすでに手遅れであった。」[221]

ここで示されているのは、果敢な抵抗者として知られるニーメラーですら、自分の畑に火がつくまでは、社会を告発することができなかったという問題である。気づくことが遅ければ、告発は手遅れになってしまう。ニーメラーは、社会の内部の住人であり、内部の人間にとっては、ナチス体制のもとでみんなが幸せそうに見えた。けれども外部にはじき出された人間にとっては、ナチスははじめから憎悪と恐怖に満ちた体制であった。メイヤーによれば、「ナチが幸福であったという事実と、反ナチが不幸であったという事実は相矛盾したものではなかった」。この「幸福」と「不幸」の併存という状況のなかで、幸福な人間は、いかにして社会を告発し、不幸な人間を救い出すことができるのだろうか。ナチスの全体主義が投げかける問題は、この「幸福な者たちの社会批判力」にあるだろう。

ところが丸山眞男によれば、当時のドイツ人は「私的内面性」の世界に撤退して、公的権力を批判するための立脚点を築くことができなかった。「内面の自由」に価値を置くドイツの思想伝統においては、全体主義の公権力を批判するための精神的基礎が生まれなかった。3・11原発事故において問題になるのは、やはり同じように、私たちが公権力を批判するための立脚点であるだろう。「個人的世界」を重んじるあまり、もし私たちが「内面の自由」へと撤退するならば、全体主義下のドイツ人と同じ誤りを犯すことになる。

この問題は、マックス・ウェーバーのいう政治的な「責任倫理」の問題を惹起するだろう。あるいは近年の議論では、ウルリッヒ・ベックのいう「サブ政治（技術官僚による政治）」の問題にも関係している。丸山のいう「無責任の体制」（丸山）と、ウェーバーのいう「責任倫理」、そしてベックのいう「サブ政治」という観点から福島第一原発の事故をみたとき、「敗戦」をめぐる丸山の批判的考察は、日本の原子力エネルギー政策に対しても、大きな示唆を与えている。この問題については、次節で詳しく検討することにしよう。

その前に「3・11」大震災と原発事故の問題を、「関東大震災」と「水俣病」との関係で捉えておきたい。というのも、これらの出来事はいずれも「3・11」と類比される大惨事であったとは言え、文明論的な観点からみると、社会を大きく転換する契機にはならなかったからである。明治維新（文明開化）と敗戦は、日本の社会を大きく転換した。ところが関東大震災と水俣病は、それほどでもなかった。その違いについて考えてみたい。

1―c　関東大震災

関東大震災（一九二三年九月一日）は、その地震の規模からいえば、今回の東日本大震災よりも小さい。関東大震災のマグニチュードは、七・九。死者・行方不明者の推計は、一万五、〇〇〇人とされる。これに対して東日本大震災のマグニチュードは、九・〇。死者・行方不明者は約二万人とされる。けれども、災害の規模やその社会的影響からいえば、両者は十分に比較されるべき惨事であろう。さまざまな点から比較しうるが、ここでは流言の問題について考えてみたい。

関東大震災で広まった流言は、当時の社会の「正統性」を危機に陥れるほどの力をもっていた。大地震が起こって、わずか三時間後には、「社会主義者が朝鮮人と協力して放火している」という流言が伝わった。このような流言の背景には、人々の抑圧された深層心理があった。第一次世界大戦後、日本の財閥は、資本の蓄積につとめ、労働者たちの生活は極度に圧迫されていた。いわゆる「国家独占資本主義」と呼ばれる抑圧的社会のなかで、社会主義を求める社会運動は活性化し、全国各地でストライキが起きていた。あるいはまた、日本の帝国主義戦略の一つである「韓国併合」(一九一〇年)によって、韓国人は、日本人に対して憎悪の感情を抱くようになっていた。その前年、韓国で伊藤博文が暗殺されている。韓国に対する強制的な併合は、多くの日本人にとっても、望んだ事態ではなかったであろう。日本人の心の内には、朝鮮人に対して一種の「罪の意識」が潜み始めていた。

一方における「国家独占資本主義」の問題と、他方における「韓国に対する軍国主義的支配」の問題。この二つの問題は、当時の日本人の深層心理において重なり、「もしかすると社会主義者と朝鮮人が結託して、この社会を転覆するのではないか」と恐れられたのであった[222]。こうした警戒心から、関東大震災後、関東の各地では「自警団」が形成され、かれらは国家自衛のために活動した。ところが自警団は、暴徒化してしまう。例えば自警団は、通行人に対して「国歌を歌ってみろ」とか「いろはがるたをくちにせよ」と命じ、おびえて言葉を間違えた人は、日本人ではないとされ、処罰の対象とされた。こうして関東大震災後の社会は、当時の国家独占資本主義と軍国主義の問題を解決するどころか、これらをいっそう強化する方向に作用してしまった。人々は、当時の社会問題に「罪悪感」を感じながらも、社会の正統性が揺らぐことを警戒し、帝国主義的な統治に一層の正統性を与えてしまった。これは大震災が生み出した不安意識の暴走であって、私たちが警戒すべき心理であるだろう。

今回の3・11大震災と原発事故においても、日本人にとって深層心理の問題が浮上している。すなわち、東京への一極集中に対する罪悪感と、生産力第一主義に対する罪悪感である。第一に、電力供給の観点から、政治経済の中枢機能を一極にすべて集中させたことは、あまりにもリスクが大きすぎるのではないか、という理解が広まった。第二に、経済成長を第一の徳目とする経済体制のあり方が反省され、大量の電力消費には頼らない生活への関心が高まった。こうした意識の深層には、高度経済成長期に故郷を捨てて経済活動に邁進してきた私たちの「罪悪感」がうごめいている。ただその感情は、関東大震災のときのような、社会の正統性を危機に落としいれるほどのものではないだろう。私たちが関東大震災から学ぶべきは、反動的な意識の形成によって、社会変革の契機を摘んでしまうという危険である。

1―d　水俣病

では、水俣病のケースはどうであろうか。一九五三年ごろからその兆候が現れていたという水俣病は、チッソ社の水俣工場から出た排水が周辺海域の魚を汚染し、その魚を食べた人々の身体を蝕んでいくという惨事であった。熊本大学医学部の研究班は、一九五九年にその原因を特定したものの、政府がこれを正式に認めたのは一九六八年であり、それまでの九年間、政府は工場の排水を黙認し続けてきた。

政府はなぜ、水俣病の認定に遅れたのか。その背景には、「石油化」による経済成長の優先策があったと言われる。「石油化」によって、テレビや冷蔵庫などの製品を大量に作るためには、塩化ビニールが欠かせない。その原料となるオクタノールは、アセトアルデヒドから作る必要がある。水俣工場はまさにアセトアルデヒドの生産のために必要とされていた。政府は石油化を急ぐために、どうしても水俣工場の稼動を容認しなければならなかった。そうした経済成長優先のための判断が、水俣病の認定を遅らせてしまった。

このような認定の遅れを、私たちは決して繰り返してはならないだろう。水俣病から私たちが学ぶべきは、経済成長を優先して人命を疎かにしてはならないという、基本的な正義の理念である。では私たちは、人命を優先すれば、水俣病において問題となった「石油化」を、容認してもよいのであろうか。根本的な問題は、「正義」が満たされた場合にも、なお求められる社会全体の理念である。水俣病は、石油化に頼らないで生きるという「新たなライフ・スタイル」の問題を提起した。ところが私たちは、結局のところ、そのような問題を掘り下げずに、石油化の利便性を受け入れてしまった。水俣病に苦しんだ経験をもつ緒方正人《おがたまさと》さん（一九五三年〜）の事例を手がかりに、この問題を考えてみたい。

緒方さんは六歳のとき、父が急性劇症型の水俣病で死去し、このころから自身も発病に苦しんだ。一九七五年、緒方さんは、県議会のある議員が「ニセ患者」がいるという発言をしたことに対して抗議をした。ところが緒方さんは、逮捕・起訴され、有罪になってしまった。そうした過酷な試練を経てきた緒方さんは、水俣病を起こしたチッソ社について、次のような発言を残している。

［チッソとは］「もう一人の自分ではなかったかと思っています。／私はこう思うんですね。私たちの生きている時代は、たとえばお金であったり、産業であったり、便利なモノであったり、いわば「〝豊かさ〟に駆り立てられた時代」であるわけですけれども、私たち自身の日常的な生活が、すでにもう大きく複雑な仕組みの中にあって、そこから抜けようとしてもなかなか抜けられない。まさに水俣病を起こした時代の価値観に支配されているような気がします。／この四〇年の暮らしの中で、私自身が車を買い求め、運転するようになり、家にはテレビがあり、冷蔵庫があり、そして仕事ではプラスチックの船に乗っているわけです。いわばチッソのような化学工場が作った材料で作られたモノが、家の中にもたくさんあるわけです。……水俣病事件に限定すればチッソという会社に責任がありますけれども、時代の中ではすでに私たちも「もう一人のチッソ」なのです。」[223]

つまり緒方さんによれば、自分もまた当時の価値観（豊かな社会の享受）を受け入れた点で、水俣病を引き起こしたチッソ社と同じ存在であるという。この発言は重い。もしチッソ社が工場排水として水銀を垂れ流さなければ、「石油化」による豊かな社会の享受は正当化できるのだろうか。緒方さんの発言は、そのような考え方が、水俣病に苦しむ人々のなかにも芽生えていたことを示している。

だが、3・11原発事故をめぐって私たちに問われているのは、ライフ・スタイルの転換そのものではないだろうか。電力消費を抑え、また電力を発電する主体になるという、時代の大きな転換を推し進めることではないだろうか。水俣病が問題になった当時、例えば北海道の伊達市では、一九六九年から一九八〇年にかけて、火力発電所建設に反対する社会運動が盛り上がりをみせていた[224]。その際、伊達高校で国語を担当していた正木洋先生は、二〇〇万円をかけて、自宅に発電用の風車を作ったという。電力の発電主体になるというその取り組みは、当時においては、ドン・キホーテ的な試みであるとみなされた。しかし現代においては、同じ取り組みは社会的に大きな賞賛を得るのではないだろうか。水俣病は、結果としてみれば、日本人のライフ・スタイルを変革するほどの契機にはならなかった。これに対して「3・11」は、これまでのスタイルを大きく変更する契機になるかもしれない。「ポスト近代」の消費社会に変わる「ロスト近代」の社会（環境駆動型の資本主義）を、推進する契機になるかもしれない。そうした文明論的な転換が問われているのではないだろうか。

以上、「関東大震災」と「水俣病」について簡単に検討してきた。これらはともに過酷な事態であったとはいえ、「関東大震災」は、結局、軍国主義・帝国主義の台頭を許すことになった。

また「水俣病」は、石油化による近代社会の到来を阻止するには至らなかった。これに対して3・11は、社会を変革する大きな契機となるだろうか。

2　無責任の体制としての福島第一原発事故

前節では、3・11大震災とその後の原発事故を、文明論的な視野に立って検討してきた。そこで本節では、福島第一原発の事故が投げかける問題の核心について、検討したい。それは丸山眞男が「無責任の体制」と呼び、ウェーバーが「責任倫理」と呼び、ベックが「サブ政治」と呼んだ問題に関係している。端的に言って、原子力エネルギーの供給体制は、必然的に、「無責任の体制」を呼び起こさざるをえない。この体制は、「サブ政治」が抱える問題ゆえに、責任倫理の問題を、制度的に解決することができない。だとすれば、それは江戸幕府の凋落、あるいは日本軍国主義の凋落と同様の帰結を招くのではないか。そのような関心から、福島第一原発の事故を検討してみよう。

2－a　原発事故の責任は誰にあるのか

まず、3・11大地震が発生してから原発事故が生じるまでの政府の対応について、これを「責任倫理」の観点から振り返ってみたい。

「3・11」大地震が起きた翌朝、菅首相は、陸自ヘリで官邸屋上を飛び立っていた。ヘリには、内閣府にある原子力安全委員会の委員長、斑目《まだらめ》春樹も同行していた。福島の原発はどうなっているのか。それが焦眉の問題であった。

「総理、原発は大丈夫なんです。構造上爆発しません」。斑目は機内で、そのように首相に伝えたという。ところが第一原発1号機の原子炉建屋は、同日の午後三時半すぎに、水素爆発で吹き飛んでしまった。いったい斑目は、この爆発の可能性を予測できなかったのだろうか。斑目は、原発の安全性をチェックする機関の最高責任者である。事件後の取材で、氏は「自分の不明を恥じる」と述べたうえで、事故が起きたときにどう対応できるのかについては、「その備えが足りなかった」と告白している[225]。

事故が起きてしまえば、手を付けられないほどの大惨事となる。パンドラの箱は開かれ、原発は御しがたいデーモンと化してしまう。原発とは、それほどまでに恐ろしい装置であることが露呈した。いったいこの不気味なマシーンに、誰が最終的な責任を持ちうるというのだろうか。

一方、経済産業省の原子力安全・保安院（以下、「保安院」）もまた、大地震が起きた当初は、「原子炉は現状では大丈夫です」と官邸に報告していたという。保安院はこのとき、東京電力による現状認識を追認していた。しかし原子炉はいずれ、高圧に耐えられなくなるだろう。官邸は、十二日の午前一時三〇分、海江田万里経産相の名で、正式にベント（圧力を下げるために格納容器の弁を開放して水蒸気を逃がす作業）の指示を出した。ところが東電は、すぐには応じなかった。

保安院も東電に対して、ベントを強く要求できなかった。重大事故への対応は、「事業者の自主的な措置」に任されていたためである。原発の運命は、制度上、東電の判断に託されていた。

では東電は、どのように意思決定をしたのだろうか。当時、東電の会長は北京に滞在し、社長は関西に滞在していた。東電の対策本部には、トップが不在だった。それでも東電は、緊急の判断を迫られていた。もしあのとき、東電の会長と社長が関東地方に滞在していれば、ベントの判断を的確にできたかもしれない。あるいはもし、保安院が重大事故に際して権限を持っていたとすれば、事故は防げたかもしれない。別の可能性として、首相がベントの指示を東電側に強制することができれば、事故は防げたかもしれない。いろいろな可能性を推測することができるだろう。だがそれにしても、原発を制御することはできたのだろうか。

例えば、経産省の保安院にベントの権限を与えた場合、保安院もまた、産業の利害に配慮して、ベントを遅らせたかもしれない。電力会社が重要な情報を隠していた場合には、保安院は、的確に判断することができないだろう。これに対して、首相に強力な権限を与えた場合には、首相の判断は、実際には、内閣府に置かれた原子力安全委員会に従う可能性が高い。首相には、専門知識が欠けているので、その場合の問題は、原子力安全委員会がうまく機能するかどうかにかかっている。ところが先の斑目の判断が示すように、この委員会は機能しないかもしれない。委員会の能力は、情報面でも決断面でも、原発に携わる現場の人たちよりも劣っているかもしれない。

2—b 「サブ政治」の落とし穴

すべてを疑いはじめるときりがないだろう。だがいったい、だれがどのように判断をすれば、重大事故を防ぐことができるのだろうか。社会学の視点からみた場合、私たちはこの問題に対して、悲観的にならざるをえない。最大の問題は、ウルリッヒ・ベックらのいう「サブ政治」の性質にある。「サブ政治」とは、メインの政治である「議会制民主主義」を経ないで、もっぱら技術官僚たちの判断によって国策が決められるような意思決定のあり方である。それは丸山眞男のいう「無責任の体制」を招いてしまう可能性が高い。

官僚は、本来であれば、政治のための下僕である。政治家によって立案された政策目標を承って、これを遂行しなければならない。ところが「サブ政治」においては、技術的に高度な知識をもったエリートたちが、非民主的な仕方で政治を行なう。例えば、原子力エネルギーの開発は、それがいったん国策とされれば、民主的な議論を経ずに、技術官僚の手によって進められてしまう。そこではいわば、国家独占資本主義体制が形成され、民主的な制御が利かなくなってしまう。

サブ政治は、うまくいくかもしれない。技術官僚（電力会社、原子力安全委員会、保安院などの担い手たち）が科学的にも政治的にも有能であれば、うまく機能するかもしれない。けれども私たちは、「科学」と「政治」という、この二つの資質に恵まれた技術官僚を、登用しつづけることができるのだろうか。制度的に問われるべきは、この問題である。マックス・ウェーバーであれば、根本的な疑問を投げかけるであろう。ウェーバーは、「学問〈科学〉」と「政治」のあいだに、架橋しがたい関係をみた。この二つの仕事に必要な資質は、それぞれ異なっている。『職業としての学問』および『職業としての政治』〈いずれも岩波文庫〉において、ウェーバーは、およそ次のように述べている。

学者〈科学者〉にとって必要な資質とは、なによりも「知的に誠実であること」である。学者は、たとえ都合の悪い事実があったとしても、それを承認し、それに耐えなければならない。さまざまな価値観が対立するなかで、学者は、どれか一つの価値観に帰依するのではなく、「時代の宿命に男らしく耐える」ことができなければならない。学問＝科学に携わる者にとって「喜び」とは、ひとり自己の専門に閉じこもることによって、後々まで残るような仕事を達成することである。むろん、学問＝科学は、つねに進歩を運命づけられている。後の学者の仕事によって、いつかは打ち破られ、やがて時代遅れになるだろう。それでも学者は、時代遅れになることを、自ら欲しなければならない。乗り越えられることを欲しなければならない。ウェーバーはおよそ、学者の美質をこのように捉えたのであった。

これに対してウェーバーのいう「政治家」とは、責任倫理を引き受ける資質を持った人間である。キリスト者であれば、正しきを行い、結果をすべて神にゆだねようとするだろう。キリスト者は、その意味で、結果よりも信条を大切にする「信条倫理家」である。ところが政治家は、これとはまったく別の資質をもたねばならない。政治家は、「善い目的」を達成するために、道徳的にはいかがわしいと思われる手段を用いることができなければならない。例えば政治家は、戦争に際して、「自分は道義的に悪いことをしているから耐えられない」ということがあってはならない。むしろ政治家は、権力がもたらすデモーニッシュ（悪魔的）な力と契約を結んで、結果に対する責任を痛感しなければならない。政治家は、ある目的を実現するために、情熱を持って献身的に行為することができなければならない。そのような資質を備えていなければ、国の統治を任せることはできない、とウェーバーは考えた。

このようにウェーバーによれば、学者（科学者）と政治家は、まったく異なる資質を必要としている。学者（科学者）は、知的に誠実でなければならない。都合の悪い真実から、眼をそむけてはならない。これに対して政治家は、道徳的に悪い手段を用いてでも、事柄（政策目標）に対して献身しなければならない。人を欺いてでも善き結果を求め、実際に生じた帰結に責任をもたなければならない。

ところが、どうであろう。「サブ政治」においては、これら二つの資質が、同時に求められている。技術官僚は、一方では学問（科学）の進歩を担いつつ、他方では国策のためのデモーニッシュな政治を担わなければならない。いったい私たちは、この二つの倫理を、一握りの技術官僚に求めることができるだろうか。

2—c　原子力安全委員会委員長の場合

例えば、原子力安全委員会委員長の斑目春樹は、東京大学教授であり、学者として必要な「知的誠実性」の美徳を十分に身につけてきたのであろう。氏は、浜岡原発をめぐる証人尋問で、「非常用発電機二台が同時に止まったとき」にどうするのか、という問いに対して、次のように応じている。

問い「重要な事態であれば、非常用発電機2台が同時に止まったときに、ほかに何か、別の重要な事態が加わって、それで事故が発生するというのは、幾つか想定しなくてはいけないことではないんですか。先ほどから証人は、それに加えるのは小さなこと小さなことを加えなきゃいけないから大変だと言って、ここは割り切るとおっしゃっていますけれども、足す別の重大な事象ということが、大きいことがあり得るんだということは、お認めにはならない。」

答え「我々、ある意味では非常に謙虚です。こういう事態とこういう事態とこういう事態の重ね合わせくらいは考えたほうがいいかなということについては、聞く耳を持っております。是非こういうことについては考えてほしい、それはなるほど問題視したほうがいいということだったらば、当然、国の方でもそういうことについて審議を始めます。聞く耳を持たないという態度ではないんです。ただ今みたいに抽象的に、これも起こって、これも起こって、これも起こって、だから地震だったら大変なことになるんだからという、抽象的なことを言われた場合には、お答えのしようがありません。」226

斑目のこの応答は、学者としては「知的に誠実な態度」を示しているだろう。氏は、あらゆる危険の可能性について、聞く耳を持っているという。だがその態度に不満が残るのは、氏が技術官僚として、どの可能性を「審議」するのか、有効な政治的判断を示していないように思われる点だ。

斑目は、「抽象的なことを言われた場合には、お答えのしようがありません」という。しかし有能な技術官僚であれば、立法（審議過程）を担う政治家として、指摘されたさまざまな危険について、政治的な評価をしなければならない。そして「これは重要なリスクだ」と思われる事柄に対しては、実効的な対策を立てて、政治的な審議に乗せなければならない。さらにそのような立法の営み全体に対して、「結果責任」を引き受けなければならない。

はたしてこのような実践能力を、私たちは学者育ちの技術官僚に求めることができるのだろうか。斑目は当時、非常用発電機などの重要機器が複数同時に停止する事態を想定しない理由について、それは「割り切った考え。すべてを考慮すると設計ができなくなる」と述べていたという（ウィキペディア「浜岡原発訴訟」より）。この割り切った判断は、しかし、政治的にはきわめて重い。

「すべてを考慮すると、原子力発電所の設計ができなくなる」というのは、正しいであろう。では、どの危険を考慮すべきなのか。原発がかかえる問題は、まさに、この点に集約されている。それはきわめて政治的な判断であるにもかかわらず、私たちはこの問題を、技術官僚に委ねなければならない。ここに無理があるのではないか。

斑目は、浜岡原子力発電所1~4号機の運転停止を求める民事訴訟で、訴えられた中部電力の証人の一人として、陳述書を書いている。これに対して、同訴訟で原告の側の証人の一人を務めた田中三彦は、その陳述書に「新しい安全神話」をみた。

新しい安全神話とは、すなわち、原発は、実際は数十倍の安全を有しているので、浜松原発は十分安全だ、というものである。田中によれば、斑目は、二〇〇七年に開かれたシンポジウム(「新潟県中越沖地震から得られた知見を更なる安全性の向上へ」)においても、この神話を繰り返していた。同シンポジウムで、斑目は次のように述べている。「実際の余裕がどれだけか、積み上げて説明するのは困難であるが、実際相当のものの加震実験からは数十倍あると想像される」と。

だが「想像される」というのは、どういうことであろう。田中は、「まさにそのとおり、原発に十分な余裕があるというのは模擬実験結果からの想像の話であり、工学的に証明された話ではない」と批判している。[227]

模型による実験結果は、それ自体としては「事実」である。しかしその事実から、実際の原子炉の耐震強度を推測する場合には、「想像の話」となる。この「想像の話」から、「安全」を引き出すなら、それは「安全神話」となる。ここには、「事実」から「価値」を引き出すという、きわめて論争的な問題がはらまれているだろう。

知的誠実性を第一とする学者であれば、「想像の話」から「安全」という価値を引き出すことはできない。だが技術官僚は、政治家として、「想像の話」から「安全」を引き出さなければならない。「安全」を判断する政治主体がいなければ、およそ原子力エネルギー政策を推進することはできない。するとおそらく、危惧される事態は、知的に誠実な学者は、技術官僚を引き受けない（あるいは辞任せざるを得ない）という点ではないだろうか。

3・11原発事故が起きてから約一か月半後の四月二九日、原発事故後に「内閣官房参与」へ任命された小佐古敏荘・東京大学教授は、辞意を表明された。その理由は、事故後の政府の対応に対する全般的な批判にあったが、小佐古が最も重視したのは、文部科学省が福島県内の小学校・幼稚園などで屋外活動を制限する際の放射線量を、「年間積算放射線量二〇ミリシーベルト」と設定した点であった。氏は「一ミリシーベルト」という従来の基準がふさわしいと考えたが、受け入れられなかった。学者として知的に誠実であるために、また人間としての信条を保持するために、小佐古は、デモーニッシュな結果責任を問われる政治の舞台から、降りなければならなかった。小佐古の辞任は、「学者」と「政治家」という二つの資質が、いかに両立しえないかを示しているだろう。

私たちは理想として、技術官僚が、知的に誠実な学者であってほしいと願う。しかし「知的誠実性」への要求は、技術官僚においては、どこかで「政治的判断」に道を譲らなければならない。問題を改善したいのであれば、技術官僚は、デーモンと契約してでも、「審議」という立法過程をフルに活用しなければならない。ところが知的に誠実な学者は、そのような政治的努力を引き受けるよりも、抗議の辞任によって、学者としてのプライドを守り通すのではないだろうか。

ではいったい、国の原子力エネルギー政策の最高責任者たる斑目春樹は、「学者」と「政治家」という二つの資質を、十分な仕方で持ち合わせていたのだろうか。知的には、おそらく誠実な人であろう。しかしその誠実性は、「想像の話」からストレートに「安全」を引き出すという、素朴な政治的判断を導いたのではないだろうか。気になるのは、氏の引き裂かれた内面である。

二〇〇七年二月一六日、浜松原発裁判の被告証人を務めた斑目は、原告側の弁護士と、次のようなやり取りを残している。

原告弁護人：「このードキュメンタリー映画『六ヶ所村ラプソディ』ーの中でー斑目ー先生がなかなか興味深いことを仰られているんですが。「原子力発電に対して安心する日なんかきませんよ、せめて信頼してほしいと思いますけど、安心できるわけないじゃないですか、あんな不気味なもの」と言われているんですが、発言されたことを覚えていますか？」

斑目：「そういう意味です。あんな不気味なコンクリート構造物を見て、心安らかになる人はいないと思います。だからこそみんなが、これは危険だと考え、したがって真剣に取り組む、だから安全が得られるんであって、私は安全こそがすべてであって、安心を求めるのはよくないと思っています」

原告弁護人：「不気味というのは、どういう意味ですか？」

斑目：「やっぱり私、緑豊かな森が大好きです。そんな中で、私、風車も本当は不気味ですけども、とくにああいうコンクリートの巨大な真四角の建物なんていうのは嫌いです。どんな風に色を塗られても、嫌いは嫌いです。」[228]

このやりとりを読むかぎり、斑目は、ラディカル・エコロジストの心性をもっているのではないか。氏は、もし技術官僚の地位を得なければ、反原発運動家として活躍したかもしれない。それほどまでに斑目は、自然への畏敬と、純粋な心性を保ちつづけている。氏は、原発という不気味なデーモンと契約を結んで事柄に献身する資質、とりわけ、立法過程を執念深く担うという政治的な資質を、備えていたのかどうか。さらなる検証が必要である。

いずれにせよ、「サブ政治」によって主導される原子力エネルギー政策は、技術官僚に対して、「学問＝科学」と「政治」という、二つの相反する資質を高度なレベルで求めている。ところがこの二つの資質を高度に備えた人間を登用できないとき、「サブ政治」は暗礁に乗り上げる。サブ政治には、そもそも人間的資質に関わる過剰な要求がある。社会学的にみたとき、原子力発電をめぐる問題は、「サブ政治」を担う適任者の登用不可能性、という問題に帰着するのではないだろうか。

3　安楽の全体主義を超えて

原子力発電所の稼動は、「責任倫理」の観点からみて、不可能性に直面する。サブ政治は人材の登用という点で困難を抱えており、必然的に「無責任の体制」を呼び起こさざるを得ない。そのような困難こそ、原子力エネルギーに依存する電力政策の根本的な問題ではないだろうか。この問題はしかし、たんにエリートの問題ではない。私たち一般の市民もまた、別の意味で「責任倫理」を問われている。はたして私たちは、原子力エネルギーに依存した生活を、そのまま肯定してよいのだろうか。私たちは、豊かな社会を求めるとして、その態度は必然的に、無責任な体制を呼び寄せてしまうのではないだろうか。この問題は「ロスト近代」の社会にとって、本質的な問題を提起している。最後に、一般市民がかかえる問題について、考えてみたい。

3―a　原発のコストをめぐって

現在、原子力発電をめぐる論争は、コストの問題を中心にめぐっている。およそ三〇年前は、石油がなくなるからという理由で、原子力エネルギー政策が正当化されていた。ところが二〇年前には、原発が一番安いということで正当化された。そして一〇年前になると、電力源の「ベストミックス」政策を構成する一つの要素として、原発が正当化された。直近では、原子力発電は、二酸化炭素を出さないから、という理由で正当化されている。現在、原子力発電の正当性は、ふたたび、そのコストが安いかどうかという問題をめぐって議論されている。

原発のコストは、もちろん安くない。例えば、これまで原発の稼動のために投入されてきた補助金の総額、廃炉にかかる諸費用、重大事故をカバーするための保険料、使用済み核燃料を処分するための費用などを計算に入れると、原発のコストが高くつくことは明白であろう。ただしコストの問題は、将来、石油の価格が上がることを想定した上で、もう一度比較されなければならない。IEAの予測によると、石油の価格は、二〇〇九年の段階で、一バレルあたり六〇ドルであったが（これは一リットルで約一ドルの計算になる）、二〇三五年には、一バレルあたり一一三ドルになるという[229]。こうした予測を考慮に入れるなら、原子力発電のコストは、火力発電のコストと比べて、相対的に安くなる日がくるかもしれない。

ではかりに原子力発電のコストが相対的に安くなった場合、私たちは石油エネルギーに替えて、原子力エネルギーを用いるべきなのだろうか。この問題を考えるときに必要な視座は、原子力エネルギーもまた、やがて枯渇するという問題である。長期的な視点でみれば、まず、石油資源が枯渇するだろう[230]。二〇〇九年の段階で、石油はあと四一・六年分の量があると予測されている。天然ガスは六〇・三年分と予測されている。いまから六〇年後の世界を考えると、そのときにはやはり、原子力エネルギーを利用せざるを得ないのではないだろうか。石炭はあと一三二・五年分、(原子力発電のために必要な)ウランは、あと一三二・四年分の残存量があるという。すると、いまから六〇年後の世界を考えるなら、原子力エネルギーは、一つの有力な資源になる。

むろん、さらに長期の視座で考えて、例えば一三〇年後の社会を想像すると、そのときには石炭もウランも枯渇しているだろう。かりにプルサーマルの技術を利用した場合には、原子力発電によるウランの利用期間は、一・二五倍に伸びると言われている。だがその場合でも、約一六〇年後にはウランの原料が枯渇するので、原子力発電を続けることはできなくなる。そのときのために、私たちは何を備えるべきであろうか。

一六〇年後の世界など、気の遠い話と思われるかもしれない。しかし明治維新(一八六八年)から今日(二〇一二年)までに、実に一四四年の年月が流れている。「第二の文明開化」を真剣に考えるなら、これから一六〇年後の世界を見通したエネルギー政策を見据えるべきではないか。すると私たちは、長期的には、たとえ原子力エネルギーのコストが安くなったとしても、原子力発電に頼ることができない[231]。資源の枯渇という問題に直面するからである。資源が枯渇してしまえば、エネルギー消費の水準は、低下させるほかない。しかしおそらくその前の段階で、私たちはエコロジーの観点から、持続可能な地球という理念に導かれて、エネルギーの消費水準を自ら低下させるのではないだろうか。

例えば、「エコロジカル・フットプリント」の考え方に従えば、私たちは地球全体として持続可能なエネルギー消費を維持するために、日本人の場合には一人当たりエネルギー消費量を、半分以下に減らさなければならないという。半分以下という水準は、どの程度の生活水準に戻ることを意味するのだろうか。

いまから一〇〇年前、一人当たりのエネルギー消費量は、現在の約一〇分の一であり、平均寿命は四五歳程度であった。ところが一九五五年から一九七〇年にかけて、石油化による産業化とともに、一人当たりのエネルギー消費量は、約四倍に伸びている。石油化がはじまる直前の一九五五年の水準に戻るとすれば、私たちは、現在の約六分の一のエネルギー消費量で済むだろう。その場合の平均寿命は、六五歳程度である。あるいは、現在の約半分のエネルギー消費量を利用していたのは、およそ一九六七年あたりであり、当時の平均寿命は七二歳程度であった。エコロジカル・フットプリントの基準に従えば、私たちは、一九六七年ごろのエネルギー消費水準に戻る必要があるだろう。ところが私たちは、一九六七年を目標とすることができない。というのも当時の社会は、「石油化」によって社会が大きな変動に巻き込まれており、ますます石油を必要とする生活スタイルが支配的となっていたからである。ライフ・スタイルに着目するなら、持続可能な生活水準は、石油化が始まる以前の、一九五五年ごろの水準ではないだろうか。

もちろん、太陽光や風力などの自然エネルギーを利用することによって、私たちは現在のエネルギー消費水準を維持することができるかもしれない。エネルギー供給の観点からみると、いまから一三〇年後に、すべてのエネルギーが自然エネルギーに代替されているような社会を理想として描くことができれば、私たちはライフ・スタイルを見直す必要がない。技術者的な発想では、そのような代替エネルギーを展望することが必要である。けれども、すべてを技術に託すという技術万能主義に陥るのでなければ、私たちはライフ・スタイルの問題を真剣に検討しなければならない。そのための手がかりとなる教訓が、鉄腕アトムの問題である。

3—b　鉄腕アトム問題と現代の「悪」

手塚治虫のSF漫画『鉄腕アトム』は、原子力エネルギー（のちに核融合）で動くロボット少年「アトム」が、二一世紀の未来を舞台に、さまざまな「悪」と対決する物語である。一九五一年から雑誌に連載され、一九六三年から六六年にかけて、日本で始めての国産アニメとしてテレビで放映された。当時絶大な人気を誇った鉄腕アトムは、日本のエンジニアたちの幼少期に大きな影響を与え、日本の科学技術開発に夢を与えたとも言われている。原子力エネルギーとは、アメリカ軍が広島と長崎に落とした原爆のエネルギーと同じものである。それほどの破壊力のあるエネルギーを、人類はいかにして「善く」利用することができるのか。鉄腕アトムに影響された日本の科学者たちは、科学の力を善用するために、夢と希望をもって最新の技術開発に取り組んできた。

例えば、『鉄腕アトム』の物語に、人工太陽の話がある。登場人物の一人である御茶ノ水博士は、極寒の冥王星を開発するために、プルトニウムで発電する「人工太陽」の設計に成功する。

冥王星の開発は、予算の関係で、途中で頓挫してしまうのだが、「人工太陽」の設計図は、悪党たちによって盗まれ、地球上で実現されてしまう。その人工太陽がさまざまな悪事を働き、地球環境を破壊したり、大都市の生活を恐怖に陥れたりする。こうした事態を阻止するために、鉄腕アトムが活躍する。

実は、最近アメリカでCGアニメ版として映画化された鉄腕アトム（『アトム・ボーイ』）においても、最後のシーンは、この人工太陽にアトムが挑むというスキットになっていた。核エネルギーを悪用する人々に対して、善用する立場が戦いを挑んで勝利を収める。鉄腕アトムの主題には、原子力エネルギーの技術を、人類のために平和に利用することができるというメッセージが託されている。

けれども、福島第一原発の事故を考えるとき、原子力発電所の爆発はいかなる「悪」の仕業であったのだろうか。原発事故を引き起こした「悪」とは、いわゆる悪党たちの悪意によって引き起こされたものではない。むしろ「悪」とは、安全神話の中で育まれた私たちの「慢心」ではないだろうか。技術に対する私たちの過剰な信頼、技術を扱う人々の気の緩み、事故に対する判断力の欠如、あるいは危機管理能力の欠如といった、人間の能力不足に起因するものではないだろうか。「無知は罪なり」と言ったのはソクラテスであったが、安全神話の中の慢心もまた、事故の引き金となった罪ではないだろうか。現代の「悪」がこのようなものであるとすれば、もはや『鉄腕アトム』のような物語は、悪との戦い方において、問題を逸していると見るべきであろう。

原子力エネルギーは、悪党たちの悪意によって悪用されるのではない。むしろ私たちの慢心によって悪用されてしまう。

この問題を考える上で参考になるのは、藤田省三の論文「「安楽」への全体主義」（一九八五年）である。[232] 藤田が問題にしたのは、高度技術社会を支えている私たちの精神的な態度である。私たちは、ますます高度化する技術を受け入れて、開発のための開発を促しているが、そのような生活態度は、技術開発の底に隠されているはずの、さまざまな被害（環境汚染など）を何ら省みることがない。私たちは、何のために高度な技術を追い求めているのか。その精神的な態度を分析してみると、そこにあるのは、「私たちに少しでも不愉快な感情を起こさせたり苦痛の感覚を与えたりするものはすべて一掃して了いたいとする絶えざる心の動きである」[233] と藤田はいう。私たちは、不愉快な事態との対面を恐れ、それと関係ある物や自然現象を、根こそぎ消滅させようとしてしまう。そのような心の動きは、きわめて排他的であり、危険な心性である。藤田はそれを、「安楽への全体主義」と呼んだのであった。

「安楽」を追い求める際に、私たちが都合の悪い事実を抹消して、社会全体をあたかも「安楽」で満たすことができるように考えるのは、一種の全体主義な態度であるといえる。それは都合の悪い他者の意見を抹消し、均質的な社会への警告に耳を傾けるという民主主義的な美質をくじいてしまう。藤田は、私たちが安楽のために、政府に従属し、技術に従属してしまうという態度が、「喜び」の経験を台無しにしているだけでなく、遠方を見る力を私たちから奪い去っていると考えた。高度技術社会は、私たちに「安楽」を与えてくれる。しかしそれは「喜び」の経験と引き換えに与えられたものにすぎない。あるいはまた、高度技術社会は、私たちに高度な知識と能力を授けてくれる。しかしそれは、「遠方を見る力」と引き換えに与えられたものにすぎない。こうした高度技術社会のもとで原発事故が起きたとすれば、その事故の責任はまずもって、私たちの「安楽」を追い求める全体主義的な心性にあるのではないだろうか。

「安楽への全体主義」は、原子力エネルギー政策にとっての「悪」を構成している。「安楽への全体主義」は、私たちの危機意識を衰退させ、むだな開発主義に正当性を与え、業界の腐敗に手を貸している。こうした現代の「悪」に立ち向かうためには、もはや鉄腕アトムのようなヒーローはいらない。『鉄腕アトム』の主題は、原子力エネルギーの技術を、軍事的に利用されないようにすることにあった。けれども、たとえ軍事的に利用されなくても、原子力発電所は大事故を起こす可能性がある。そのような「悪」は、私たちの「安楽を求める心性」に宿っている。「現代の悪」に立ち向かう技術とは、たんなる「核の平和利用」ではありえないだろう。

「安楽への全体主義」は、「ポスト近代」社会のモードと密接に関係している。ポスト近代の社会は、私たちの欲望を増殖させることを資本主義の駆動因としてきた。そこにおいては、私たちの飽くなき欲望を駆り立てることが、社会の発展のために求められてきた。しかし、安楽を得るためにあくせく働かなければならない社会は、大きな矛盾をはらんでいる。いったいなぜ、私たちは安楽のために働かなければならないのか。高度技術社会において根本的な問題となるのは、藤田省三が指摘するように、それがいかなる人間の喜びにつながるのか、という点であろう。

これに対して「ロスト近代」の社会は、もはや私たちの欲望の増殖を駆動因としてはいない。ロスト近代の社会は、私たちの潜在能力を発展させることに、その駆動因を見出そうとしている。高度技術社会が望ましいとすれば、その理由は、高度な技術が私たちを安楽にするからではなく、私たちの潜在能力を実現するからであろう。そのような視点で原子力エネルギーの問題を考えるとき、原子力発電所のシステムは、私たちの潜在能力を活性化するよりも、私たちの心性を、中央集権的な技術開発に対する従属状態に追いやる点に問題があるのではないだろうか。

福島第一原発の事故を受けて、いま、私たちが電力供給をめぐる「第二の文明開化」を求められているのだとすれば、私たちは何よりも、政府や電力会社に対抗しうるだけの知識と技術を身につけて、大いなる権威に対抗しなければならない。「ロスト近代」の駆動因に照らしていえば、私たちはいま、電力供給の分散的なシステムの可能性を探らなければならない。私たちは「安楽への全体主義」を避けて、かりに電力が安定的に供給されない場合にも、藤田のいう「喜び」のある生活を模索しなければならない。そのような契機として、3・11大震災と原発事故を受けとめることはできないだろうか。次章では、電力供給の新たな制度について検討してみたい。

第 8 章

グリーン・イノベーション論[234]

0　はじめに

「ポスト近代」社会は、欲望の増殖によって資本主義を駆動させてきた。これに対して「ロスト近代」の社会は、私たちの潜在能力の開発によって、資本主義をあらたに駆動させようとしている。その際に最も有力な手段となるのは、「グリーン・イノベーション（環境技術革新）」と呼ばれる一連の政策であろう。

環境技術の開発は、私たちの欲望を肥大化させることに主眼を置いているのではない。環境技術の開発は、さしあたって「節約（エコノミー）」の技術であるにすぎない。ところが現在、私たちはこの「節約の技術」に、社会全体を革新するための願いを託している。グリーン・イノベーションは、私たちの潜在能力を呼び覚ます力がある。例えば私たちは、太陽光発電や風力発電を取り入れる際に、その新しい技術がもたらす潜在的可能性に希望を見出すのではないだろうか。あるいは私たちは、自家発電をすることが、利益／損失の問題とは別に、ライフ・スタイルの美徳になるのではないか、と考えはじめている。グリーン・イノベーションは、まさに可能性それ自体として評価されている。その可能性を探ることは、めぐりめぐって私たちの潜在能力の多様な発展を促し、「ロスト近代」社会の駆動因につながるのではないか。本章ではそのような関心から、この分野の政策について考えてみたい。

まず検討してみたいのは、電力供給の長期的なビジョンであり、それは「ロスト近代」の思想的な根幹に関わってくる。現代のグリーン・イノベーションは、「第三次産業革命」という新たな段階において、自律分散型の性質をもつものとして位置づけられる。政策的には、「マイクロ・ジェネレーション（エネルギー供給）」や「脱中心的なエネルギー・システム」を理念としている。そのビジョンを一言で表現すれば、「自律分散型の人工市場システム」となるだろう。例えば、電力供給の自由化、送電業と発電業の分離、自然エネルギーの買取価格制度などは、このビジョンによって最もよく導かれる。またそのビジョンを思想的に最もよく担保するのが、「自生化主義」である。

この思想的なビジョンを見極めつつ、本章の後半では、政策として必要な方向性、および、地域の取り組みについて検討したい。環境税や市場プル戦略、あるいは優先接続などの政策は、自生化主義の理念によって体系的に喚起されるだろう。このビジョンを練り上げるなかで、地方自治体に期待される役割についても、一定の示唆を与えたい。

1 原子力エネルギーからの脱却

1－a 長期的な成長の理念

3・11大震災とその後の原発事故が起こるまで、日本政府は長期的なエネルギー政策のビジョ

図 8-1. エネルギー基本計画を前提とした一次エネルギーの割合[235]

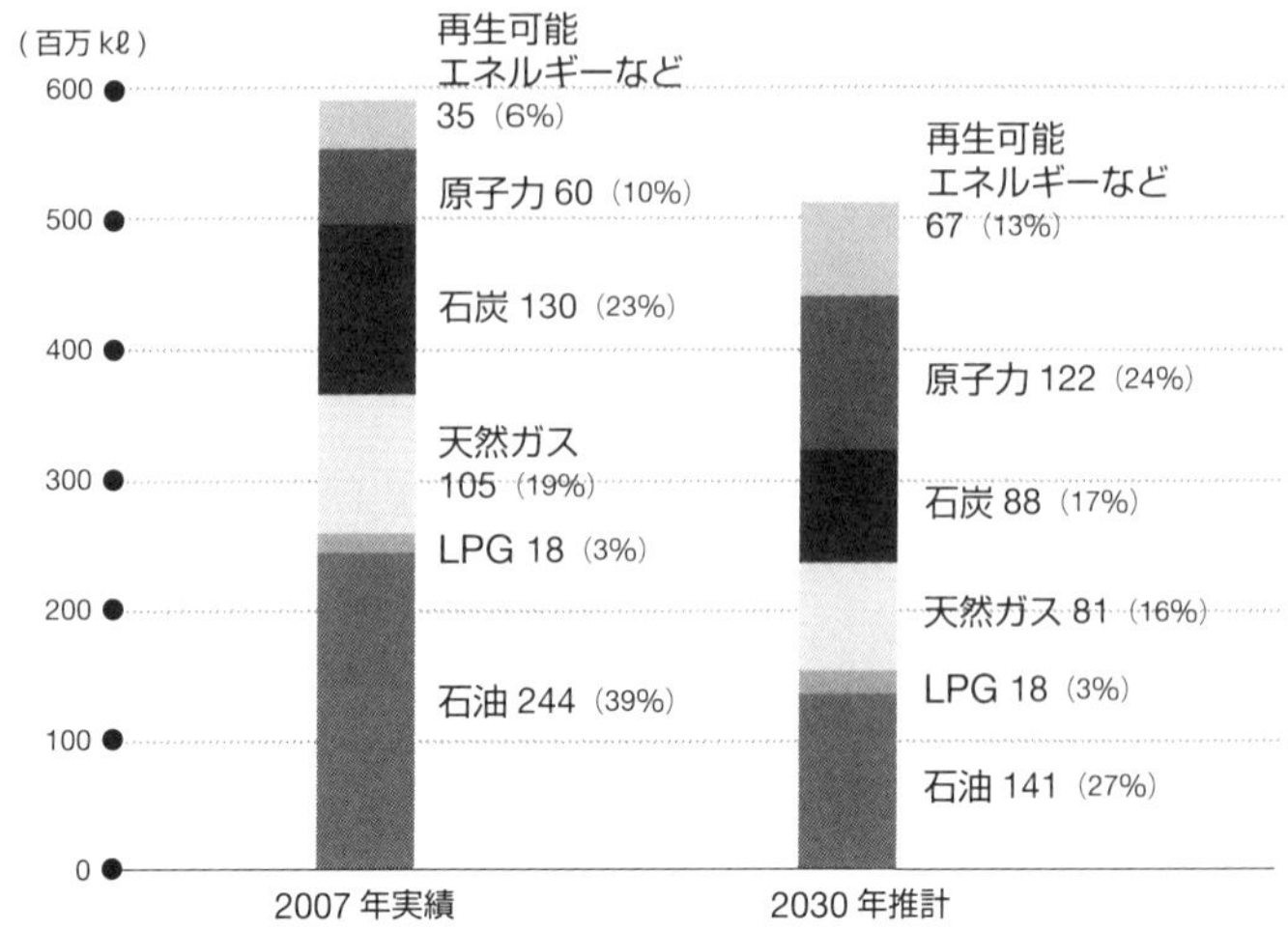

ンとして、原子力発電と自然エネルギー発電の両方を増やす、という方針を掲げていた（図8－1を参照）。原子力発電も自然エネルギー発電も、いずれも二酸化炭素排出量を減らすために資するとされ、石油や石炭や天然ガスに代わる代替エネルギーとして、これら二つのエネルギーは、積極的に位置づけられてきた。

　政府はこの基本計画において、エネルギー削減策の約五〇％を、原子力発電所九基の新設と、その利用率の引き上げ（現行の六一％から八一％へ）によって達成するとしていた。しかし、二〇二〇年までに原発を九基新設することは、原発事故が起きる前の段階においても、かなり困難であっただろう。それが可能だとしても、従来のような六一％程度の稼動率であれば、原子力

図 8-2. 原発52基の運転期間と廃止措置期間[237]

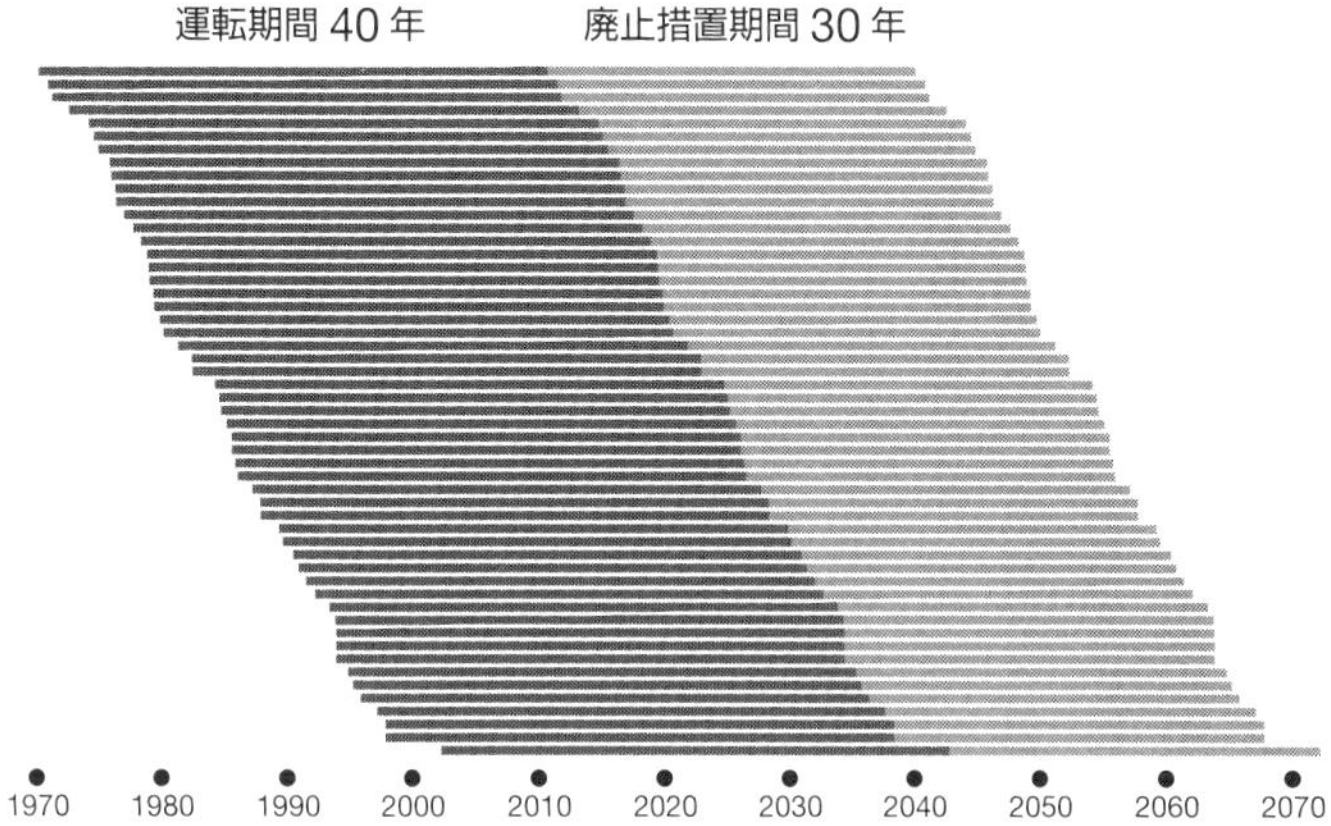

注：1. 運転期間は、解体引当金の積立において想定されている40年とする。
　　2. 廃止措置期間は、総合資源エネルギー調査会原子力安全・保安部会廃止措置安全小委員会報告書（2001.8.2）が「一応の目途」としている30年とする。

発電によるエネルギーの削減効果はほとんどないとも言われる。[236]原子力エネルギーの費用対効果については、当初から不可能な目標を掲げていたのではないだろうか。原子力発電は、しかも、前章で指摘したコストの問題に直面する。原子力発電所は、これから段階的に廃止していく方向で検討すべきではないか。原子炉の廃止措置期間を考慮して、二〇年後、あるいは五〇年後の電力供給を見通しつつ、代替エネルギーへの転換を進めていかねばならない。

そこで原子力発電所を段階的に廃止する場合の政策について考えてみよう。個々の原子力発電所の運転期間を四〇年とするなら、例えば二〇三〇年の段階で、原子力発電所の多くは、すでに廃炉の段階にあるだろう（図8－2参照）。むろんその頃には、原子力エネルギーのコストが、相当に高いことが認知されているにちがいない。廃炉になる原子炉が増加するにつれて、廃炉のためのコストが顕在化するからである。二〇〇一年一〇月に解体届けが出された東海原子力発電所の場合、撤去完了は一七年後とされ、廃止措置費用は八六四億九、〇〇〇万円と見積もられている。ただしこの値には、解体に際して、「建屋の地下部および基礎部は撤去対象外」とされている。すべてを解体して更地に戻すためには、さらなるコストがかかるであろう。原子力発電所の建設費は、およそ四六五億二、〇〇〇万円であるから、解体費用はその約二倍になる。[238] こうした廃炉のための費用が社会的に認知されれば、原子力発電所の廃止の動きは、時が経つにつれていっそう加速するかもしれない。

原子力発電所を段階的に廃止する場合、考慮すべきは、石油や天然ガスなどの再生不可能なエネルギーを、どこまで用いてよいのかという問題である。地球環境に負荷をかけないという倫理規範に照らした場合、私たち日本人は、再生不可能なエネルギーの消費量を、半分以下に減らさなければならない。「エコロジカル・フットプリント」と呼ばれる指標によれば、現在の日本人の生活を世界全体で実現するとすれば、地球が二・四個分必要であるという。図8-3は、国連開発計画によって毎年発表されている人間開発指数と、エコロジカル・フットプリントの関係である。この図によれば、日本は先進諸国のあいだでは、環境にあまり負荷をかけない社会といえるが、しかしそれでも、地球に負荷をかけない「持続可能性」の理念（エコロジカル・フットプリント）に照らせば、日本人は、エネルギー消費量を現在の半分以下にまで減らすか、あるいは、

図 8-3. 人間開発指数とエコロジカル・フットプリントの関係 (2007年)[239]

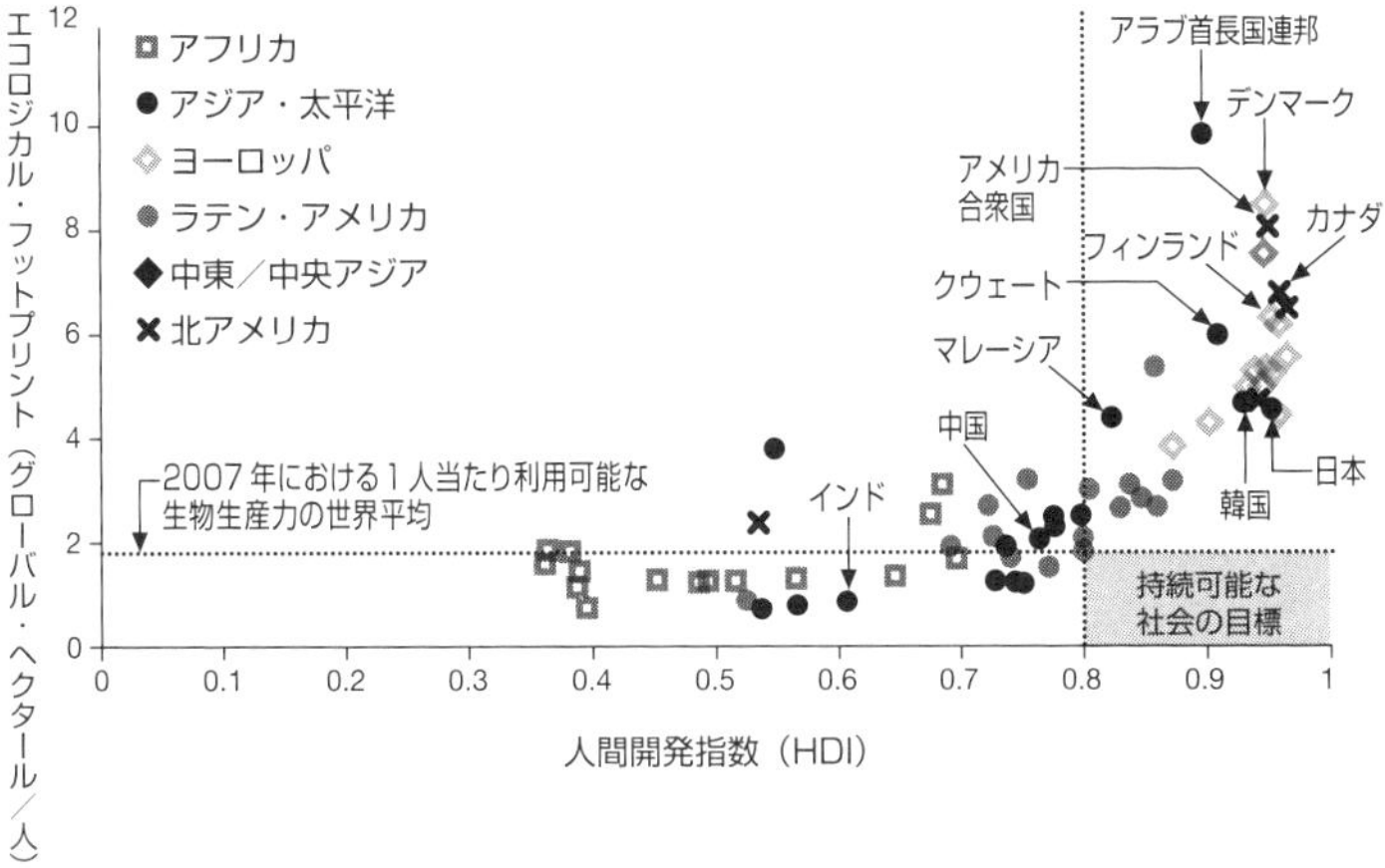

エネルギー消費量の半分以上を、自然エネルギーに代替しなければならない。このような倫理的要請は、グリーン・イノベーション政策にとって、終局的な目標になるだろう。

再生不可能なエネルギーの消費量を、現在の半分以下に減らしていく。するとおそらく、私たちの福祉水準（平均寿命、健康水準、教育機会など）もまた低下するにちがいない。根源的に問われているのは、私たちは、現世代の福祉水準を引き下げてまで、次世代の環境条件に配慮すべきなのかどうかである。この問題は、私たちが何をもって「福祉」の水準とみなすのかに依存している。次の指標「ジェニュイン・セイビング」は、環境に配慮しながら、私たちの福祉水準を維持・発展させるための、一つの方向性を与えているだろう。「ジェニュイン・セイビング」とは、国民総貯蓄から固定資本分の消費を差し引いて、教育への支出を「人的資本」への投資として加え、天然資源の枯渇・減少分と、二酸化炭素排出等による損害額を、ともに控除して計算したものである。この指標をみると、日本社会は、一九七〇年代以降、地球環境にとって、しだいに持続不可能な消費生活へと向かってきたことが分かる。こうした傾向に歯止めをかけるためには、私たちは消費の性向を、教育機会その他のサービスに向け直すことが求められているのではないだろうか。

あるいはEU諸国ではすでに、経済成長の指標（GDP）に代えて、新たに環境の持続可能性と調和するためのさまざまな指標が用いられている（表8－1参照）。私たちもこうした各種の指標を総合的に用いて、「福祉」の水準を実質的に検討するための語彙を発達させることができよう。

「ジェニュイン・セイビング」（図8－4）や「持続可能性指標リスト」（表8－1）といった新しい指標が示唆しているのは、私たちがたんにエネルギーの消費量を減らすのではなく、エネルギー消費量の削減が、同時に、私たちの「生活の質」を高めるための各種政策と両立しなければならない、という考え方である。私たちは、消費のパタンを変化させることによって、現在世代と将来世代の福祉水準を、ともに維持するような社会を築くことができる。こうした新しい指標にもとづく経済政策は、経済成長を否定するのではなく、成長の理念を新たに方向づけている。グリーン・イノベーションが目指しているのは、私たちのライフ・スタイルの変化を含めた社会の新たな発展であり、それは「ロスト近代」を駆動させるための理念と言えるだろう。

表 8-1. 欧州における持続可能性指標リスト[240]

テーマ	指標（レベル1）
1：社会経済的発展	国民1人当たりのGDP成長率
2：持続可能な消費・生産	資源生産性
3：社会的一体性	社会移転後の貧困リスク率
4：人口の変化	高齢労働者の就業率
5：公衆衛生	平均寿命と出生児平均寿命
6：持続可能な発展	温室効果ガス排出総量
	再生可能エネルギーの消費量
7：持続可能な交通	交通におけるエネルギー消費量
8：自然資源	野鳥数
	漁獲量
9：グローバル・パートナーシップ	政府開発援助（ODA）

資料：Eurostat,2007(http://epp.eurostat.ec.europa.eu/cache/ITY_OFFPUB/KS-77-07-115-EN/PDF)より環境省作成

図 8-4. 各国・地域別のジェニュイン・セイビング[241]

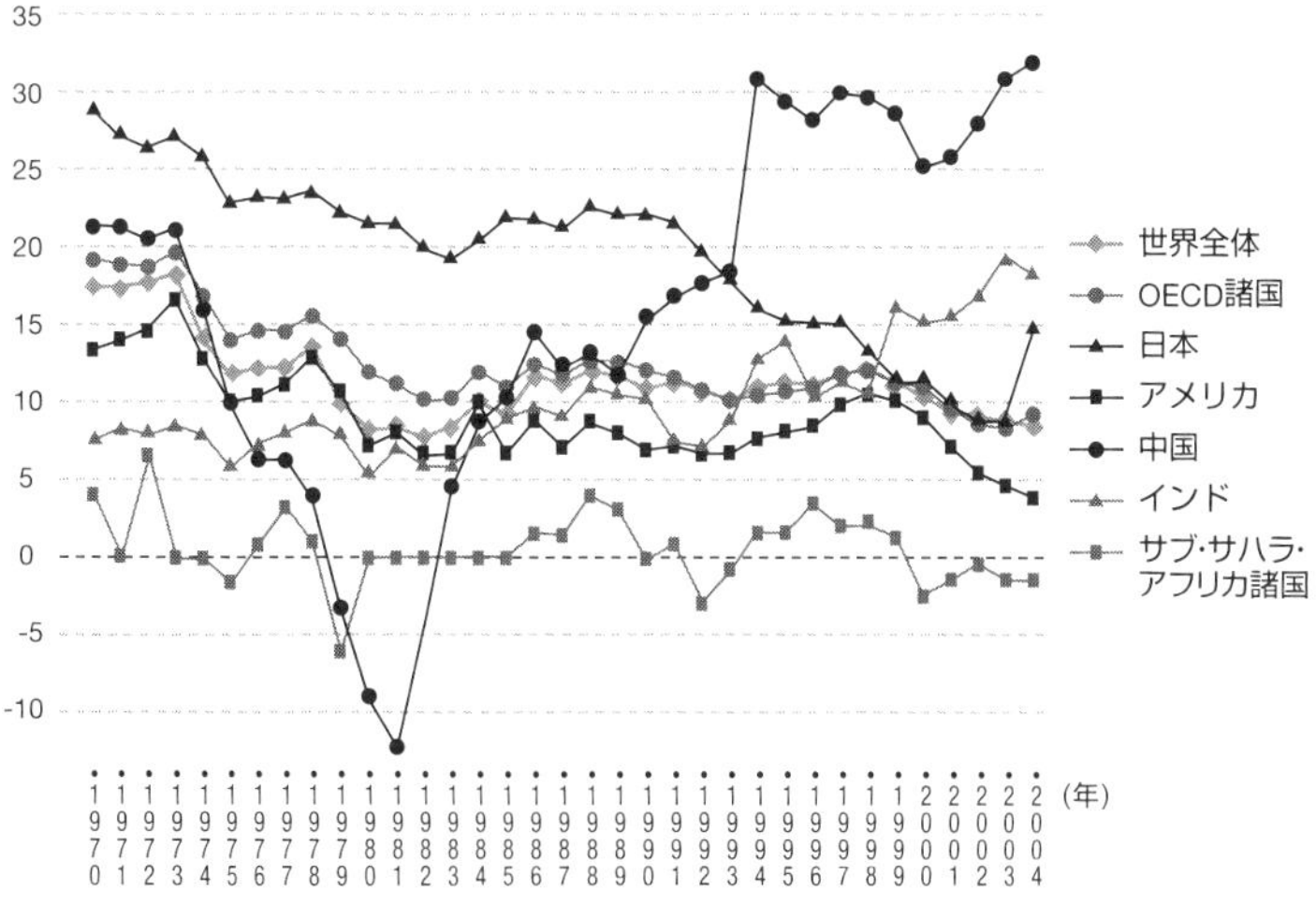

資料：世界銀行資料より環境省作成

1―b　電力供給をめぐる思想的問題

　ではグリーン・イノベーションは、政策思想としては、どんな理念によって体系的に導かれるのだろうか。グリーン・イノベーションは、思想的には従来の「福祉国家型リベラリズム」や「資源ナショナリズム型コミュニタリアニズム」とは、別の思想を必要としている。ところ現代の規範理論はこれまで、この問題についてほとんど議論を蓄積していない。ここでは電力供給のあり方をめぐって、思想ビジョンの問題を検討してみたい。

　これまで原子力発電に反対してきた勢力は、政治的には主として、旧社会党系の政治家や一部の市民運動家、あるいは一部の知識人たちであった。しかしその議論は思想的に練り上げられたものとはいえず、むしろ政治的なスタンスとして、電力業界をめぐる「国家独占資本主義」段階の弊害を批判するものであった。この反対勢力の立場は、さしあたって「地域型コミュニタリアニズム」と呼ぶことができるだろう。地域型コミュニタリアニズムは、「経済成長第一主義」の理念を批判して、地方分権的な豊かな暮らしを展望する。そして地方自治の観点から、原子力エネルギー行政に対する批判を展開する。この立場は主として、旧社会党の政治綱領に採用されてきたが、一九八〇年代以降になると、しだいにその政治的な支持基盤を失っていった[242]。

　国家主導の原子力エネルギー政策に反対する勢力は、実はもう一つ存在する。リバタリアニズムや新自由主義の思想に導かれた「電力の自由化」論の立場である。原子力発電所は、民間の電力会社によって運営されるとしても、それは国家主導の計画経済思想にもとづいている。かかる体制に抗して、「大きな政府」を批判するリバタリアンないし新自由主義者たちは、電力の自由化、すなわち、発電業における企業参入の自由を、理論的に展望するだろう。この立場は、必ずしも原子力発電を否定するわけではないが、しかし原子力発電が市場ベースで利益を上げることができなければ、市場淘汰の圧力にさらされるべきであると考える。リバタリアニズムや新自由主義の立場によれば、原子力発電のリスクは、国家ではなく民間の保険会社によって補償されるべきであり、もし保険会社の保険料が高すぎて運営コストがかさむ場合には、原子力発電は市場で勝負できない産業であるとみなされよう。

以上の二つの思想的立場、すなわち「地域型コミュニタリアニズム」と「リバタリアニズム／新自由主義」は、原子力発電に対して、思想的に対抗する社会のビジョンを掲げている。これに対して、現代を代表する二つの規範理論、すなわち「リベラリズム」と「国家型コミュニタリアニズム」は、原子力発電をめぐって、根本的な疑義を提起するものではない。リベラリズムも国家型コミュニタリアニズムも、市場では調達することのできない財・サービスを、国家が提供しうると考える。市場の失敗を克服するために、あるいは市場のリスクを引き受けるために、国家は、国民にとっての基本的な財・サービスを提供すべきであると考える。いずれの思想も、国家主導の原子力エネルギー政策を擁護するであろう。

例えばリベラリズムの場合、電力の供給は、各人の「善の追求」にとって基本財であるとみなされ、それは「最も貧しい人々にとって、最大限の利益となるように」という原理に基づいて、供給されうるだろう。政府はそのために、発送電線網を整備して、できるだけ安価な電力を供給しなければならない。むろん、原子力エネルギーが安価ではないとすれば、リベラリズムは、代替的なエネルギーを模索する。リベラリズムにとって、原子力エネルギーを採用すべきかどうかは、「リスクを含めたコスト」の問題に帰着するだろう。コストとリスクの二つの面を勘案して、他のエネルギーよりも効率的で危機管理のなしうるエネルギーとみなされるなら、リベラリズムは原子力発電を認めることができよう。

これに対して「国家型コミュニタリアニズム」は、原子力発電を正当化する場合に、おそらく次のような理路をとるだろう。まず、そもそも「基本財」として各人・各世帯に電力を供給することは、それだけでは人々の生活を「孤立化（アトム化）」させてしまう。国家型コミュニタリアニズムは、私生活の充足のために供給される電力が、「共同性」の観点からみて、問題をはらんだ基本財であるとみなすであろう。けれども他方で、電力は、国家が安定的に供給すべき「共通善」であり、それは「共同体の繁栄」という観点から要請されるであろう。こうしてつまり、国家型コミュニタリアニズムは、一方では電力供給の充実化によって生じる「アトム化」を恐れながら、他方では共同体の繁栄のために原子力発電を求めるのではないか。もちろん、原子力発電の原料となるウランといえども、その多くは国産ではないのであって、原子力発電もまた火力発電と同様に、他国の資源に依存したエネルギー供給である。しかし国家型コミュニタリアニズムは、資源上のナショナリズムの観点から、できるだけ資源供給のリスクを分散させるという戦略的な立場をとるにちがいない。この立場は、原子力発電を一つの国家戦略として位置づけ、これを全廃するという方向には、なかなか向かうことがないであろう。

リベラリズムも国家型コミュニタリアニズムも、原子力発電をめぐって、根本的な批判を掲げる思想ではない。これらの思想は、「コスト」や「リスク」の観点から、最適なエネルギー供給を求める思想である。事態をもっと詳しく検討すれば、自然エネルギーを導入する際に「リベラリズム」が抱える困難は、他にもある。その問題については後に検討することにして、ここではもう一つの思想的立場、「平等主義」について考えてみたい。

平等主義の立場は、原子力エネルギーから自然エネルギーへの代替を進める際に、一つの困難を抱えざるを得ない。例えば、風力発電や太陽光発電を各家庭で導入する場合、おそらく、富裕層からの導入がすすむであろう。家庭や業者からの発電エネルギーを買い取る「電力買取制度」のもとで利益を得るのは、富裕層であり、これに対して貧困層は、そのような電力の買取によって生じたコストを電力料金に上乗せされるため、損失をこうむるであろう。電力買取制度は、結果として、貧富の格差を広げてしまう。このようなエネルギー政策は、平等主義の観点からみて、正当化することが難しい。

平等主義の立場は、電力買取制度によって生じた貧富の格差を補完するために、相応の配分的正義を求めるにちがいない。しかしそのような「配分的正義」は、いかなる手段によって満たされるだろうか。十分な補償を施すのであれば、今度は、自然エネルギーへの代替がすすまない。エネルギーの代替政策は、不平等を前提にインセンティヴを与えざるを得ない。この点で平等主義の要求は、制約を受けるものになるだろう。

以上の簡単な考察から、原子力発電に依存しない社会のビジョンを描くための有望な思想は、「地域型コミュニタリアニズム」と「リバタリアニズム／新自由主義」の二つであることが分かる。これらの思想は、しかしまだ十分に練られているわけではない。以下では、この二つの思想の可能性を綜合的に考える視点、すなわち「自生化主義」の観点から、エネルギー政策の検討を進めていきたい。

2 自然エネルギー導入をめぐる思想理念

2-a 第三次産業革命

大局的にみると、原子力に依存しない自然エネルギーの利用は、「第三次」の産業革命と呼ぶにふさわしいだろう。「第一次」産業革命は、一八世紀のイギリスで生じた発展であり、主として、蒸気機関と鉄道による新たなコミュニケーションを切り拓くものであった。これに対して「第二次」産業革命は、一九世紀末から二〇世紀中葉にかけて生じた発展であり、石油や原子力

表 8-2. 第三次産業革命の位置づけ[243]

	第一次産業革命 1780年から	第二次産業革命 1890年から	第三次産業革命 1990年から
中心的な技術 資源	蒸気機関 鉄	電力、内燃機関 化学物質	マイクロエレクトロニクス、 バイオテクノロジー リサイクル
中心的なエネルギー	石炭	石炭、石油、原子力	再生可能エネルギー エネルギー効率
交通／コミュニケーション	鉄道、電報	自動車、飛行機、 ラジオ、テレビ	インターネット、 携帯電話
社会／国家	市民社会、営業の自由、立憲国家	大量生産、議会制民主主義、社会国家	市民社会、グローバリゼーション、ガバナンス
中心的な国	イギリス、ベルギー、ドイツ、フランス	アメリカ、日本、ドイツ	EU、中国?、 アメリカ?、日本?

エネルギーを資源として、自動車や飛行機による交通を切り拓いてきた。そして現代の産業革命においては、インターネットや携帯電話の普及とともに、再生可能エネルギーによる新たな発展が期待されている。（表8－2を参照）

「第三次産業革命」は、表8－2においては、その「社会／国家」の特徴が「市民社会、グローバリゼーション、ガバナンス」とされている。けれども、これらの特徴を統合するための思想的ビジョンは、地方自治体における市民的なエネルギー政策が、人工的に構築された市場メカニズムのもとで開花するという、「自生化主義」のビジョンにあるように思われる。この新しい思想のフェーズ（局面）は、一九六〇年代および一九七〇年代の思想状況との比較によって、明確に捉えることができるだろう。

一九六〇年代というのは、先進諸国において巨大で先端的な技術開発が推進され、そのような技術を正当化するための「テクノクラート支配」が確立していった時期であった。ところが民衆の不安が増大するにつれて、技術信仰に対する批判的な認識も高まった。民衆は、先端的な技術に依存しないローカルな生活の理想を掲げ、リベラルでローカルな市民社会のもとで、科学技術を統御しうるような社会を理想として掲げるようになった。ところが一九七〇年代になると、石油ショックの影響でエネルギー価格が高騰し、「省エネルギー」技術に対する関心が高まっていく。この段階で求められた理念は、先端技術に依存しないローカルな生活ではなく、技術革新に期待を寄せつつ、一定のエネルギー供給を安定的に確保することであった。

しかし一九八〇年代になると、エネルギーをめぐる技術革新への関心はしだいに薄れていく。人々は技術革新の恩恵を受けて、もはや技術の危険について問題視せず、しだいに「ポスト近代」の消費社会を謳歌するようになった。科学技術に対する批判的態度そのものが政治力を失い、人々の思想はしだいに、エネルギーの下部構造から離れていった。反原発を掲げる社会党の凋落は、それを物語るであろう。ところが一九九〇年代になると、人々のあいだで、次第に地球環境問題への関心が高まっていく。さまざまなエコロジー思想が開花し、人々はあらためて自身の生活を見直すようになった。例えば、ゴミの処理方法と処理施設の能力が問題となり、リサイクルへの関心が高まった。さらに、3・11大震災後の原発事故は、リサイクルできない核燃料廃棄物への関心をあらためて喚起した。以来、私たちは、原子力発電に依存しない社会を築くというビジョンを、真剣に考えるようになっている。

現在求められている技術は、現在世代の欲求を満たすための「省エネ技術」や「低公害生産技術」に加えて、将来世代の生存を配慮するための新たな技術（例えば「植林技術」）である。[244]私たちは、たとえ現在世代の「社会的効用」を低下させたとしても、私たちの「社会的効用関数」そのものを変換して、新しいエコロジカルな生活を目指さすべきではないか。そのような変換への関心を含めて、技術革新への期待が高まっている。「第三次産業革命」においては、将来世代の可能性に対する期待が軸となって、私たちのライフ・スタイルを転換していくところに、その特徴があるだろう。「ロスト近代」の社会は、このように、私たちの潜在的可能性を開発していくことに、その駆動因を求めている。

その場合の技術革新は、その難易度に応じて、およそ三つのレベルに分けることができるだろう。第一の段階は、これ以上に地球に負担をかけないという目標であり、化石燃料の消費量を現状で維持するような目標である。この段階は、私たちが「これ以上多くの電力消費」を求めないことによって、あるいは生産者たちが「より多くの財を現状のエネルギー消費量で生産する」ことによって、可能になるだろう。第二の段階は、これ以上の地球温暖化を阻止するという目標であり、そのためには、飛躍的な技術革新が求められるだろう。例えば、化石燃料の消費量を大幅に減らして（約半減させて）、自然エネルギーをもちいた生産システムを構築する必要があるだろう。第三の段階は、化石燃料をまったく消費せずに、人類が地球に負担をかけない生活を構築するという目標である。そのような理想は、現在のエネルギー供給システムを、抜本的に組み替え

	技術革新による根源的変化	影響されるアクター
	新しいデザインの採用	発電業者、取付業者、消費者、建設業者
	脱中心的なネットワークの導入	配電業者、供給業者、調整業者、テレコム業者
	マイクログリッドによる所有権構造の根源的な変化	ネットワーク管理業者、供給業者
	消費者が供給者となる根源的な変化	発電者、供給者、消費者
	新規市場参入を導く	すべて
	既成の経路を破壊	生産物供給者、取付業者
	既成熟練者の価値破壊	製造業者、取付業者、建築家
	新しい規制の創造	規制当局、すべての市場参加者
	新しい管理業者の参入	ネットワーク管理者、供給者
	分散的な新しい市場	ネットワーク管理者、供給者
	資本調達のための新しい市場	供給者、消費者、銀行

るものになるだろう。[245] この第三の段階はおそらく不可能であるとしても、しかし現在求められている技術革新は、その可能性を展望している。

いずれの段階においても問題となるのは、目標達成のための手段である。あらゆる手段を講じてよいのなら、政府は上からの強権的な権力でもって、全体主義的に、最も効率的な政策を実行することができよう。けれどもそのような政治は、できることなら避けなければならない。そこでヒントになるのが、「自生化主義」の発想である。

2－b　自律分散型の技術編成

全体主義の危険を避けるために、現代のグリーン・イノベーションを、「自生化主義」の理念によって導いていく。そのための具体案として、ここで「マイクロ・ジェネレーション」について考えてみたい。マイクロ・ジェネレーションとは、

表 8-3. マイクロ発電供給による電力制度の変容[247]

技術革新の領域		技術革新による漸進的変化
技術的要因：	①発電技術のデザイン	既成のデザイン
	②送電網のデザイン	既存のネットワークの強化
非技術的要因：	①ネットワークの所有権	既存の所有権構造
	②エネルギー供給の所有権	既存の所有権構造
	③参加者のシステム構造	現在携わっている者たちの既成の構造
	④サプライ・チェーン／取付業者のネットワーク	既成の構造の利用
	⑤スキル（労働、経営、技術）	既存のスキルの有効性を拡張
管理要因：	①規制の設定	既存の規制構造を強化
	②電力管理	既存の生産者による
	③小売市場	既存の市場構造を強化
	④資本調達	既存のアレンジに基づく

誰もが電力の供給者となりうるような仕組みであり、例えば、家庭や地方自治体や企業などが主体となって、太陽光パネルや風車を取り付け、小規模な発電をネットワーク化していくようなシステムである[246]。

マイクロ・ジェネレーションは、自律分散型の発電供給ネットワークである。このネットワークは、現在の電力供給システムを、ラディカルに変容させることを求めている。一般に、保守化した社会においては、根源的な変化を求めるイノベーションは、採用されない傾向にある。むしろ、漸進的な変化が求められる傾向にあるだろう。発電業をめぐる根源的な変革と漸進的な変革の違いを対比すると、表8－3のようになる。自生化主義は、この場合、自律分散型の社会を築くために、根源的で革命的な転換を求める立場に立つ。自生化主義は、人工市場の新たなデザインによって、小規模な発電と売電が可能になるようなシステムを展望しており、例えば所有権の構造をめぐって、抜本的な制度改革を求めるであろう。

マイクロ・ジェネレーションは、発電の制度をめぐって、根源的な変化を求めている。それは技術革新とともに可能になった新しい「人工市場」の形成に期待を寄せ、新しい自律分散型社会の形成を求めている。そのための制度デザインは多様であるが、例えば発電ネットワークの担い手に注目した場合、(1)消費者主導、(2)企業主導、(3)コミュニティ主導、という三つの類型を考えることができるだろう。
(1)消費者が主導する場合の自律分散型ネットワークとは、住宅の所有者が、住宅の敷地内に発電装置を取り付けて、同時に電力供給の担い手となるようなシステムである。住宅を所有する消費者は、電力買取制度のもとで電力を売るべく、太陽光パネルなどの発電装置を取り付けるであろう。住宅を所有する消費者は、経済的な利益のために、自ら主体的に「マイクロ発電供給」を行う。ただその場合の制約は、発電装置を設置するための資金であり、供給主体は、一定の富裕層であるか、あるいは銀行から比較的低利で借り入れを行うことができる人々に限定されるだろう。
消費者が自らの判断で発電装置を自宅に取り付ける場合、その消費行動にはおそらく二つの変化がもたらされる。一つには、高額の発電装置を購入すると短期的な可処分所得は減るので、その消費パタンは、長期的な展望をもつようになるだろう。もう一つには、電力買取制度のもとで、発電者＝消費者は、電力を売ることができる時間帯と、電力を買わなければならない時間帯の区別に敏感になるだろう。すると発電者＝消費者は、電力の消費パタンを変化させるにちがいない。むろん、こうした行動の変化は、あくまでも家庭レベルでの最適化であって、社会全体の電力の効率的な利用をもたらすわけではない。あるいはまた、消費者主導のマイクロ発電供給は、供給される電力の不安定化をまねくかもしれない。

これに対して、(2)企業が主導する場合のネットワークは、発電を担う電力会社（あるいは新規参入業者）が、利益を追求する過程で形成される。例えば企業は、各住宅の一部を借りて太陽光パネルを設置し、そのパネルから得られる電力を供給することができるだろう。企業はこの他、農地を借りて、風力発電に参入することもできるだろう。こうした企業による電力供給の場合、消費者は、住宅の一部に太陽光パネルを設置するとしても、それは積極的な行為ではなく、企業からの提案に従うという追従的なものになる。企業の提案を受けて太陽光パネルを導入する場合、消費者は、自分で資金を調達する必要がなく、もっぱら企業に住宅の一部を貸すことから得られる地代（レント）を期待して導入を判断することになるだろう。

企業主導による分散型の発電は、おそらく、各家庭が個別に発電装置を導入する場合に生じるさまざまなコストを避けることができよう。企業主導によって太陽光パネルを大規模に導入するなら、発電装置導入のコストは低減し、また設置コストや維持コストも低減するであろう。企業主導の発電は、各家庭における発電のムラを均質化し、いっそう安定した電力の供給を確保することができるだろう。地域間の融通を利かせば、天候などの自然条件にあまり左右されない電力供給も可能になるだろう。

しかし、企業主導の発電ネットワークは、企業の収益を基準に自然エネルギーを導入するものであって、自然エネルギーの割合を最適な水準にするわけではない。そこで第三の方法として、(3)コミュニティ（地方自治体）主導の発電ネットワークを考えることができる。[248] 地域共同体の全領域を、自律分散型のエネルギー供給システムとして最適化するために、自治体あるいは自治体に依頼を受けた諸企業が、市民的に所有・管理された発電業を営むようなシステムである。[249] その場合の発電業は、地方自治体の主導による場合もあれば、第三セクター方式の場合もあるだろう。共同体が新たな発電業を担うことのインセンティヴは、それが地方自治体にとって、経済活動の連帯性を強めるからであり、地域内部におけるコミュニケーションの活性化によって、新たな経済的波及効果が見込まれるからである。地方自治体は、経済的な利益を求めて、発電業へ参入することができる。あるいは地方自治体は、各家庭による発電と電力供給を最適化するスマートグリッド・ネットワークを供給することもできるだろう。

自律分散型の電力供給を、地方自治体が行う場合の利点は、それが地域全体で電力供給を最適化するためのデザインを提供する点である。人々はそのなかで、自ら積極的に発電システムを導入しなくても、共同体によってライフ・スタイルの見直しを啓発され、電力の消費パタンを見直すことができる。人々は例えば、地方自治体によって提案されたコミュニティ単位の発電供給に参加するきっかけを得て、比較的容易に、発電供給を担うであろう。他方で、地方自治体が主導権を握る場合の欠点は、それが環境技術のイノベーションを非競争的にしてしまう点である。地域主導の電力供給は、長期的にみて、最も効率的で最も地球にやさしいエネルギー消費を達成するわけではない。効率性を重視するためには、地方自治体間での競争が必要である。国家は、電力の供給と消費をめぐって、地方自治体間の競争を促すことが、あわせて必要になるだろう。

2－c　コミュニティ（地方自治体）主導の必要性

こうしてみてくると、代替エネルギーの導入は、個人や企業の自生的な活動をベースとしながらも、地方自治体と国家の連携によってその欠点を補完していくことが、最も効率的であるように思われる。これが「自生化主義」の観点から見た場合の展望である。代替エネルギーの導入を、消費者や企業の自生的な活動に任せるだけでは、あまり大きな進展は望めない。別の問題として、そのような導入方法は、新たな階級問題を生みだすかもしれない。ニューヨークにおける「持続可能な南ブロンクス」の創始者マジョラ・カーターは、次のように述べている。

「世の中の人びとが抱く環境保護者のイメージとは、有機食品を食べ、プリウスを乗り回し、自宅にソーラーパネルを取り付けるような人間だ。サウス・ブロンクスなどの貧困地区の人々はそのような環境保護に加わることができない。「そんなことはできないし、そのためのお金もないし、望むことすらできない——正直なところ、望んでもいない」といったところだ。そんなやり方はうまくいかない。持続可能でグリーンな選択肢というものは、規模の経済を実現してこそ定着する。そのためには誰もが実行可能でなければならない。[250]」

ここでいう「誰もが実行可能な自然エネルギー」の導入とは、地方自治体の取り組みによって喚起されるのではないだろうか。住民の平均所得が低いところでは、自然エネルギーの導入が遅れる可能性がある。例えば北海道の場合、道民の一人当たりの年間所得は、全国平均よりも一〇％以上低い。市場メカニズムに任せるだけでは、自然エネルギーの導入は、遅れる可能性が高いであろう。

地方自治体が政策を打ち出さなければ、自然エネルギーの導入は、富裕層にはじまり、富裕層の特権に終わりかねない。例えば「ビジョン二〇五〇」の提唱者である小宮山宏は、著書『地球持続の技術』[1999]やその他の著作で、(1)エネルギー効率を三倍にすること、(2)物資循環システムを構築すること、および、(3)自然エネルギーの利用を二倍に引き上げることの三つを提案している。ところがそのために私たちができる具体策となると、一枚ガラスを二枚ガラスにすれば電気代が半分になる、といった内容になる。

［小宮山家では］「窓ガラスを複層ガラスにし、屋根と壁の断熱化を行った。それから、当時

最新型の省エネタイプのエアコンに買い替え、ヒートポンプ給湯器を導入した。そして、屋根に太陽電池を設置した。さらに、ハイブリッド車に乗り換え、冷蔵庫も買い替えた。その結果、わが家のエネルギー消費量は二〇〇九年の段階で、前の家と比べて五八％削減された。太陽電池が二三％を供給しているため、トータルでは八一％の削減である。[251]」

こうした「買い替え」に頼るだけでは、地球温暖化対策は、低所得層にまでなかなか普及しないように思われる。富裕層と貧困層のあいだの導入格差を解消するためには、地方自治体による積極的な自然エネルギー導入策が求められよう。「自生化主義」は、人々の自生的な変化をたんに期待するだけでなく、作為的な制度デザインの観点から、人々の自生的な調整力を促進する。そのために、政府と地方自治体の連携に対して、一定の期待を寄せるだろう。

むろん現在、地方自治体が温暖化対策を進めるには、さまざまな困難がある。例えば、地球温暖化防止のための政策は、住民の賛同を思ったほど得られず、多数決によって否決されてしまうかもしれない。アメリカのカリフォルニア州で生じたことは、住民投票によって、地方自治体レベルのグリーン・ニューディール政策が、否決されるという事態であった。共和党のシュワルツェネッガー知事は、二〇〇七年に、地球温暖化防止のための法律に署名した。ところがその数か月前の住民投票では、クリーン・エネルギーを推進するための法案「条例八七」は、反対多数で廃案に追い込まれていた。「条例八七」とは、石油会社が国土や沿岸部から抽出する原油や天然ガスに課税して、その税収をすべてクリーン・エネルギーのための研究開発にまわすという法案である。この法案に反対する石油会社やガス会社は、約一億ドルのキャンペーン費を投じて、税金は消費者価格に転化されると警告した。消費者価格への転化によって、ガソリン代や電気料金は急騰し、貧困層にとって打撃となるだろう。そのような警告のキャンペーンが成功したのであった。住民投票という手段で法案の是非を問う場合には、人々は、短期的な利害関心（ガソリン代と電気料金の高騰）を優先させて、クリーン・エネルギーに関する法案は通らないかもしれない[252]。

2―d　自律分散型社会のシナリオ

では政府と地方自治体は、具体的にどのような連携をなしうるのだろうか。ここではまず、地方自治体がエネルギー政策を主導した場合のビジョンについて考えてみたい。しかるのちに、具体的な政策の連携について考えてみたい。

環境省の報告書「2050日本低炭素社会シナリオ：温室効果ガス七〇％削減可能性検討」[253]は、低炭素社会に向けて、二つのビジョンを提出している。都市集中型の人口構成「シナリオA」と、地方分散型の人口構成「シナリオB」である。自律分散型の社会について考えるためには、この報告書の「シナリオB」が参考になるだろう。

「シナリオA」とは、利便性や効率性の追求のために、都心部への人口・資本の集中が進展するような社会である。このシナリオでは、しかし人口が大幅に減少するため、中核都市としての機能を果たせない都市が増加する。他方で、土地や資源を利用したビジネス（大規模農業、発電プラント等）の拠点として再生される都市も現れる。農村や山間部においては、過疎化が進展し、人口が大幅に減少するだろう。そこで農業・林業・漁業においては、民間会社などによって大規模経営が図られ、機械化などによって大幅に省力化される一方、ヒト・モノ・カネといった資源の効率的な利用が進むだろう。他方で国家のエネルギー政策においては、原子力や炭素隔離貯留（CCS）や水素などを利用した大規模なエネルギー技術が開発されるだろう。

この「シナリオA」においては、一人当たりのGDP成長率は二％であると想定されている。これに対して「シナリオB」では、人々がゆとりある生活を求めて、都心から地方・農山村へ移り住むために、人口や資本の分散化が進み、一人あたりのGDP成長率は一％に留まるとされている。「シナリオB」では、地方においても、充分な医療サービスや教育を受けることができる。それゆえ人口の減少は、ある程度まで抑制されるだろう。また、地域の独自性や文化が前面に出され、活気ある地方都市が多く現れるだろう。地域社会の意思決定の過程には、NGOや一般の市民たちも積極的に参加するだろう。農林水産業に対する魅力も高まり、農村や山村、漁村への人口回帰が進むだろう。農業を職業として営む人のみならず、自然が豊かな地域に自宅とオフィスを構え、SOHO（Small Office / Home Office）によって収入を得ながら自ら家庭菜園を営む家庭も現れるだろう。また国のエネルギー政策としては、太陽光や風力、バイオマスなどの比較的規模の小さい分散的なエネルギー技術が受け入れられるだろう。

シナリオAとBを比較した場合、どちらが環境によいシステムなのかといえば、二酸化炭素排出量の観点から、シナリオBのほうが望ましい。同報告書は、どちらのシナリオも、二〇五〇年までに、温室効果ガスを七〇％削減することができるとしているが、「シナリオA」は原子力発電に依存する社会であり、その場合のリスクは大きいと言わねばならない。これに対して「シナリオB」は、自然エネルギーを自律分散型社会において有効に利用する社会であり、これは中央集権的で一極集中的な社会のシナリオよりも、環境対策において有効であるように思われる。このように比較してみると、自律分散型の社会は、地域社会への分散的な定住を促すような社会デザイン、すなわち「シナリオB」であろう。次節では、そのために国が担うべき制度改革について検討し、次々節では、地方自治体が担うべき制度改革について検討したい。

3　自然エネルギー促進のための制度理念

3―a　税制の理念

自然エネルギーの導入を促進するために、私たちは自律分散型社会のビジョンを必要としている。そのために必要な制度改革として、ここでは「税制改革」に着目してみよう。

歴史的にみると、重要な意義をもつ技術革新は、さまざまな制度の改革によって促されてきた。

表 8-4. 技術開発の発端を切り開いた強い力の事例[254]

開発された主な対策技術	強い力の例示
重油税脱硫装置	【スモッグ警報などの劣悪な大気汚染】反公害運動など選挙で戦える世論になく、低硫黄油の輸入拡大で 18% 削減したが限界があるため、石連への政治圧力で 45% を削減
排ガス脱硫装置	【重油脱硫では対応に限界】公害健康被害補償法など大気汚染被害に対して削減の経済価値があり、重油脱硫と同額の削減効果から、需給バランスが導入に加速
苛性ソーダ製造が水銀法から隔膜法	【水俣病での有機水銀問題が深刻化】当初は他国の動向を見つつ渋っていた産業界が、水銀問題によるチッソの苦境を教訓に英断
燃焼制御や排熱回収	【石油ショックによる省エネ対策】省エネ環境意識よりも、燃料費高騰による経済的選択が技術開発と装置等の導入を加速
フロンの廃止・回収・分解	【オゾンホールの発見】オゾン層の破壊が予測よりも早いというセンセーションと、代替品が経済界での摩擦を解消
ガソリン自動車のエンジン改良等	【米国のマスキー法が成立】日本バッシングを狙う米国自動車産業界のロビー活動により法が成立したが、日本の技術勝利

表8－4はその一部のリストである。

例えば、一九七二年にアメリカで発令されたマスキー法は、「一九七五年以降に生産される自動車の排気ガス中の一酸化炭素と炭化水素の排出量を一九七〇～七一年の型の一〇分の一以下にする」ことを自動車メーカーに義務づけ、この条件をクリアしなければ販売を許可しない、とするものであった。マスキー法は結局、一九七四年に廃案となってしまうが、当時の日本のホンダは、独自の技術CVCCエンジンによってこの条件をクリアした。トヨタや日産自動車も、一九七八年にはこの条件を克服した。こうしてつまり、一九七〇年代における環境技術の革新は、アメリカの法律の発令が刺激となって促されたのであった。「マスキー法」は、日本の自動車産業に対して技術革新を促し、結果として日本車の世界的競争力を高めることになった。

では現在、私たちはどんな制度によって、グリーン・イノベーションを促すことができるだろうか。エネルギー総合工学研究所による報告書「エネルギー技術戦略二〇〇九」は、エネルギー技術革新のためのロードマップを詳述している。この報告書によって、私たちはグリーン・イノベーションの全体像を知ることができる。[255] 技術革新の方向性は多岐にわたるが、多様な方向性を同時に実現するために考えるべき制度理念は、その財源をどのような税制によって確保し、またどのような税制によって、技術開発を促すのかという問題である。すでに多くの地方自治体において、独自の環境税が導入されているが、[256] ここでは環境に資する課税システム全般のあり方について考えてみたい。

環境税は、環境面で持続可能な社会を実現するために導入される税である。従来の発想では、その理念は、市場では評価されない「社会的コスト」を税金でまかなうことであるとされてきた。K・W・カップによれば、例えば環境汚染のように、市場メカニズムにおける「費用」計算に現れない社会的コストは、課税によって対処されなければならない。しかし実際問題として、社会的コストを客観的・普遍的に計算することは難しい。人命や健康の損失をどの程度のコストとして評価するのか。さまざまな環境破壊を、どの程度のコストとして評価するのか。持続可能な社会における「人間の基本的生活権」とは、どのようなものか。こうした問題に対して、客観的な定義をあたえることは困難である。

実効的には、例えば「汚染の削減目標」を定めて、その基準を実現するように税率を決めていくという、ボーモル＝オーツ税の考え方のほうが、意思決定の複雑さを回避できるだろう。けれどもボーモル＝オーツ税は、客観的な汚染削減目標を達成するために、税率を変化させて最適化しなければならない。ところが税率を変化させることには、実効的な制約がある。税率の変化は、人々の生活と経済の長期的な展望に大きな影響を与え、そのための調整コスト（意思決定コスト）は、政治的には莫大なものとなるだろう。

そこでもっと一般的に、税率を安定させて、さまざまな環境問題に対応することはできないだろうか。税率をできるだけ一定に維持すれば、人々の経済行動は、長期的に安定したものとなり、しかもその行政コストは、著しく低減するであろう。プラグマティックに考えれば、税率は安定させなければならない。その場合に問題となるのは、生産と消費のどの局面で課税をするのか、という点である。

例えば自動車税の場合、(1)自動車の「取得・保有」に対して一律に課税するのか、(2)「エンジンの排気量」に応じて課税するのか、(3)「二酸化炭素の実際の排出量」に対して課税するのか（この場合はガソリンに税金をかけることになる）、それとも、(4)自動車の「エンジン性能」に応じて課税するのか、という問題がある。この場合、最後の「エンジン性能」に対して課税する方法は、課税の段階で、省エネルギーのための技術開発を促すことができるだろう。走行距離やガソリン使用量とは無関係に、エンジン性能のすぐれた自動車を取得することが「節税」になるのであれば、あまり自動車を利用しない人にも、エンジン性能のすぐれた自動車に買い換えるインセンティヴが働くだろう。エコ・カーの需要は飛躍的に増えるであろう。[257]環境税やエコ・カー減税のような税制は、それによって人々のライフ・スタイルを変化させるという、生活転換的な意義を持っている。

この(4)の局面で課税する方法は、きわめて自生化主義的である。それは技術革新を促すと同時に、人々の選好を間接的に変化させる力をもつからである。「リベラリズム」の考え方に従えば、一定の「社会的コスト」をまかなうための課税は、人々のインセンティヴ構造をできるだけ変化させないことが望ましい。それゆえリベラリズムの立場は、(1)のような一律の課税方法を支持するであろう。これに対して、ある種の「計画経済」の考え方に従えば、税金はどんな課税方法であれ、ボーモル=オーツ税のように、ある目標を達成するために税率を変化させることが望ましい。これに対して第三の立場として、「自生化主義」は、社会の発展方向を見極めつつ、その方向に向けて、人々の選好を変化させるような方法を支持するだろう。自生化主義は、人々にとって幸福というものが、あらかじめ個々人の効用関数のかたちで与えられているとみなすのではなく、社会全体の発展方向に照らして、個々人の事情に応じて変換されていくと考える。この立場は、人々の潜在的な可能性の実現が、ある制度のもとで刺激され、また促されていくことに関心を寄せている。自生化主義は、潜在的な可能性が多様に開花するようなダイナミズムを求めて、人々のライフ・スタイルを変換させる機能を、制度のなかに組み込もうとするであろう。

この自生化主義の理念を例証するために、ここでドイツにおけるエコロジー税制改革(一九九九年〜)について紹介してみたい。[258] 二〇〇〇年から二〇〇三年にかけて、ドイツ政府は石油・天然ガス・電気に対する税を引き上げる一方、企業の年金保険料負担率を引き下げてきた。また、エコロジー税負担の方が年金保険料負担を上回る製造業などには、超過分の九五％を還元することによって、負担の中立化が図られてきた。これによって製造業は、正社員を雇いやすくなった。というのも、非正社員を雇用する場合には、企業は、非正社員の年金保険料を負担する必要がない一方で、多額のエコロジー税を支払わなければならないからである。加えてドイツでは、再生エネルギーやコジェネレーションを利用した場合に、減税措置をとることにした。企業はこうして、正社員の割合を増やしつつ、環境対策に取り組むことにインセンティヴを与えられた。むろん、ドイツにおけるエコロジー税制改革が、環境の「社会的費用」をどの程度までまかなうことができるのかについては、不明である。また、具体的な到達目標を掲げるものではないという点でも不足である。しかしこの税制改革は、人々のインセンティヴ構造を変え、環境への取り組みを促進することができる。人々の自生的な活動を人工的に支援するという点では、「自生化主義」の理念にふさわしい取り組みと言えるだろう。

3－b　補助金の考え方

課税システム以外に、補助金による環境保全の促進という手段もある。しかし、自然エネルギーへの転換を進めるためには、初期の設備投資に対する補助金の給付よりも、「電力買取制度」を導入したほうが、自生化主義の観点からみて有効に機能するように思われる。

例えば、太陽光パネルの設置やエコ・カーの購入に対して、一定の補助金を出す政策を考えてみよう。設備投資に補助金を出す場合、次のような問題がある。(1)実際の発電量と補助金額が無関係であり、市場を補うための適切な補助金額を支払うことができない。(2)補助金は初期投資に対する一定の割合で支払われるため、初期投資を高めに誘導してしまう。(3)選考の裁量・恣意性を避けることができず、公正な競争環境を歪めてしまう。[259]

これに対して「電力買取制度」の場合には、こうした諸問題を避けることができる。発電を担う個人ないし団体は、人工的な買取価格の下で、利潤を最大化する行動をとるだろう。発電供給者は、どの程度の投資が最適であるかを長期的に見極めつつ、初期投資と事後的な投資の配分についても、適切な判断をすることができるだろう。電力買取制度の場合、補助金制度のように、国ないし地方が事業体の選考をする必要がないので、どんな人にも開放された競争環境を与えることができる。電力買取制度は、発電供給をめぐって、さまざまな主体の新規参入に、いっそうのインセンティヴを与えるのである。

他方で、電力の「買取」制度は、電力の「競争入札」制度よりも有効であることがしだいに明らかになってきた。これまで「競争入札」は、より自由市場的であると宣伝されてきたが、それは誤りである。実際には、固定価格での電力買取制度のほうが、より自由市場的である。競争入札は、一定の排出量の枠内で、最も効率的にその供給をなしうる主体を発見する試みであり、政治的に「排出量」を制約するための制度的手段である。しかし競争入札に敗れた企業は、もはや事業のなかで実践的に技術改良をしていくインセンティヴを与えられない。すると結果として、技術革新はあまり促進されないであろう。これに対して固定価格での電力買取制度は、価格を人工的に決定したうえで、どんな企業にも自由に参加を促すことができる。結果として、自然エネルギーの供給量は増えるであろう。また、それぞれの地域がどんな自然エネルギーの供給に適しているのかについても、自由競争の過程で明らかになっていくだろう。さらに電力買取制度の下では、自然エネルギー供給のための投資リスクが減り、地域や市民の参加も促されるだろう。

むろん、こうした電力買取制度がうまく機能するためには、私たちはアメリカの（テキサス州以外における）失敗から学ばなければならない。電力の自由な価格制度は、機能不全に陥る可能性がある。そこで私たちは、人工的な市場価格をデザインしなければならない。電力の買取価格と買取義務の期間を明確にすることによって、自然エネルギー供給に対する新たな投資を引き寄せる必要があるだろう。[260]

表8－5は、自然エネルギーによる電力供給をめぐって、その支援制度を分類したものである。

表 8-5. 自然エネルギー促進政策の分類[261]

		直接的手段		間接的手段
		価格	割当	
規制・法的	初期投資対象	初期投資補助 優遇税制	競争入札 (英国NFFO)	環境税
	発電量対象	固定優遇価格 (ドイツ型)	グリーン証書 (RPS)	
市場・ボランタリー	初期投資対象	グリーン料金		自主協定
	発電量対象	グリーン料金 グリーン証書	グリーン証書	

ここで「グリーン料金制度」とは、代替的な自然エネルギーを選好する消費者に対して、そのエネルギーの導入コストを価格に転化して供給するものである。例えば、ある消費者が風力発電を好む場合、電力会社が風力発電で供給する電力のコストを、その消費者の電力料金に転化したものが、グリーン料金になる。グリーン料金は、通常の電力料金よりも割高になるだろう。この制度は、自然エネルギーを選好する人々に、市場メカニズムを通じてその供給機会を与える方法である。しかしそれは、低価格へのインセンティヴを通じて、自然エネルギーの供給を促進するものではない。

これに対して「固定価格買取制度」は、自然エネルギーを用いた電力供給の価格に対して、政府が人工市場を構築することによって、いっそう多くの自然エネルギーを導入するためのインセンティヴを与えている。もし政府が、一定の人工価格で、自然エネルギーによる発電供給を買い取る義務を負うならば、人々は発電業に参入するインセンティヴを与えられるだろう。そして「自生化主義」は、グリーン料金制度よりも、固定価格買取制度を支持するであろう。

　こうしてみてくると、自然エネルギーへの代替を促進するための最善の支援策は、電力の固定価格買取制度であるだろう。電力買取制度は、地方自治体においても、個別に導入することができる。例えば、滋賀県における「太陽光発電の買取価格上乗せ補助」（二〇〇五年）、佐賀県における「グリーンエネルギー政策」（二〇〇六年）、福島県における「自然エネルギー政策モデル事業」（二〇〇六年）、東京都中野区における「自然エネルギー区民ファンド」（準備中）などは、従来の自治体による「供給プッシュ戦略」とは異なり、市場拡大と市場の補完を目指す「市場プル戦略」になっている。[262] 地方自治体が電力を買い取ることで、自然エネルギー産業における地域の雇用を生み出し、市場の拡大をもたらすことができる仕組みになっている。

　こうした地方自治体の企ては、根拠も戦略もない公共事業とは異なり、費用対効果を第一に考える点で戦略的である。また、従来型の「第三セクター方式」とは異なって、市役所、企業、市民など、さまざまなステイクホルダーの参加を促し、綿密に組み立てられた市民出資を活用する点にも特色がある。地方自治体が展開する市場プル戦略は、「市民の志」と「ファイナンス」の両方を同時に活用する。市場プル戦略の企ては、思想的には、「公正としての正義」を基準とするリベラルな公共事業とは異なり、地方自治の取り組みを単位とした人工的な市場競争を促す点で、自生化主義的な理念に基づくものであろう。

　自生化主義は、自然エネルギーの導入に際して、「地方自治体を媒介にした市民的行動」と

「市場メカニズムによる企業的行動」を、同時に刺激する。そのためには、大手の電力会社よりも、他の主体が供給する電力を、優先的に遇するという発想、すなわち「優先接続」の考え方が重要な意義をもつだろう。「優先接続」とは、ある地域の送電系統に対して、第三者の発電事業者や電力供給者が利用することを優先する、というものである。具体的には、「固定価格買取制度」を整備することによって、第三の事業者に自由な発電供給へのインセンティヴを与えることができる。ところがこれまで、電力会社は、かかる制度の導入に対して消極的な態度をとってきた。

電力会社が風力発電の導入量を制約する際の理由は、主として、(1)チラツキなどの現象として現れる局地的な影響、(2)系統全体に生じる交流の周波数への影響、および、(3)大停電につながるような大規模な影響、の三つである。こうした影響を克服する技術は、しかしすでに存在する。実際には、それぞれの系統がもつ周波数調整の能力に応じて、風力発電を導入することができる。問題はどのような社会的仕組みによって、風力発電の導入コストを配分するのか、であろう。

日本ではこれまで、電力会社のみならず、研究機関も政府も、市場での寡占状態を監視するというリベラリズムの発想から自然エネルギーの導入を考えてきた。従来の発想は、寡占理論にもとづくリベラリズムの思想に縛られていた。そこでは、自然エネルギーの供給とは、電力供給の独占状態という「社会的不公正」に制約をかけるものとみなされてきた。このような発想においては、電力供給の独占状態を批判することよりも、電力の安定供給が優先されてしまう。停電という「最悪の状態を最大限に避ける」ために、供給主体の寡占状態を容認してしまう。こうした発想は、ロールズの「格差原理」が提起する「公正」の理念に酷似しているだろう。リベラルな原理においては、電力供給の「公正さ」は、供給の寡占状態に制約を課す一方で、最悪を最大限に避けるという「安定」への要求を基底的な規範とみなしてきたのである。

しかし現在、見直されなければならないのは、このリベラリズムの呪縛である。自然エネルギーの導入に際しては、「社会的公正」の基準よりも、「人工市場を通じた新たな発見」の基準を優先することが、求められているのではないだろうか。飯田哲也によれば、「優先接続は市場競争の前提」であり、この考え方は、「風力発電や太陽光発電のような変動型の自然エネルギー普及において、決定的に重要な意味をもっている」という。[263] 自然エネルギーを効率的かつ大幅に導入するためには、その目標数値を掲げるよりも、優先接続によって市場競争を促すことが、制度理念としてふさわしいのではないだろうか。

ところが、経済産業省が掲げるグリーン・イノベーションの政策リストには、二〇一一年一月の段階で、この優先接続のための「固定価格買取制度」が含まれていない。経済産業省は、以下の三つの事業に大きな予算を計上している。すなわち、低炭素関連産業の国内立地の推進（一、四七四億円）、家電・住宅エコポイント制度の延長・見直し（三、一〇四億円）、および、レアアース総合対策（一、〇〇〇億円）である。これに対して、再生可能エネルギーの固定価格買取制度に

＊1ユーロ＝130円、1ポンド＝140円で換算
＊出典：各国数値については平成20年度新エネルギー基礎調査（海外における新エネルギー等導入促進施策に関する調査）調べ、EU平均についてはEREF Price Report 2009より抜粋

	水力	地熱	バイオマス	廃棄物	備考
	9.9～16.5円（既設のリパワメント：4.7～9.8円）	13.7～20.8円	8.0～26.9円 ＊燃焼源となるバイオマス、種類によって、異なる価格を設定	—	2009年稼働設備の価格
	10.8円（10000kw以下）	9.5円	7.4～22.1円	5.3～9.4円	2009年稼働設備の価格
	6.3～42.7円（5000kw以下）	—	6.3～42.7円（5000kw以下）	—	制度提案中 左記は売電価格含まず
	28.6円（1000kw以下）	26.0円（1000kw以下）	36.4円（1000kw以下）	—	2008年稼働設備の価格
	8.6～11.1円（12000kw未満）	15.6～19.5円（12000kw未満）	6.4～18.2円（12000kw未満）	5.9～6.9円（12000kw未満）	2008年稼働設備の価格
	12.1円	14.8円	14.3円	—	

ついては、次期通常国会に、その構築のための法案を提出するという程度に留まっていた。いま必要な政策は、第一の「国内立地の推進」のための予算を削減して、「固定優遇価格買取制度」を導入することではないだろうか。（現在、諸外国における電力の買取価格は、表8－6のようになっている。）

4 国と地方の役割分担

前節では、自生化主義の政策理念を導くために、主として国に期待される役割について検討してきた。では地方自治体は、どのような取り組みをなしうるだろうか。ここでは、いくつかの先駆的な事例を紹介しつつ、地方自治体に求められ

表 8-6. 諸外国における電力買取価格[264]

○太陽光発電については50円前後、太陽光発電以外は10～20円前後の買取価格となっている。

	買取期間	太陽光（屋根用）	太陽光（その他）	風力	
ドイツ	20年	42.9～54.9円 ＊自家消費分（30kw以下）は33.8円	41.5円	11.9円 （洋上：20.3円）	
スペイン	25年（太陽光、中小水力） 20年（風力、地熱） 15年（その他）	41.6～44.2円	41.6円	10.2円	
イギリス （提案中） （小規模）	25年 （太陽光）	36.4～51.1円 （5000kw以下）	36.4～51.1円 （5000kw以下）	6.3～42.7円 （5000kw以下）	
イタリア （太陽光＋小規模）	25年（太陽光） 20年（その他）	52.0～63.7円 ＋売電価格	46.8～52.0円 ＋売電価格	39円 （200kw以下）	
フランス	20年（太陽光、水力、洋上風力） 15年（その他）	71.5円 （12000kw未満）	39円 （12000kw未満）	10.7円 （洋上：16.9円） （12000kw未満）	
EU平均		58円	36.4円	13.1円 （洋上17.4円）	

る諸政策について検討したい。

4－a　いくつかの先駆的事例

(1) 佐賀県では全国に先駆けて、平成一八年度に、佐賀県太陽光発電トップランナー推進事業を創設した。家庭用太陽光発電の自家消費電力に対して、その環境価値を「グリーン電力証書」として買い取る制度である。これによって、太陽光発電の普及率は全国トップとなり、県内では新たな産業に結びつくのではないかと期待されている。また、鳥栖《とす》市では、民間企業を通じてバイオマス資源のエネルギー転換実験を始めた。この他、玄海町では、平成二四年の開園を目指して、「次世代エネルギーパーク（仮称）」が建設されているという。[265]

(2)岩手県葛巻町では、一五基の風車で、一般家庭六〇〇〇世帯分の消費電力をまかなっている。二〇〇〇年には、葛巻中学校の新築にあわせて、太陽光発電を導入。また、二〇〇三年から「畜ふんバイオマスシステム」を稼動、このシステムによって、完熟堆肥の販売や、メタンガスによる発電、あるいは発酵が終わった後の水分を「液肥」として利用するなど、さまざまな有効利用によってエネルギーの循環を図っている。[266]

(3)高知県梼原《ゆすはら》町では、二〇〇九年までの一二年間、さまざまな自然エネルギーを導入してきた。一九九九年に町長に就任した中越武義さんは、まず二基の風車を立てた。その風力発電から得られる年間四、〇〇〇万円の収益を、今度は他の自然エネルギー供給のための財源として利用した。太陽光パネルの普及率は、四国で一番になったという。合わせて「森林づくり基本条例」を制定することによって、同町では、それまで荒れ果てていた森林（町の九一％を占める）がよみがえった。間伐で切った木は木質ペレットに加工されて、バイオ燃料に活用されている。[267]

(4)この他、（独）新エネルギー・産業技術総合開発機構（ＮＥＤＯ）の補助事業として、長野県飯田市や、北海道稚内市の取り組みなどが有名である。[268]

4－b　政府と地方自治体の課題

以上は各自治体の先駆的な事例であるが、この他、温暖化対策における地域の取り組みとして、「地球温暖化対策地域協議会」が全国に設置されている。温暖化対策は、長期的には諸個人のライフ・スタイルの変革を求めるものであり、そのためには地方自治体を通じた、住民参加型の取り組みが必要になる。表8－7は、各種の温暖化対策のために、国と地方のいずれが望ましい主体であるかを示したものである。[269]

戦略的に言えば、農村的性格の強い自治体と、都市的性格の強い自治体では、地球温暖化防止のための対策が異なるだろう。農山村的性格の強い自治体では、自然系・在来技術系の温暖化防止策を採り、これに対して都市的自治体では、人工系・新技術系の対策を採ることが、効果的であるだろう。中口毅博による研究[270]は、そのような傾向が、実際に認められることを示している。

この他、地方自治体は、家庭用の太陽光発電のために、燃料電池の共同利用を促すことができるだろう。家庭用燃料電池システムにおいて問題となるのは、燃料電池の燃料となる水素を、都市ガスや灯油から得るための「改質器」である。改質器は、四つの触媒から構成されているが、それぞれの触媒を一定の温度（八〇〇〜八〇〇度）に保たなければならない。改質器の起動時に、触媒温度を上昇させるためには一時間以上の余熱が必要になる。この起動と停止の繰り返しを避けて、改質器を有効利用するためには、例えば次のような方策がある。すなわち、燃料電池と改質器を分離して、この二つの機器をいくつかの家庭で共有すると、電気と熱（温水）と水素を融通することができる（図8－6参照）。このような共有システムを築けば、各家庭が単独で燃料電池と改質器を導入する場合と比べて、エネルギー効率は高まり、環境負荷を低減させることができるだろう。具体的には、八戸で燃料電池四台と改質器三台を共有すれば、初期投資は半分

表 8-7. 温暖化対策推進大綱における具体的施策と数値目標

分類	分野	対策の内容	アプローチ	主体	万t $-CO_2$
省エネ	産業	省エネ法に基づく工業対策	制度規制	地方	6,050
		高性能工業炉の導入促進	新技術促進	地方	110
		高性能ボイラー・レーザーの開発	新技術開発	国	150
	民生	機器の効率改善の強化措置	新技術開発	国	3,040
		トップランナー適用機器の拡大	新技術促進	地方	290
		高効率給湯器の普及促進	新技術促進	地方	110
		待機時消費電力の削減	啓蒙	地方	110
		高効率照明の開発	新技術開発	国	180
		住宅・建築物の省エネ性能の向上	新技術開発	国	3,560
		HEMS の普及促進	新技術促進	地方	290
		業務用需要におけるエネルギーマネジメントの推進	啓蒙	地方	770
	運輸	自動車燃費の改善強化	新技術開発	国	1,390
		クリーンエネルギー自動車の普及促進	新技術促進	地方	220
		トップランナー基準適合車・低公害車の開発・普及	新技術開発促進	国	260
		アイドリングストップ措置搭載車両の普及	新技術促進	地方	110
		大型トラック走行速度抑制	制度規制	地方	80
		自動車交通需要の調整	行政処置	国	70
		ITS 推進	新技術促進	地方	370
		路上工事の縮減	行政処置	国	70
		テレワーク等情報通信活用による交通代替推進	行政処置	国	340
		鉄道のエネルギー消費効率向上	新技術開発	国	40
		航空のエネルギー消費効率向上	新技術開発	国	110
		内航・鉄道貨物輸送の推進	啓蒙	地方	150
		海運へのモーダルシフト	行政処置	国	260
		鉄道の利便性向上	新技術開発	国	30
		物流の効率化	新技術開発	国	170
		トラック輸送の効率化	新技術開発	国	290
		国際貨物の陸上輸送距離の削減	新技術開発	国	180
		公共交通機関の利用促進	啓蒙	地方	520
		計			19,320
新エネ対策			新技術開発	国	3,400
原子力・燃料転換等		電力等の燃料転換等に向けた追加対策	新技術促進	地方	1,800
計					24,520
				地方計	10,980
				国計	13,540

図 8-6. 街区レベルに適用可能な戸建住宅向けシステムの例[272]

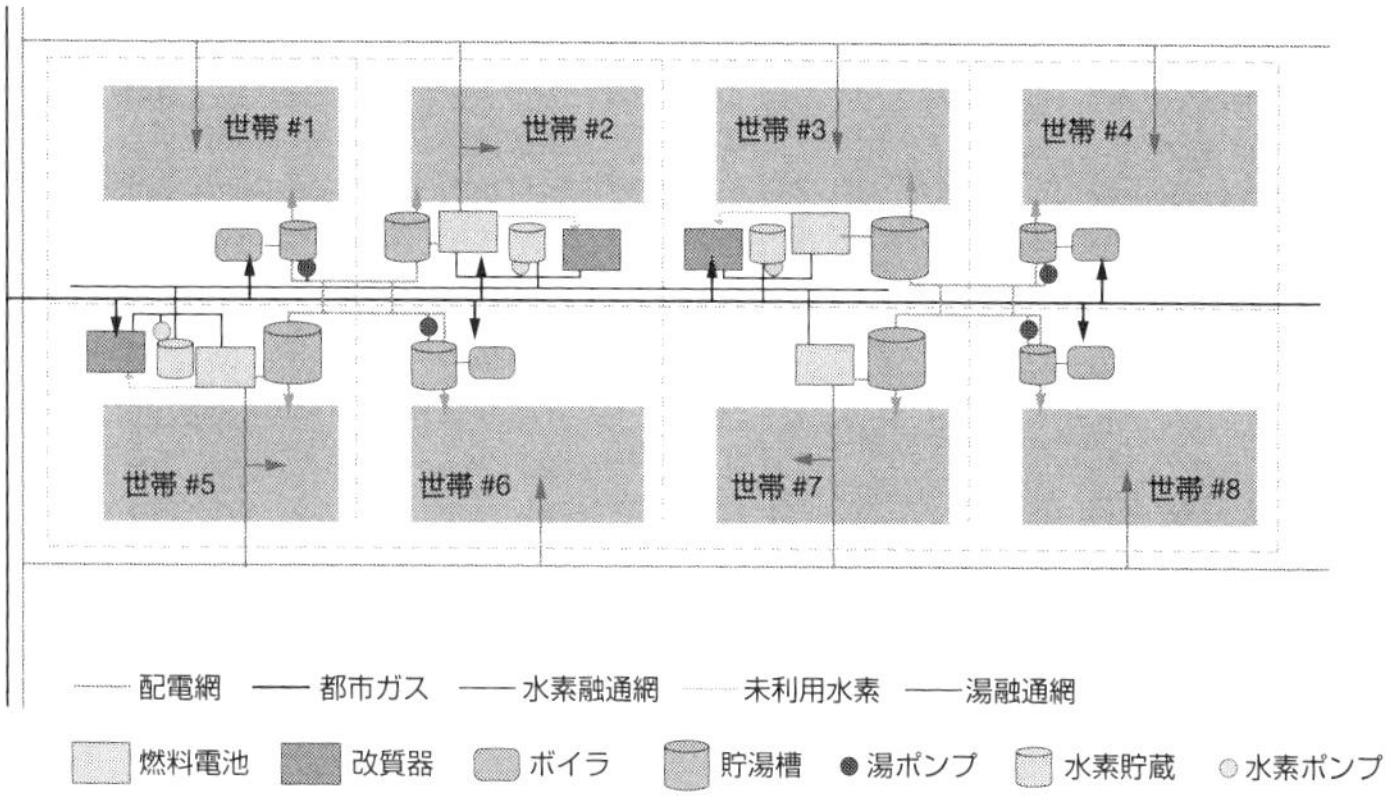

で済み、しかも改質器を効率的に稼動させることができると言われる[271]。

以上のように、地方自治体は、さまざまな温暖化対策に取り組むことができる。その中には、改質器や燃料電池の共同利用のような計画も含まれている。地方自治体によるこうした取り組みを評価するためには、二酸化炭素排出量その他の数値について、正確な統計データを用いることができなければならない。ところが現在、電力消費や二酸化炭素排出量をめぐる正確な統計データを把握することは困難であり、地方自治体の取り組みは、容易的に把握できないという問題がある（表8－8を参照）。温暖化防止のための対策を、国レベルと地方レベルに分けて相互補完的に分担するには、正確な統計データを作成することが急務であるだろう。

正確なデータを用いることができれば、国は、各地方自治体の取り組みを評価して、地方自治体間の競争

表 8-8. 市町村における民生部門・運輸部門排出量の問題点[273]

エネルギー種類	推計方法	市町村別推計に用いる際の問題点
電気	電力会社販売実績による推計	電力会社の営業所は複数市町村で成り立っているケースがあるため、市町村によっては把握できない。
		電灯・電力消費量から家庭と業務の消費量を正確に分離できない。
都市ガス	ガス会社販売実績による推計	ガス会社の営業所は複数市町村で成り立っているケースがあるため、市町村によっては把握できない。
ＬＰＧ	ＬＰガス資料年報による推計	都道府県単位にしかわからない。
灯油	石油類販売実績による推計	都道府県（軽油・ガソリンは地方国税事務所単位）までしかわからず、市町村別に推計できない。
ガソリン・軽油	自動車保有台数による推計	自動車保有台数に原単位を乗じて推計するので精度が悪い。
		保有台数の増減でのみ数値が変化するので、走行量削減など地域の効力が数値に反映されない。
電気・都市ガス・ＬＰＧ・灯油、ガソリン	家計調査年報による推計	県庁所在都市の数値しかなくこれを原単位にするので、県内の地域差が反映できない。
		消費額しかわからないものがあり、消費量に換算しなければならない。

を促すことができる。例えば国は、自然エネルギーの導入率が高い地方自治体に、財政的なインセンティヴを与えることもできるだろう。自生化主義は、そのような地方自治体間の競争をデザインして、自然エネルギーの導入を促進するだろう。自生化主義はまず、市場や国家よりも、地方自治体の方に優位な点があることを認め、地方自治体が人工市場の下で作為的に自然エネルギーを導入することを促すであろう。自生化主義は第二に、そのような地方自治体の取り組みを、正確なデータを用いて評価し、国家主導の下で、地方自治体間での「自然エネルギー導入競争」を

促すような制度をデザインするだろう。こうして自生化主義は、国と地方の二つのレベルで、全体主義とは別のやり方で市場へ介入しつつ、自然エネルギーの導入を促すであろう。

4―c　自然エネルギー導入の問題点

最後に、北海道および札幌市の取り組みについて付言したい。札幌市の市民一人当たりの二酸化炭素排出量は、全国平均と比べて、二〇〇六年の段階で約一・三五倍であるという。主として冬場の暖房のために灯油を多く利用するからである。札幌市では、一人当たりの二酸化炭素排出量の増加率も、全国平均と比べて高い値になっている。[274] また、全国の地方自治体における民生部門と運輸旅客部門の「一人当たり二酸化炭素排出量」は、図8－7のように表される。北海道の地方自治体は、他の地方自治体と比べて、二酸化炭素排出量の点で大きな問題を抱えていることが分かるだろう。

このように、北海道あるいは札幌市は、全国の他の地方自治体よりも、地球環境問題において、いっそう困難な課題を突きつけられている。こうした課題を受けて、札幌市は「温暖化対策推進ビジョン」（二〇一一年三月）[275] をまとめている。二〇二〇年までのシナリオとして、札幌市は例えば、次のような目標を掲げている。

「札幌市版住宅基準が普及し、新築戸建住宅の一〇〇％がその基準を達成しています。」「住

図 8-7. 住民一人当たり二酸化炭素排出量の分布図[276]

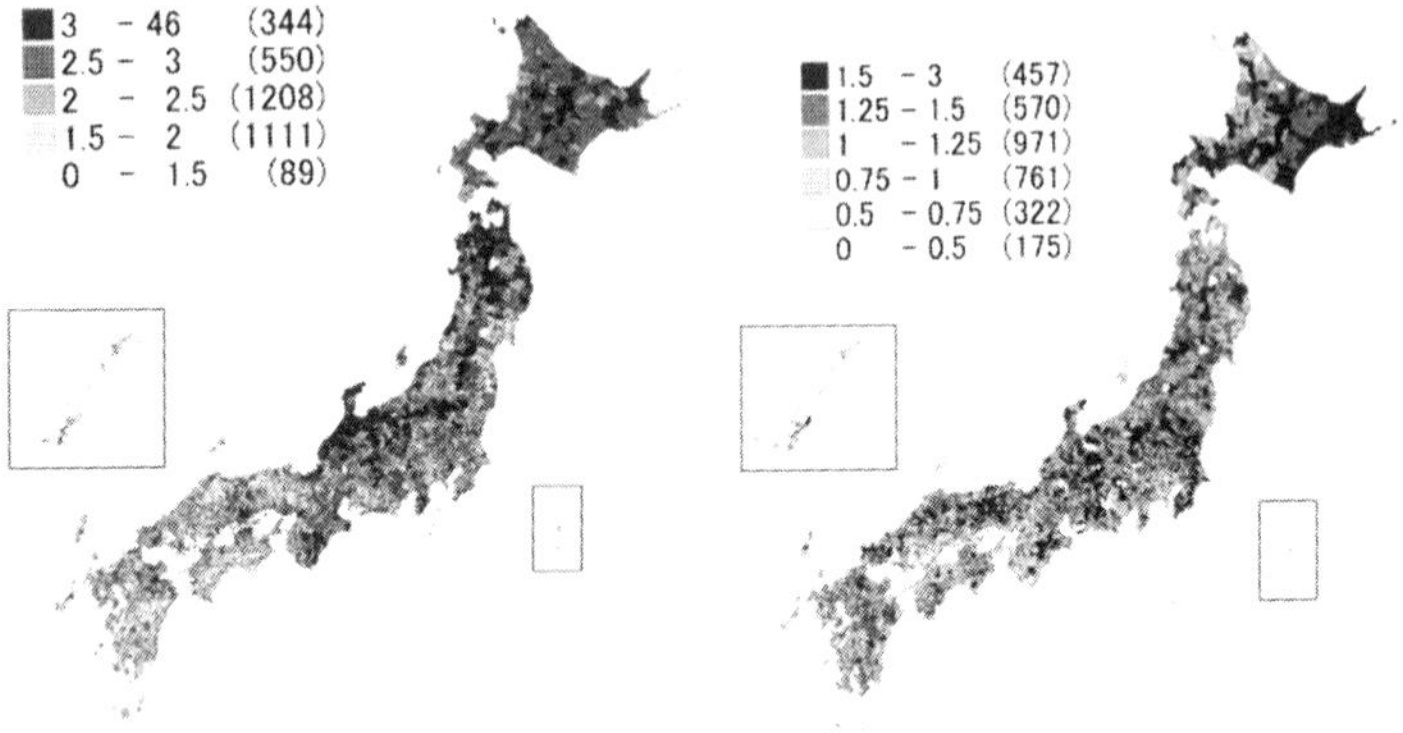

民生部門の住民1人あたりCO_2排出分布　運輸旅客部門の住民1人あたりCO_2排出分布

宅の約三〇%が国の次世代（一九九九（平成十一）年）基準を達成しています。」「給湯器の約八五%、暖房機の約五〇%が高効率機器となっています。」「市内で購入される新車（乗用車）の五〇%以上が次世代自動車となっています。」「ほぼ全ての家庭での家電製品が省エネ製品となっています。」「戸建住宅の約二〇%に太陽光発電設備が設置されています。」「地域熱供給事業者で年間四・五万tの木質バイオ燃料が消費されるなど事業活動において多くの木質バイオ燃料が利用されています。」等々。

こうしたビジョンは、しかし、地方自治体の主導で実行するには限界がある。例えば新車購入の五〇%をエコ・カーにするという目標は、いかにして達成しうるのだろうか。札幌市は、そのような購入を市民に強いることができない。そのための補助金の財源も不足している。札幌市が描く「温暖化対策推進ビジョン」は、「絵に描いた餅」であると言わねばならない。

この絵に描いた餅を眺めているよりも、私たちは、本章で論じてきたように、自生化主義に基づく「電力買取制度」に期待を寄せるべきではないだろうか。電力買取制度は、補助金政策よりもすぐれている。電力買取制度が導入されれば、どの地方自治体も発電業の主導権を握って、さまざまな政策を実行に移すにちがいない。例えば近久武美（北大教授）によれば、「直径四㎞の地域にソーラーパネルを敷き詰めれば、札幌市の年間電気需要の約二〇%を太陽電池でまかなうことが可能」であるという。その場合の導入のコストは、「市民一人当たり五〇万円」と試算されている。もし同じ需要を風力発電でまかなうとすれば、九二〇基の風車で、「市民一人当たりのコストは一〇万円」になるという。[277] こうした具体的な試算を見るかぎり、自然エネルギーの利用は、十分に実現可能であるように思われる。事業を促進するためには、地方自治体が発電業に参加するための制度的な枠組みがなければならない。電力買取制度は、地方自治体に大きな役割を与えることができるだろう。

以上、本章では、「ロスト近代」の政策の一つとして、グリーン・イノベーションについて検討してきた。自生化主義にもとづく「自律分散型の人工市場システム」は、私たちの潜在的可能性を刺激して、新たな資本主義の発展を導くにちがいない。とりわけ自然エネルギーの買取価格制度は、そのための強力な政策となりうるだろう。この他にも自生化主義は、地域主導の自然エネルギー導入、自治体による市場プル戦略、あるいは環境税などの政策によって、体系的なビジョンを与えることができる。こうした諸政策によって、私たちは「第三次産業革命」と呼ばれる革命を、実践的に方向づけることができるだろう。

第 9 章

ロスト近代の原理

0　はじめに

これまでの各章では、「ロスト近代」の駆動因について、さまざまな角度から検討してきた。最終章となる本章では、再び理論的に考えてみたい。ロスト近代の思想的な中核とは、何であろうか。

元来、「ポスト近代」とは、「近代」を超えようとする運動であった。「ポスト近代」社会においては、父権としての超越的規範が批判され、規範そのものがしだいに失われていった。その過程で、それまで抑圧されていた欲望は噴出し、人々は「果てしなき消費」へと駆り立てられた。「ポスト近代」の社会は、欲望の発出によって、資本主義の駆動因を得ることができた。ところがこうした「欲望消費」は、「ロスト近代」の到来とともに、しだいに減退しつつある。近代的な父権の支配が去ったにもかかわらず、私たちの欲望は、どうも煽られていない。権威の過少抑圧のもとで、私たちの欲望もまた、しだいに減退しつつあるのではないだろうか。

実に「欲望」とは、矛盾した現象である。欲望は、抑圧からの解放によって噴出するとして、抑圧が少ない状態が続くと、今度はそのエネルギーを失ってしまう。欲望は「抑圧」を資源としなければ、そもそも肥大化しない。かくして現代の保守派の人々が、萎えてしまった若者たちの欲望に「渇」を入れたくなるのも、頷けるメッセージであるだろう。保守主義とはそもそも、父性の復権によって、欲望消費を抑制するための美徳を掲げる思想であった。けれども現代の保守派は、父性と欲望の両方を復権すべきであると主張している。父性による抑圧がなければ、欲望すらも萎えてしまうからである。

たしかに保守派が言うように、私たちは「近代」的な父性と「ポスト近代」的な欲望の両方を取り戻すべきであるのかもしれない。「父親の権威」を建て直して、権威と抑圧のもとで「勤労意欲」と「欲望消費」の両方を回復すべきなのかもしれない。「ロスト近代」の状況を、ふたたび「近代（勤労道徳）」と「ポスト近代（欲望消費）」の状況へと戻すという企てには、相応の意義があるだろう。

しかしその一方で、「ロスト近代」においては、それに固有の、新たな駆動因が生まれている。私たちは、「ロスト近代」のただなかにおいて、人びとの潜在能力を引き出すような「多産性の原理」を見出している。多産性への関心は、欲望の源泉にある原理を、再び有意義な駆動因として定位することができるのではないか。退蔵された貨幣を、再び有意義な資本の駆動に結びつけていく。本章で探究してみたいのは、そのための多産性の駆動因についてである。以下では、このロスト近代の新たな駆動因を理論的に解明しつつ、これをライフ・スタイルの問題として具体的に考えてみたい。

1　アリストテレス主義の拡張

人々の潜在能力を引き出すような「多産性の原理」について、私は以前、「超保守主義（trans-conservatism）」という新しい概念に託して論じたことがある。[278] 詳しい説明は当該書に譲るが、「超保守主義」とは、およそ次のような理想を掲げるものである。(1)閉じられた共同性ではなく、拡張された共同性を探究する。(2)文化的に確定された意味よりももっと深い「真の」意味を探究する。(3)まだ言語化されていない、厚みのある暗黙知や実践知を探究する。(4)多産に展開していくような、文化の豊饒化を企てる。

こうした四つの指針から、「超保守主義」は体系的な考え方を紡ぎだしていく。それは保守主義がもつ最良の部分を、ラディカルに展開したものと言えるだろう。この「超保守主義」の理念を具体化するための一つの方法は、アリストテレスの徳（美徳＝卓越）論を拡張して、「自然の超越的価値」を中核におくような生活を実践することである。以下では、「ロスト近代」の駆動因として「超保守主義」の含意を定位するために、アリストテレスの議論に即して検討してみよう。

アリストテレスによれば、人間には、それぞれ、固有の「ピュシス（自然）」があるという。ピュシスとは、魂（プシュケー）の元となる素材である。そのピュシスにしたがって、私たちが「魂の最もすぐれた機能（卓越性＝アレテー）」を満たすならば、それがすなわち「幸福」であり、また「善」といわれる。例えば、よき将軍とは、手許にある軍隊を最もたくみに使用することができる人であり、また、よき靴工とは、与えられた皮から、最もうるわしい靴をこしらえる人である。いずれも、自身に与えられたピュシスを、もっともすぐれた仕方でプシュケーに結実させる生き方である、とされる。

アリストテレスのこの考え方は、各人のピュシスに宿っている崇高な価値を発現することに美徳を置いている。私たちはこの考え方を、たんに人格的な美徳に結びつけるのではなく、ピュシスがもつ崇高な価値を「対象としての自然」にまで拡張して、自然の崇高な価値、あるいは自然の超越的な価値というものを想定することができないだろうか。

ここで私は、人間のみならず、対象としての自然もまた、それ自体がピュシス（多産性原理）としての価値をもっていると考えたい。もし人びとが、自然のピュシスを発見したり、育成したり、あるいは配慮したりするならば、そのような生活は、各人の魂が卓越した能力を発揮するかどうかとは別に、それ自体が「善き生」として認められるのではないだろうか。

例えば私たちは、人がまだ手をつけていない原始林を、それ自体の価値のために守るべきだ、と考えることがある。あるいは私たちは、多様な生物を保持した自然界を、まさにその多様性のために保護しようと企てることがある。あるいは、人間によって生み出された「第二の自然（文化現象）」も、超越的な価値をもっているとみることができる。例えば、言語やインターネット（ウェブ）、都市や貨幣といったものは、人間の行為によって生み出された産物であるとはいえ、個々の人間の意図をはるかに超えた自生的な生成物である。こうした「第二の自然」もまた、多産性の特徴を備えている。私たちは、言語というものが豊穣であると感じる。あるいは私たちは、貨幣がそれ自体として多産な媒介物である、とみなすことがある。私たちは、「手つかずの自然（＝第一の自然）」であれ、「社会のなかで自生的に発展してきた第二の自然」であれ、いずれも、人間の管理を越えたところに、超越的な価値をもっているとみなすことがある。かかる多産な自然を、人間の手で豊饒化しようとする活動は、それ自体が「善き生」に連なると言えないだろうか。

むろん、自然（ピュシス）には、なんら超越的な価値はない、と考える人もいるだろう。生物多様性の保護など、私たちの社会的目標とはなりえない、とみなす人もいるだろう。あるいは、言語や貨幣を豊饒化する活動など、とくに賞賛されるべきではないと考える人もいるだろう。けれども私たちは、自然の超越的価値を認めた場合に、社会の新たな駆動因を手に入れることができるかもしれない。その帰結から考えると、私たちは自然という対象物に、超越的な価値を投影することができるかもしれない。

「自然の超越的価値」とは、この場合、自然がなんらかの「真理」をもっていて、人間はその真の価値を解読できる、という意味ではない。また、自然には社会的な評価尺度を超越したところに「美」の崇高な基準を宿している、ということでもない。あるいは、自然によって私たちが「友愛」の関係を結ぶことができる、という意味でもない。むしろ自然は、それ自体が多産性の原理をもっており、その原理を抽出したり模倣したりすることに、大きな価値があると考えられる。

こうした意味での自然の超越的価値は、アリストテレスが認めたような、人間の承認欲求や知的欲求とは、別の欲求をかきたてる。人間にとって、自然の超越的価値を豊饒化することは、それ自体が「悦び」であり、承認や知性とは無関係に、私たちの活動を駆り立てていくのではないか。悦びという動機づけに導かれて、私たちが自然の多産性原理を配慮するならば、その活動はやがて、経済社会を牽引する力となり、新しい時代を切り拓いていくことができるかもしれない。

本書の第二章でとりあげた、ウィキペディアの例に即して考えてみよう。ウィキペディアは、ネット上で自生的に生成してきた「第二の自然」である。ウィキペディアに事典の内容を書き加えるという行為は、各人の私的アイデンティティを表現する手段としてのブログや、ゴシップによって「社会性〔社交性〕の場」を生み出していくツイッターとは違って、自己のアイデンティティや人称性や社交的空間から解放されたところに、新たな対象性を構築していく。ウィキペディアという知の総体を、私たちはいかにして生み出すことができるのか。それは私たちが、人と人のあいだにある「社交性」のコミュニケーションを大切にするからではなく、むしろ、その一部の構築に参加している対象〔知の巣〕が、多産性の原理をもって発展していくことに、関心を寄せるからではないだろうか。

ウィキペディアに書き込む人たちは、自分たち一人ひとりが「人格」として評価されるような公共性の空間に現れたいのではない。そのような「現われ」の空間で承認されたいのではない。

むしろ、個々の人格を承認する空間とは独立したところで、公共的な「知の巣」が現れることに、大きな魅力を感じている。「知の巣」という「第二の自然」が、自生的に生成していくことに、私たちは悦びを感じ、そしてまた、その活動に参加したいと感じる。

このように、「対象がそれ自体としてもつ多産性の原理」を実現していくという活動は、他にも例えば、生物多様性の保護運動や、太陽エネルギーの利用、あるいは、資源物の回収や再利用といった、エコロジー市民一般の運動にもみられるだろう。自然の多産性を開花させる、あるいはその開花を介助するという活動は、さしあたって、経済成長とは無関係に、人びとの活動をエネルギッシュに動員する。私たちは、そのような活動に注目して、「ロスト近代」社会の駆動因を発見することができないだろうか。次節では、そのための技術的なアプローチについて検討し、その後に、経済活動を拡張するための道筋を描いてみることにしよう。

2 バイオミミクリー

前節では、「自然の超越的価値」を中核とする生活について、そのイメージを与えてきた。自然の超越的価値を「ロスト近代」の駆動因とするためには、技術革新との結合が必要である。そのための一つの方法は、「バイオミミクリー」と呼ばれる一群のアプローチによって与えられるだろう。

「バイオ（生物）＋ミミクリー（模倣）」とは、これまで地球上の生物たちが進化の過程で発明したり改良したりしてきた技術を、人間の手で模倣することである。自然の形態やプロセスを手本にして、新たな技術を開発する。あるいは、自然の生態系を模倣する仕方で、新たな技術を開発する。そのような技術的アプローチによって、私たちは地球に大きな負担をかけずに、新たな豊かさを享受できるかもしれない。これまで人類は、自然を破壊することによって豊かな文明を築いてきた。けれども「バイオミミクリー」の技術によって、ふたたび空気と水を浄化し、ゆたかな土壌を育んでいくことができるかもしれない。そんな展望をもって最新の技術を開発しようというのが、バイオミミクリーのアプローチである。

例えばアメリカの非営利組織「ランド研究所」は、これまで、自然のイメージに合わせた農業というものを模索してきた[279]。大量生産の発想に基づく農業は、成長力のある一年生植物を植えることでもって、毎年の収穫量を増大させている。ところが、大量の化学肥料と殺虫剤を用いて一年生の植物を育てると、土と生物のコロイド生成を台無しにしてしまう。土の粒子は小さくなり、土の保水機能が失われ、やがて土壌は侵食されてゆく。これでは長期的な収穫増を見込むことはできない。土地の生命力を高めながら、農作物を収穫するためには、どんな方法があるだろうか。ランド研究所は、多年生植物を多様な仕方で植生しながら、しかも収穫量を増大させるための方法を模索している。この他にも同研究所は、混作栽培によって、害虫や雑草に対して自己防衛力を高めるための研究や、混策によって窒素肥料を自給する研究などによって、自然と人間の豊かな共生関係を探っているという。

こうした取り組みの背後には、スチュアート・カウフマンのいう「自己組織」性の原理があるといわれる。生態系がもっている自己組織力を、人為的に促進して、生態が自らの力で豊かに生成していく。そのような方法は、いかにして可能であろうか。バイオミミクリーの中核にある発想は、この自己組織性を成長的にデザインする姿勢であり、自然がもつ多産性を増殖させていくという関心である。ほかにも現在、次のようなバイオミミクリーの技術が模索されている。

…池の浮きかすは、太陽光エネルギーを獲得することにおいては、人間の最新の技術よりもすぐれている。紅色光合成細菌は、九五%に近い確率で、太陽光のエネルギーを活用している。私たちは、こうした生物の技術をいかにして模倣することができるだろうか。

…あわびの貝殻は、盤状の炭酸カルシウムを、タンパク質がモルタルのようにつなぐ堅牢な構造になっている。圧力が加えられると横に動き、どこからひびが入っても、途中で進行させないようにできている。この構造を真似たアルミとタングステンの材料は、すでに開発されている。この素材をたんに人工的に模倣するのではなく、生物のプロセスを真似て、自生的に組織化することはできないだろうか。

…ヤモリは、特殊な形をした足先の先端の毛で、壁や天井にぴったりとつくことができる。この原理を模倣して、接着剤を用いずに接着する方法を開発できないだろうか。

……深海にすむクモヒトデの目（マイクロレンズ）は、わずかな光で天敵を見つけることができる。これを見習って、光ファイバー情報通信に応用できる微小レンズを改良できないだろうか。

……生物と同じようなプロセスでもって、二酸化炭素を紡いで、生分解性のプラスチックを生成することができないだろうか。この技術によって、二酸化炭素を削減することはできないだろうか。

……植物は、光合成によって、水から水素をとりだすためのヒドロゲナーゼという酵素の力を借りている。この方法を真似て、燃料電池を作ることはできないだろうか。

このようにバイオミミクリーは、いろいろな方面での応用が模索されている。日本でも例えば、新幹線の「五〇〇系」の車両の先端は、カワセミのくちばしを模して、細長い形になっている。こうした形状によって、新幹線は、トンネルに入る際に生じる衝撃波とその騒音に耐え、時速三〇〇キロを実現することができるようになったという。あるいは現在、風力発電用のプロペラには、トンボの羽を模して凹凸面を作り、微風でも回転するようなデザインが採用されつつあるという。

バイオミミクリーの技術は、その一つ一つを取り出してみれば、些細な発見にすぎない。けれどもバイオミミクリーの発想法は、一つの新しい生活態度をもたらしてくれる。自然は、豊穣な仕掛けに満ちている。自然は、理に適っている。自然は、必要とするエネルギーしか使わない。自然は、形態を機能にあわせている。自然は、あらゆるものをリサイクルする。自然は、協力に報いる。自然は、多様性に投資する。自然は、ローカルな知恵を働かせる。自然は、おのずから過剰を抑える。限られた制約のなかで、複雑な機能を実現している。こうしたバイオミミクリーの発想は、私たちの社会を変革するための、新しいスタイルを生み出すことができるだろう。

バイオミミクリーは、自然界の知恵を発見しようとする。私たちがその知恵に驚き、そこから新たな生き方を学んでいくならば、時代の新しいモードが生み出されていくだろう。バイオミミクリーの技術を取り入れながら、地球に精通した生き方を模索する。「ロスト近代」の社会は、こうした模索によって、自然の超越的価値を中核におくようなライフ・スタイルを築くことができないだろうか。

バイオミミクリーの発想は、これまで多くの環境主義者たちが提唱してきた事柄と、多くの点で一致している。例えば、「形態を機能にあわせて美しくせよ」、「廃棄物を資源として利用せよ」、「環境を多様化して協力せよ」、「エネルギーを効率的に使え」、「最大化よりも最適化を」、「生物圏との均衡を保て」、「情報消費を高めて物質消費を減らせ」、「必要なものは地域で調達せよ」、「制約条件を活かせ」といった提言である。こうした発想法に基づいて、私たちは現在のビジネスのあり方を、エコロジカルな方向に転換していくこともできるだろう。

生態系から産業におけるエコロジーを実現する方法を学ぶとすれば、例えば、次のような発想法を挙げることができる。[280] (1)生産過程（食物連鎖）を、線上ではなく網状にする、(2)商品（種）の多様性を高める、(3)ビジネスのライフサイクルを長期化する、あるいは複雑にする、(4)企業の急速な成長よりも、顧客や取引先とのフィードバック・コントロールを大切にする、(5)企業組織の内部で、共生関係を発達させる、(6)生産のためのパタンを多様化し複雑化する、(7)草食動物の「軍備拡張競争」に代表されるような、生化学的な多様性の発想を取り入れる、(8)商品と顧客のあいだのニッチ関係を、限られた範囲にする、(9)商品生産に必要な物質エネルギーの循環を遅くする（生物体と環境のあいだの栄養交換速度を遅くする）、(10)資源の再生を試みる（有機物質の破片や死骸など、栄養再生におけるテトリタスの役割を重視する）、(11)商品生産に必要な要素として（バイオマスに含まれる栄養分として）、有機物質の総量を大きくする、(12)外部撹乱への耐性を高める、(13)エントロピーを低水準に保つ、(14)情報のフィードバック・ループを重層化する、等々。企業が試みることのできるこうした戦略的目標は、自然の生態系を模倣するための、さまざまな知恵を与えるものであろう。

「ロスト近代」の社会は、自然の超越的な価値（多産性原理）を中核において、新しい技術革新を模索する。私たちはまず、「自然の超越的価値」という理念から出発して、アリストテレスの善＝卓越理論を、人間から自然へと拡張した。そしてその多産性の原理から、自然を模倣するバイオミミクリーの発想へと向かった。自然の超越的価値は、技術革新とビジネスの革新を通じて、社会の新たな変革を導くことができる。最後に、残る第三段階として考えるべきは、私たちのライフ・スタイルの問題である。「自然の超越的価値」や「バイオミミクリー」の思想ないし技術を、日常生活の倫理にまで浸透させていくことは、いかにして可能であろうか。

3　環境市民：新たなロマン主義の誕生

ロスト近代の駆動因として、第三段階（最終段階）において求められているのは、ライフ・スタイルそのものを変化させていく運動である。自然の超越的価値とバイオミミクリーを、日々の実践へと受肉化していく。そのような役割を担う人々を、ここでは「環境市民」と呼んでみよう。「ロスト近代」の社会においては、環境市民の活躍が期待されている。例えば、ソーラーパネルを率先して購入する市民は、進歩的な消費者として、周囲の人びとに新しいライフ・スタイルを喚起するだろう。ソーラーパネルを導入しても、金銭的には利益が出ないかもしれない。けれども太陽光を利用した生活は、それ自体が新しい生活のイメージを喚起する。ソーラーパネルのある家には、「自然と融和して生きる」、「自然の恩恵を受けて生きる」、「自然の変化に敏感になって生きる」等々の機会（チャンス）が生まれるだろう。あるいはソーラーパネルのある生活は、自然の超越的価値がもつ多産性に対して、いっそう大きな関心をもたらしてくれる。日常生活全体が、「自然の多産性」によってイメージされ、自然のなかに包み込まれていく。そこには、一つのロマン主義的なライフ・スタイルが提起されている。

環境市民とは、こうした新しいライフ・スタイルを提案したり取り入れたりする人たちである。そのリーダーに多くのフォロワーが続くなら、環境技術は、ひろく伝播していくだろう。「グリーン・ニューディール」と呼ばれる国家主導の環境政策が成功するためには、実は、こうしたリーダーとフォロワーの関係がしっかりと確立していなければならない。まず「環境市民」が進歩的なライフ・スタイルを模索する。続いて、フォロワーたちがよきリーダーを見つけて、そのライフ・スタイルを模倣する。こうした連鎖によって、バイオミミクリーの技術は、はじめて日常生活に浸透していくだろう。

それゆえ、環境市民に求められているのは、新しい技術を用いて、生活をロマンチックに演出していく力である。環境市民は、一方では、バイオミミクリーの技術に関する「進取の気性」をもっていなければならない。また他方では、環境に配慮するライフ・スタイルを、ロマン主義的に想像/創造していかなければならない。この後者のために、環境市民は、次のような五つの精神に関心を寄せるかもしれない。

第一の精神（美徳）は、「自然に浸る力」である。環境との自然な関係を保つために、自然のなかに身を浸すような関心である。自然への陶酔力といってもいい。例えば、小川のほとりを歩きながら、松ぼっくりや木の葉や石ころを拾ったり、鳥の巣といった自然の宝物を探して散策したりするといった、ロマンチックな楽しみを享受する。自然界のなかでは、人間はほとんど決定権を持っていない。だが私たちはそのなかで、森羅万象の一部として存在する自分を再発見することができる。そして自然のコスモロジーのなかに、自身を置くことができる。

第二の精神は、分類学への関心である。環境市民は、さまざまな生物種について知りたいと思っている。例えば、地理的には「荒地」として分類される海岸にも、実に多様な生物が共生している。生物たちは、個々の才能を活かして、共生している。環境市民は、そのような生態を発見して、そこから、さまざまな教訓を得るだろう。一九世紀の自然愛好家たちは、休暇になると家族みんなで田園に出かけ、ルーペと押し花器を手にして自然を研究したという。アマチュア自然愛好家たちは、自分たちの暮らす地域の自然が、秘めた誇りを持っていることを確認したいと願っていた。自然の生態がもつ複雑に練り上げられた構造を、神秘的なものとして発見したいと考えた。そして自らがその自然の一部として暮らしたいと欲した。そのような営みにによって、人は自然とともに生きると同時に、自分自身の尊厳（プライド）の基盤を、自然の一部として理解することができるだろう。

分類学とは、そのための重要なアプローチとなる。どんな生物が、どこで暮らしているのか。どの生物が、絶滅の危機にあるのか。私たちが解決すべき新しい問題を提起しているのは、どの生物なのか。人間にとって有益と思われる生物は、どれなのか。約三、〇〇〇万種ともいわれる生物世界の全体像を、私たちは、自分一人で知り尽くすことなどできない。けれども分類学の知識は、技術と自然のあいだを仲介してくれる。あるいは、分類学への関心の高まりによって、技術者やビジネスマンは、自然の形態やプロセスを模倣することに、もっと意欲的になれるかもしれない。新しく開発されたバイオミミクリーの技術は、分類学の素養のある市民、自然に対する感受性の高い市民によって、いちはやく生活に取り入れられるかもしれない。

「環境市民」のための第三の精神は、自然に対する謙遜した態度である。ここでは、この謙虚な態度を「自然に対する「無知の知」」と呼んでみたい。人は、自然界のすべてを、合理的に知りつくしているわけではない。例えば、一つまみの土のなかには、四、〇〇〇から五、〇〇〇種類もの細菌がいるといわれるが、それらの大半は名前すらなく、はたして人間がそれらの細菌を必要としているのかどうかも分かっていない。人間は、自然界について圧倒的に無知のままである。この「無知」という現実から出発すると、私たち人間は、未開の自然を、そのままの状態で保護する義務を負っている、といえないだろうか。少なくとも私たちは、「自然」を開発することにともなうあらゆる負の作用を、引き受けることができない。かつて経済学者のハイエクは、すべてを管理する社会主義的な経済運営が、私たちの「無知」ゆえに合理的ではない、と批判した。すべてをコントロールしようとする企ては、理性の傲慢な態度に他ならない。このハイエクの思想を拡張するなら、私たちは、傲慢な知性的態度を避けるために、自然に対する「無知の知」を自覚して、自然開発を抑制すべきであるということになるだろう。

人間は、自分たちがどんな生態系のもとで暮らしているのかを、十分に理解しているわけではない。あるいはまた、人類がこれまで破壊的な仕方でかかわってきた自然との関係を、私たちが変革するといっても、私たちは、その変革のすべてを合理的に成し遂げることができるわけではない。人間と自然のあいだの関係性を変革するためには、私たち自身も、変革を遂げる必要がある。しかしその変革は、人間と自然の関係性についての「無知」を前提としている。私たちは、まだ知らない関係性を、いかにして変革しうるのか。これは難問というほかないだろう。

この問題に立ち向かうための一つの知恵は、自然の隠された意味を理解するという態度である。自然には、隠された意味がある。それは合理的なものではなく、むしろ神秘的なものである。自然は、神秘に包まれている。自然の意味は、合理的な知性の光の下では顕示されず、暗示されるにすぎない。そのような自然の意味を解釈する力は、自然に対する私たちの「無知」を補い、無知でありながら、なお私たちが「知者」であるための、一つの美徳を与えるのではないだろうか。「自然に対する「無知の知」」は、私たちか謙虚な仕方で自然と向き合うための、新しい美徳を与えるように思われる。

ライフ・スタイルをロマン主義的に演出するための第四の精神は、「自然のコスモロジー」を生み出していく力である。人間は、自分の意識のなかに、宇宙（コスモス）を生みだす存在であるといわれる。人は、さまざまな知識の断片、さまざまな経験の断片をつなぎ合わせて、不完全ながらも、自前のコスモロジー（宇宙観、秩序観）を作っていく。そうしたコスモロジーには、さまざまなバリエーションがあるだろう。複雑系やカオスといったモデルを用いる場合もあるだろう。あるいはシュタイナーやベルクソンのような神秘主義に至る場合もあるだろう。いずれにせよ、私たちはコスモロジーを用いて、「生物たちとのつながり」をいっそう豊かなものとして想像できるようになる。

例えば、ウィリアム・モリスの装飾芸術には、自然を模倣して、それを生活に取り入れるための知恵が、たくさん具現されている。あるいは、ヘンリー・ムーアの彫刻作品には、自然の内在的な価値に、抽象的な表現を与えるという魅力がある。こうした芸術家たちのイマジネーションは、自然のコスモロジーを日常生活に取り入れ、生活全体をロマン主義的に演出していくための、豊かな方法を与えてきた。私たちは、自然のコスモロジーに導かれて、ライフ・スタイルを再編していくことができる。新たなライフ・スタイルは、新たな時代のモード形成し、創造的な活動を刺激することができる。そのような企てを「自然のコスモロジー」を生み出す力に期待することはできないだろうか。

第五の、そして最後の美徳は、私たちが文明の中の「野生人」となって、煮詰まった社交的世界から離脱する勇気であるだろう。文明は、それが煮詰まった状態にまで成熟すると、もはや新しい動態をもたらすための駆動因を失ってしまう。それまで人々を駆り立ててきた「文化」の理想は、もはや人びとを刺激せず、洗練された停滞を生みだしてしまう。歴史が示すように、かかる停滞において、新たに社会を駆動する変革力は、周辺的（マージナル）な場所や、地下（アンダーグラウンド）の活動から生まれてきた。「環境市民」もまた、そのような変革の担い手となるべく、すでに煮詰まった文化社会から距離をおいて、自然と共生するための生活を模索するのではないだろうか。

「環境市民」は、文明の境界的な場所や地下にこそ、第二の豊穣な自然的世界があることを発見するだろう。かつてルソーが洞察したように、人間は、ある洗練された文明の外側にいても、高貴な野生人として、プライドのある立派な生活を営むことができる。私たちは、高貴な野生人となって、真に人間的な欲求と、真に人間的な情愛をもって生きることができる。精神の隷属状態に陥ることなく、高貴に孤立して生きる野生人の企ては、文明の成熟期においては、社会の変革力をもって現れるだろう。環境市民は、文明のモードを根本的に見直すために、そのような変革力を志向するのではないだろうか。

以上、「環境市民」に求められる、五つの精神について考察してきた。自然に浸る、分類学を探究する、自然に対する「無知の知」を知る、コスモロジーを作る、そして、文明の中の野生人となって離脱する、という態度である。こうした精神（美徳）は、新しい環境技術と呼応して、「ロスト近代」のライフ・スタイルを築いていくだろう。バイオミミクリーの技術は、環境市民の生活に取り入れられることで、新たな美徳ある生活へと結実していくだろう。

4　高貴な野生人としての環境市民

では「環境市民」とは、根本的な次元では、どんな思想信条をもって社会変革を企てるのだろうか。最後に、そのラディカルで中核的な変革思想を、前節で述べた最後の美徳、すなわち「野生人」の理想に即して考えてみたい。

「ロスト近代」の社会は、別の面から見れば、文化的に成熟した社会だといえる。「近代」社会においては、資本主義の発展を駆動するために、通俗的な大衆文化が動員されてきた。人びとは、低俗な欲望をかきたてられ、その欲望を貨幣欲へと結び付けることによって、資本を駆動してきた。これに対して高次の文化は、けっして貨幣（資本の流通）によっては評価されないだろう、と考えられてきた。ところが「ポスト近代」の社会になると、この対立がしだいに曖昧になってきた。そして「ロスト近代」においては、資本主義の駆動因は、以前にもまして、文化的なもの、あるいは公共的なものへと変容している。人々は資本主義のただなかにおいて、多様な文化を流通させるようになってきた。

むろん私たちの社会においては、ハイカルチャー（高級文化）を享受する人々が、最も裕福な生活をしているわけではない。高級文化を楽しむ人たちの多くは、富裕層に寄生（パラサイト）しながら、つつましい有閑生活をしている場合が多いだろう。またこのところ、専業主婦を希望する女性も増えているというが（「昭和妻」への回帰）、専業主婦の生活は、生活の利便性とともに、しだいに有閑生活の理想へと近づいているのかもしれない。

けれども、かかる有閑市民の生き方は、どこまで理想なのであろうか。私たちは、二級の有閑市民となって一部の富裕な人びとに寄生するよりも、もっと高貴な生き方を模索することができないだろうか。おそらく「環境市民」は、ポスト近代社会が可能にした圧倒的な富の蓄積に寄生しながら、第一級の文化を担うこと（あるいは享受すること）に、疑問を感じるだろう。

例えば、多くの富者が求める「文化的地位財」というものがある。クラシック・コンサートのS席、オークションで売買される骨董品、あるいは、高級な家具や調度品といった商品である。こうした商品は、第一級の文化人や職人の活動によってはじめて提供される奢侈財であり、奢侈財を消費する富裕層の生活は、いわば第一級の文化人や職人の活動に依存している、とみることができる。逆に言えば、すでに確立された第一級の文化人や職人の生活は、裕福な購買者たちの追従行為に依存しているのである。

富裕層と文化人（職人）のこうした共生関係に対して、「環境市民」は、疑問を抱くのではないだろうか。一流の文化人や職人になって富者を取り巻く生活よりも、もっと高貴な生活があるのではないか、と。環境市民は、コンサート・ホールでクラシックの楽曲を演奏したり、あるいはすぐれた工芸品を作ることによって、富者たちに評価されるような生活を求めたりしないだろう。環境市民は、「文化的地位財」の供給者となることよりも、むしろ「高貴な野生人」として生きることに、関心を示すのではないか。富者の財産に依存しないで、高貴に生きる術を見出すのではないか。

そのような生き方を根源的に提起した思想家は、一八世紀のフランスの啓蒙思想家、ジャン・ジャック・ルソーであった。ルソーは『人間不平等起源論』やその他の著書のなかで、文明人と野生人の生活を対比しながら、文明社会のなかで「高貴な野生人」として生きるという、賢者の理想を示している。
ルソーによると、多くの文明人は、魂を蝕まれているという。文明社会においては、どんな階級にいる人でも、夜更かしや不摂生、精神の消耗や無数の悲哀と苦痛によって、心身ともにさいなまれている。また、文明人の多くは、都会で他の人々と群れて暮らすなかで、他人に隷従せざるをえない状況におかれている。その結果として文明人は、臆病で卑屈になり、おかげで体力も気力も萎えてしまっている。実際、文明人の多くは、生活が苦しく、惨めで、不満の絶えない境遇にある。一部の文明人は、美徳（卓越性）を発揮することができるかもしれない。けれども多くの文明人は、嫉妬や羨望、軽蔑や嘲笑の感情にさいなまれ、自身の不幸を嘆くことになるだろう。

加えていえば、文明とともに言語が発達すると、言語によって抑圧される人びとが増えてくる。学ばなければならないことが増えると、人々は自身の無能さを思い知らされ、もはや伸び伸びとした生を謳歌することはできず、謙虚さの陰に隠れて、偏屈になってしまう。おまけに文明人は、人びとのあいだで承認されたいという「承認願望」を抱くあまり、他人よりも認められたいという欲望に駆られて、見栄を張るようになる。これ見よがしの虚栄（実際の自分よりもすぐれたイメージ）を求めて、むなしい空威張りに精を出すようになる。すると人々は、名声や名誉を求めて、相互に敵対してしまう。文明の生活は、いがみ合いの生活になってしまう。こうした状況を告発して、野生人として生きることの理想を突きつけたのが、ルソーであった。

ルソーは、決して満たされることのない文明人の生活を批判して、野生人の生活を対置した。[281]野生人の生活は、簡素で健康である。野生人は、孤独な生活を好み、人びととの交わりを避けて、高貴な魂を保つことができる。野生人は、自然のなかで暮らすので、攻撃と防御の能力を磨き上げている。自身の本能に従って、食欲や情欲などの、基本的な身体的欲求を満たすのみであり、一人で沈思黙考するような、不健康な哲学者になることもない。野生人は、言語文化に抑圧されたり、承認を求めて虚栄に陥ったりすることもない。野生人はすでに自由で幸福であり、心の安らぎを得ている。野生人は、軽薄な学問や文化に時間を浪費することはなく、有害な技術を用いることもない。そのような野生人の「自足した生活」を、ルソーは一つの理想とみなしたのであった。

もっともルソーは、私たちに「野生人になれ」と言ったのではない。ルソーはむしろ、現実的には、文明社会のなかで、孤独な賢者として生きる道を探った。他人に隷従せず、決して卑屈にならず、また承認を求めて虚栄をひけらかすようなこともしない。そのような生活を送るためには、都会から一定の距離を置いた場所で簡素に暮らし、決して高級文化の真似事をしないことが大切である、とルソーは考えた。例えば、言葉の語彙を決して増やさず、基本的な語彙でもって、自分なりの思考をつむぎだす。あるいは、決して第一級の芸術家の作品を模倣することなどせず、自分の手で創作する活動それ自体に価値を見出す。そのようなプライド高き生活を、ルソーは展望したのであった。高貴な野生人は、文明社会のなかで、人びとの関係から一定の距離を置いて暮らしている。距離を保つことによって、自分の魂を誇り高いものへと高めていく。

こうした「高貴な野生人」の理想は、現代においても、さまざまな人びとによって継承されている。ここでは笠井潔とボヤン・マンチェフという、二人の思想家を取り上げてみよう。この二人の思想において、ルソー的な賢者の生き方は、環境市民のスタイルへと継承されるようにみえるからである。

笠井潔は、二〇〇九年に刊行された大著『例外社会』[282]のなかで、かぎりなく個人の実存革命に近いような、新しい千年王国運動を展望している。千年王国運動とは、分断された社会の全体を、ふたたび未分化な状態の一体感へと高めるような、神的暴力の隆起である。それは左派においてはボルシェビズム、右派においては全体主義などの形態をとって、二〇世紀の歴史においても、いくども現れてきた。千年王国運動は、現実の政体としては、挫折を余儀なくされる。それは私たちの社会を、根本的に覆したいという、変革の大きな動因であるが、有効な政治的方向性をもたない。千年王国運動とは、私たちの抗いがたい希求であり、私たちの行動に、不可解な決断を促すエネルギーである。だがそのエネルギーは、失敗を余儀なくされたものである。

そのような革命的暴力のエネルギーを、笠井潔は、「生存のためのサンディカ」という発想によって、新たに導こうと企てた。「サンディカ」とは、解脱を求める修行者の集団という意味の「サンガ」と語源を共有している。サンディカは、国家を否定し、中間集団の連帯によって、闘争における霊的超越を遂げようとする。サンディカは、未来社会の構想を描くのではなく、権力の本源的な闘争関係において、ディオニュソス的な神秘的モメントを生きようとする。笠井はそのような生の理想のために、自らが犠牲になることで、集団の他のメンバーを覚醒できるのではないか、と考えた。

ただし笠井が想定する集団は、一人ひとりが樹木となって、意識のある樹木が、地上にまばらに生えているだけの世界としてイメージされている。集団といっても、そのメンバーたちは、かぎりなく孤立した生き方をしている。人間は、一人ひとりが樹木となれば、だれもが平和で高貴に生きることができるだろう。しかもそれぞれの樹木は、例えばある一者の死によっていっせいに覚醒され、圧倒的な変革のエネルギーを携えるのだとすれば、それは環境市民に近い理想になるのではないだろうか。

笠井によれば、「従来の私」に死を宣告することは、「もう一人の私」に、新たな生をもたらすのだという。そして「もう一人の自分」は、数限りなく増え続け、この私と無数のもう一人の私は、生存のためのサンディカを構成するという。こうした発想は、「自然の多産性」を超越的価値の中核に据えるような、環境市民の新しいライフスタイルを鼓舞するだろう。既存の「私」への死の宣告が、多様でエネルギッシュなライフスタイルを可能にする。笠井はサンディカの理想として、個的存在のプライド高き生活、しかも覚醒された生活を展望したのであった。

もう一つの思想的理念は、最近、ボヤン・マンチェフによって提起された「動物の権利」論である。[283]「動物の権利」論は、一定の動物に、普遍的人権の一部を適用しようと企てている。しかし動物の権利といってても、それはめぐりめぐって、人間の権利を再規定する。マンチェフが注目するのは、近代において普遍的人権が確立されたときに、人間たちが失った（あるいは譲渡した）「抵抗権」であった。マンチェフによれば、動物を解放すること、あるいは動物たちに野生の自由を認めることは、より的確に言えば、動物たちに「（権利としての）抵抗する自由」を認めることであり、「さまざまな生の諸形態」を認めることだという。むろん、そのような動物たちの自由を実現する担い手は、人間である。動物の権利を認めるに際して、人間は、動物の代わりに代理闘争を繰り広げなければならない。

その場合、この「〜のための、代理の闘争」という倫理は、動物のために限られた代理闘争ではなく、もっと広い射程をもっているだろう。私たちは、マンチェフの考え方を拡張して、「環境市民」の変革理念を提起することができる。動物の権利を認める運動は、たんに動物の生活を人間社会に包摂するのではない。その運動は、動物の包摂のために「人間中心主義」の前提を疑い、しかも包摂主義の意味を疑う作業を必要としている。それはつまり、人間が、人間以外の生物・環境のために、代理で闘うという倫理であり、また、人間がたんに無抵抗なまま、倫理的に包摂される集合体へと飼い慣らされることの拒否である。

一見すると、動物の権利を認める人々は、社会的弱者を救済するという「包摂主義」の立場に立っているようにみえる。例えば、権利擁護者は、ペットを家族の一員として認め、人間社会の一員として包摂しようとするだろう。だがマンチェフは、そうした包摂的な動機の背後に、「非包摂主義」と「野生の自由」を読みこんだ。すなわちマンチェフによれば、動物の抵抗権を認める運動は、「文明化に対する人間の抵抗権」、したがって「野生への権利」を主張することでなければならない。動物たちは、あくまでも野生的な生を送る権利をもつ存在として、権利主張をおこなうことができる、というのである。

実際、一八世紀の「自然権」論の背景には、「高貴な野蛮人」という人間のモデルが想定されていた。当時の自然権論は、既成の社会関係がいったん崩壊しても、なお人間の社会において最低限必要とされる倫理や法を模索するものであった。「自然人」とは、高貴な野蛮人たちが、最小限の法と倫理のもとで生きていくことを、一つの理想としたモデルであった。これに対して、現代の「動物の権利」論においては、「野蛮人」ならぬ「動物の野生」が、文明社会に抵抗するための、重要な意味を帯びている。私たちは、その野生のエネルギーに導かれて、「ポスト近代」の社会から解放される道筋を模索することができるのではないか。動物は、社会のなかに包摂されずに、野生的に生きていく自由をもっている。その自由は、高貴な野生人においても同様に求められるであろう。私たちは、高貴な野生人として、既成の文明に抵抗しながら生きていく権利をもつ存在である。そのような含意を、マンチェフの思想から紡ぎだしていくことができないだろうか。

笠井とマンチェフの思想は、私たちが環境市民となってエネルギッシュに活動するための、新たな駆動因を与えている。それは文明のなかの野生人として暮らす理想を、私たちの時代に負わされた課題に接合するための、重要な示唆を与えているように思われる。[284]

以上、本章では「ロスト近代」の駆動因について、理論的に検討してきた。まずアリストテレスの「善」理論を拡張して、「自然の超越的価値」を中核とする美徳のあり方について探究した。次に、この「自然の超越的価値」を新たな技術革新へと結びつけるための、バイオミミクリーの発想について論じた。さらに、バイオミミクリーの技術を取り入れて生活全体の変革を主導するという、「環境市民」の活動的生活について描いてきた。ルソーのいう「高貴な野生人」の理想は、笠井潔やボブ・マンチェフの議論を通じて、この「環境市民」のスタイルへと発展させることができるだろう。そのような展望は、ポスト近代社会の煮詰まった停滞を破り、新たな資本主義を導くための駆動因を提供することができるかもしれない。

注

1 「近代」概念の定義について、詳しくは橋本[2006]を参照されたい。
2 見田[2006]、第三章を参照。
3 大澤[2008]
4 大澤編[2010]
5 「近代(モダン)」とは、一定の様式＝モードが支配的になる、という事態である。ある「モード」が社会の駆動形態となって、現実を動かしていくという意味である。モードが変われば、社会変動の方向性も変わる。「近代」「ポスト近代」「ロスト近代」とは、それぞれのモードをもった社会であるという意味では、すべて「近代」の様式をそなえている。だからこれらの時代様式は、「第一近代」「第二近代」「第三近代」と呼んだ方が、より正確であるかもしれない。
6 真木[1977]
7 真木[1977:20]
8 見田[1996]
9 ピーターゼン[2009]、第四章および第五章を参照。また同書八一頁の図4を参照。
10 特集「百貨店沈没」『エコノミスト』二〇一〇年三月一六日号、参照。スーパーもまた、デパートと同じくらい売り上げを落としている。代わって売り上げを伸ばしているのは、コンビニエンスストアや通信販売である。
11 吉池基泰のコラム(『エコノミスト』二〇〇九年一二月二二日号所収)を参照。三菱総研とNHKの共同アンケートの結果による。
12 松田[2009a]
13 『日経流通新聞』二〇〇七年八月二二日、所収。
14 厚生労働省研究班「男女の意識に関する調査」より。「5％が虐待経験　セックス「関心がない」増加　16〜49歳対象、厚労省の意識調査」『朝日新聞』二〇一一年一月一三日、所収。
15 一九九〇年のピーク時には、新車販売数は約七七七万台だった。これが二〇〇七年には約五三七万台にまで下がり、新車販売の市場規模は約三分の二に収縮した。
16 辻井／金子[2009]
17 三浦[2009:205]
18 浅羽[1991:59]
19 Whitfield[1987=1997]
20 宇野[2008]
21 『週刊ダイヤモンド』二〇〇九年一二月二六日－二〇一〇年一月二日合併号、参照。
22 ところが二〇代は、再び競争と能力主義を重んじている。
23 松田[2009b]
24 正木／植田／伊藤[2009]
25 Anderson[2009=2009]
26 The Pew Global Attitudes Project, "What the world thinks in 2007," 増田[2009:86]を参照。
27 速水[2006]
28 Putnam[2000=2006:19-21]
29 「学校への帰属意識の低い生徒および怠惰傾向生徒の割合」(二〇〇〇年)、Furlong and Cartmel[1997=2009:57]を参照。
30 特集「子ども危機」『ダイヤモンド』二〇〇九年七月二五日号、参照。
31 鈴木[2005:142]

32 雑誌『POSSE』創刊号、二〇〇八年九月刊、参照。
33 特集「若者危機」『東洋経済』二〇〇九年一月一〇日号、参照。
34 Young [1999=2007 : 471-472]
35 「貧しさのために生活必需品が買えなかった経験」の国際比較。Global Attitudes Project, "What the world thinks in 2002," http://pewglobal.org/files/pdf/165.pdf, p.25.
36 スティグレール [2010]
37 民主党が二〇〇九年末にまとめた「成長戦略」は、福田政権や麻生政権のそれの焼き直しにすぎず、そこには民主党のマニフェストやその基となったINDEX2009の理念がほとんど反映されていないとの指摘がある。金子／武本 [2010] を参照。
38 橋本努 [2007c]
39 二〇〇五年以降には、「格差社会」に関する雑誌特集がたくさん組まれている。二〇〇五年八月から二〇〇六年七月までの一例として、『経済セミナー』(通号 607) 2005.8、『経済科学通信』(108) 2005.8、『文芸春秋』83(11) 2005.8、『中央公論』120(11) 2005.11、『労働の科学』60(12) 2005.12、『公衆衛生』70(2) 2006.2、『季刊教育法』(148) 2006.3、『中央公論』121(4) (通号 1463) 2006.4、『マスコミ市民』(通号 447) 2006.4、『世界』(752) 2006.5、『女性と労働21』15(57) 2006.6、『法と民主主義』(409) 2006.6、『教育と医学』54(7) 2006.7、『生活経済政策』(114) 2006.7. がある。
40 本田／阿部／湯浅 [2008 : 149]
41 『朝日新聞』全国すべての地域の朝刊の見出しと本文における使用頻度。なおゼロ年代前半の「貧困」は、主として海外の問題を扱った記事である点に留意が必要である。また「格差」というキーワードを検索すると、「一票の格差」問題が多くの記事で扱われており、このキーワードの頻度は「格差社会論」への関心を代表しない値になる。
42 渡辺 [2009]
43 佐藤 [2005]
44 石田 [2008]
45 別のデータでは、親の学歴が大卒でも、子の収入(男性四〇～五九歳)が、六五〇万円以下という人は、五〇%以上もいるという。特集「格差世襲」『ダイヤモンド』二〇〇八年八月三〇日号、五一頁以下、参照。
46 大竹 [2005]。この認識は、所得格差の増大を告発してきた橘木によっても、共有されている。前市岡 [2006]
47 橘木編 [2004 : 209f]
48 北村 [2008]
49 橘木 [2006 : 190]
50 橋本健二 [2007 : 228]
51 山田 [2009]、また Esping-Andersen[2008] も参照。
52 小杉 [2003 : 147]
53 この他、玄田 [2008] は、格差社会の本質は「日本的雇用慣行」にあるという指摘を紹介している。企業は内部の正社員を手厚く保護するという日本的雇用慣行を守るために、非正規雇用者をたくさん受け入れた。このことが、正社員と非正規雇用者のあいだの格差を顕在化させている。また、能力評価に関する情報の不完全性が、社会全体でも職場でも生じているため、いかなる報酬が望ましいのかについて、納得のいく合意を調達することができない点に問題があると指摘する。玄田は、一九六九年の日経連の報告書『能力主義管理』における議論に戻って、「能力とはなにか」という哲学的な問題から議論を積み上げていく必要があるという。
54 玄田 [2009]

55 玄田編 [2006:80-81]

56 特集「みんな偽善だ！」『SAPIO』二〇〇九年三月一一日号、参照。

57 棗 [2009:210]、参照。なお、小川編 [2009] には、さまざまな労働運動の事例が紹介され、派遣社員でも団体交渉権を用いて雇用側と交渉できること、そして理不尽な解雇を阻止できることが示されている。

58 森田／雨宮 [2009]

59 「……政治家や財界人は「活力ある社会のためには、ある程度の格差は必要」と言い続けている。格差を否定すれば残るのは悪平等しかないという論法に説得力を残してしまうのが、「格差」という言葉のもつ曖昧さである。しかし、その政治家たちも「活力ある社会のためには、ある程度の貧困は必要」とは口が裂けても言えない。「貧困」という言葉には政策的対応を強力に要請する含意があるからだ」[湯浅 2006:212]。

60 芹沢一也は赤木の著作を分析して、そこでは「安定」の意味が三つにぶれている、と指摘する。一つは「正社員の安定」。もう一つは「会社が給与の増加や雇用の安定を保証しなくても、つねに仕事がある」という意味での安定。これは経済成長が可能にする安定といえる。そして最後に、集団に帰属しなくても、突然生活基盤を失うような事態なしに安定した暮らしを営み続けられるという意味での安定。これは最低限の生活保障といえる。そして芹沢によれば、赤木の規範的な主張は、後二者をミックスさせたような「安定」のイメージを提案していると分析する。これに赤木は同意している。するとその政策は、八代尚宏の指摘するカナダ型の新自由主義になるのではないか。芹沢／荻上編 [2009:113-115] を参照。

61 「……二〇〇六年、日本の労働運動の歴史にとって画期的ともいえることが起こった。若者労働運動の突如とした台頭であった。若者を中心として個人加盟ユニオンがつくられ、また、これまでの青年ユニオンも活発化し、さらに、既存の個人加盟ユニオンも若者の過酷な労働や貧困に取り組むようになってきた。／ここに労働運動革新の確たる主体をみることができた」[木下 2007:8]。

62 雇用の規制強化は、雇用の安定につながるのだろうか。技能協会が二〇〇九年六月に取引先メーカー一、二〇〇か所を対象に実施した調査では、製造業派遣が禁止された場合の代替的対応（複数回答）として、「期間工に切りかえる」が四三％、「パート・アルバイトに切りかえる」が三九％、これに対して「正規社員に切りかえる」は一〇％しかなかったという。ということは、規制を強化しても、その分野の一〇％しか、安定した職につけないことになるのではないか。特集「どうなる「派遣」」『週刊エコノミスト』二〇〇九年一一月二四日号、参照。

63 杉田 [2009]

64 松本 [2008:9]。「俺が子供の頃に、オヤジが「俺は作家になる」とか言い始めて、突然会社を辞めて帰ってきてそのころから「うちは貧乏だから今日は食い物がない」とか言い始めたり（笑）。」「で、うちの母ちゃんは、自分はアナキストだ、自給自足生活だとか言って俺が高校の頃に離婚して日本を転々として、いまは長野県の山奥で自給自足生活しているし（笑）」[松本 2008:64]。

65 Glyn [2006=2007:221], Blanden et al. [2005:table 2]

66 ＮＨＫ放送文化研究所 [2010]

67 高校新卒者の求人・求職状況の推移（七月末現在）。http://www.mhlw.go.jp/houdou/2008/09/h0912-1.html この他、尾木 [2002] は、九七年から九九年にかけて青少年の失業率が大幅に上昇したことを問題にしている。

68 安田[2002:105]

69 岩間[2005:70,78]

70 Tannock[2001=2006:Ch.4]

71 「地方の高校・専門学校・大学を卒業する若年層のなかで、「移動する人生」を選び、大都市に移住するのは、大企業に就職する人たちにほぼ限られている。……大都市の住宅コストの高さは、地方の若年層の移動に対する障壁を形成し、彼らから「移動する人生」の機会を奪う」[日本住宅会議編 2008:33-34]。また、各国における若年世帯に対する公的住宅手当の割合について、日本が劣っているとの指摘は、川田[2008]を参照。

72 実は、福祉国家論で有名なエスピン＝アンデルセンがたどり着いた結論も、子ども支援策であった。エスピン＝アンデルセンによれば、「スカンジナビアの保育サービスは基本的に一律で、教育水準が高い。これは貧しい家族から子どもが相対的により多く福利を得ることを意味している。アメリカの保育所は質の差が非常に大きく、貧しい家庭の子どもは底辺部に集中する」という[Esping-Andersen 2004:208]。

73 後藤[2009a][2009b]

74 特集「家族崩壊」『東洋経済』二〇〇八年一〇月二五日号、参照。

75 玄田[2010:231-260]

76 一九九七年から二〇〇三年にかけて、富裕層市場の規模は、一七七兆円から一六三兆円にまで縮小した。

77 一つの傍証は、二〇〇五年から二〇〇八年にかけて、日本経済が緩やかな回復基調にあったときに、格差よりも貧困に関心が移っていったことであろう。

78 太田[2006]

79 特集「格差世襲」『ダイヤモンド』二〇〇八年八月三〇日、五一頁以下参照。例えば、「子どもの進路は、本人の希望を優先したい」というアンケート項目においては、リッチ層（三、〇〇〇万円以上）と貧乏層（四〇〇万円以下）のあいだに格差がない。また「自分自身、親から十分な教育環境を与えられたと思う」という質問に対しては、「非正規ジュニア」「貧乏父さん」「新興リッチ」はいずれも、約四二%程度が「当てはまる」と答えている。あるいは「ドキュメンタリー／教養」番組については、どの階層の人も、同じくらいの割合で見ている。こうした結果から読み取れるのは、格差社会と言われる現代においても、共有された意識が多く存在することである。

80 「平成18年度　年次経済財政報告」（内閣府）第三章、第3-3-24図（2）「階層帰属意識分布の国際比較」を参照。www5.cao.go.jp/j-j/wp/wp-je06/pdf/06-00304.pdf　二〇〇〇年の段階では、日本は「中の中」意識が他国よりも多い。その意味で中流社会といえる。またSSM調査（社会階層と社会移動全国調査）によれば、中流意識（「中の上」と「中の下」の合計）の割合は、一九八五年に六四・九%、一九九五年に六二・七%、二〇〇五年に六三・九%となっている[数土 2010:42]。

81 厚生労働省政策統括付労働政策担当参事官室[2009]

82 「第五回勤労生活に関する調査」http://www.jil.go.jp/press/documents/20080324.pdf

83 溝口[2005]

84 「労働者過不足判断D.I.」（労働経済動向調査「社会実情データ図録」、増田[2009:38]参照）によると、二〇〇四年以降は再び正社員が不足状態になる。なおパートタイム労働者が過剰であると判断されたのは、一九九八年から一九九九年にかけてのおよそ一年間のみである。

85 斎藤[2006:98]

86 八代／森永[2007]

87 日本のデータは二〇〇〇年の厚生労働省「国民生活基礎調査」より。

88 阿部彩ほかによる「社会生活に関する実態調査」（二〇〇六年実施）によると、貧困の経験と子ども期の世帯所得は、大いに相関しているという。「過去一年間に金銭的理由で家族が必要な食料が買えなかった」という経験のある人は、二六％の割合で、一五歳時点においての暮らし向きが大変苦しかった、と答えている。その他にもさまざまな因果関係が指摘され、阿部はこの調査から、「一五歳時の貧困」→「限られた教育機会」→「恵まれない職」→「低所得」→「低い生活水準」という図式が成り立つことを指摘している[阿部 2008: 20-25, 209-210]。

89 ちなみに、北欧諸国の人口は、五か国合わせて二、五〇〇万人程度である。（スウェーデンの人口は約九〇〇万人であり、大阪や神奈川などの地域と同程度の規模である。）アメリカは三億八、〇〇〇万人程度であるから、人口の規模からすると、約一億二、〇〇〇万人の人口を抱える日本は、アメリカとスウェーデンの中間あたりに位置している。

90 竹中／財部[2010]によれば、スウェーデンなどの北欧諸国が高福祉でいられるのは、ノキアなどの世界的企業があるからだという。スウェーデンはアメリカと同じくらい企業減税を行っている。また、サーブ社が倒産しかけたときには、これを救わなかったという。中谷[2009a]も参照。

91 図4－1および4－2は、神野／井手編[2006:12, 19]を参照。図4－3は、http://www.mof.go.jp/tax_policy/summary/condition/239a.htm および、http://www.iti.or.jp/stat/4-008.pdf をもとに筆者が作成した。この二つの指標から、二〇〇五年－二〇一〇年の実質経済成長率と二〇〇八年の租税負担率の関係を得ることができる。

92 二〇〇八年のデータとして、社会保障の対ＧＤＰ比と経済成長率の関係がある[北岡 2010:158]。

93 新自由主義経済を擁護してきたマーティン・ウルフも、北欧諸国の可能性を認めている。氏によれば、「税金の高い国が、一般的に企業の資本の一方的流出に悩まされているという兆候はない。……これら税金の高い国で、競争力の欠如を見出すことはできない、というのが結論である」[Wolf 2004:260]。

94 Reich[2001=2002:Ch.8]

95 税制調査会配布資料（二〇〇六年六月二日）「法人所得税の実効税率国際比較」[大辺 2007]によると、日本（東京）の法人所得税率は、法人税と事業税、住民税を合わせて、四〇・六九％であり、これはアメリカの四〇・七五％に次いで高い。これに対してスウェーデンは二八・〇〇％であり、諸外国との比較では最も低い税率になっている。

96 馬場[2010a]

97 永山[2006:50]

98 日本で同様の政策が取られたのは、二〇〇二～二〇〇三年であった。九〇年代後半の日本は、ケインズ的財政政策によって不況を乗り越えようとした。

99 柴[2007]

100 湯元／佐藤[2010:242-243]、宮本[2009:112-113]

101 稲上／ウィッタカー[1994]

102 篠田[2001]

103 Esping-Andersen[1999=2000:129]

104 丸尾[2008:178]の「表1：アメリカと北欧の主な経済社会指標の相違点と共通点」より抜粋。

105 下平 [2004]

106 例えば雑誌『オルタ』（二〇〇九年七‐八月号）は、特集「北欧神話？」のなかで、近年の北欧社会の欠陥をさまざまに指摘している。もともと北欧諸国は、一九世紀に移民の大量流出を招いた中小国だった。それが福祉国家を作り上げて成功し、現在は多くの移民を受け入れている。ところが近年、半市民権を与えられた移民（＝デニズン）に対する社会的排斥が問題化し、統治の不安定性を生み出している。社会統合と多文化主義は、そもそも矛盾する目標であり、北欧諸国もその矛盾に悩んでいるという。国境を超えて「社会的なるもの」をグローバルに拡充することは、これまで植民地主義を招いてきた。社会的なるものを拡張することは難しい、と同特集は指摘している。

107 特集「「北欧」はここまでやる。」『東洋経済』二〇〇八年一月一二日号、参照。

108 馬場 [2010:7]

109 労働政策研究・研修機構 [2010:62]

110 ＯＥＣＤ二〇〇九年のデータ
http://stats.oecd.org/index.aspx?queryid=451

111 http://www.gender.go.jp/main_contents/category/kyodo/201007/hyou_p02.html

112 The 2011 Mother's Index, http://www.savethechildren.org/atf/cf/%7B9def2ebe-10ae-432c-9bd0-df91d2eba74a%7D/SOWM2011_INDEX.PDF ただし、子どもの教育環境等を含めた「母親指数」（二〇一一年）では、日本はアメリカよりもわずかに上位に位置している。（二〇一〇年の指標では、日本よりもアメリカのほうがわずかに上位であった。）

113 井手 [2010:129]

114 労働政策研究・研修機構 [2010:274]

115 The Financial and Economic Crisis: A Decent Work Response, 2009, p.16. in http://www.ilo.org/public/english/bureau/inst/download/tackling.pdf

116 The State of Responsible Competitiveness 2007, in http://www.accountability.org/images/content/0/7/075/The%20State%20of%20Responsible%20Competitiveness.pdf

117 二〇〇九年のデータ
http://www.oecd.org/dataoecd/27/52/47406944.pdf

118 Miettinen [2002=2010] によれば、イノベーションの概念を世界ではじめて「政策」に導入したのは、一九九〇年のフィンランドの科学技術政策会議においてであった。国家がイノベーションを誘発するという企ては、シュンペーター的な経済思想の理念に基づく。

119 二〇一二年の指標。http://www.heritage.org/index/ranking

120 Strictness of Employment Protection: Regular Employment, OECD 2008
http://stats.oecd.org/Index.aspx?DataSetCode=EPL_R

121 二〇〇九年のデータ
http://www.transparency.org/publications/annual_report

122 二〇一〇年のデータ
http://en.rsf.org/press-freedom-index-2010,1034.html

123 二〇一一年のデータ
http://www.germanwatch.org/klima/ccpi11.pdf

124 Environmental Performance Index 2012 in http://epi.yale.edu/epi2012/rankings

125 福田 [2007:116]

126 「ＯＥＣＤ［の教育理念］は「新自由主義」ではないのか、ＰＩＳＡで好成績をあげたフィンランドは「新自由主義」ではないのか。こう問えば、ＯＥＣＤもフィンランドも「新自由主義」に則っていると答えるほかはない」［福田 2007:111］。

127 神野［2010:3-4, 24］

128 Thatcher［1993=1996 下 :217-218］

129 思想家としてのハイエクは、すでに一九四四年の著作『隷属への道』において、市場競争を非効率的にしないかぎり、国家は社会的サービスを広範に供給できると認めていた。またノーベル賞受賞式においてハイエクは、イギリスよりもスウェーデンの経済システムを評価したという経緯もある。

130 例えば、スウェーデンの企業は、高額な社会保険料を国に納めることと引き換えに、従業員の退職後の生活保障や疾病や失業といったリスクを引き受ける必要がなくなったと言われる。

131 類似の分類として、木下［2009:99］を参照。

132 労働政策研究・研修機構［2010］における賃金カーブの国際比較では、ブルーカラーとホワイトカラーに分けてそれぞれ男女の賃金カーブが載っている。大まかに言えば、フランスと日本とイタリアは、年功賃金型であり、スウェーデンとイギリスとドイツは、フラットな形態をしている。日本が北欧型新自由主義を目指すとすれば、それは三〇代後半からほとんど賃金が上がらないシステムを採用する、ということを意味するだろう。

133 「北欧諸国は、フレクシュリティ型のデンマークを除くと、雇用保護法制指標は高い。しかし、労働組合が個別の労使関係のなかで雇用を守ることに固執せず、積極的労働市場政策によって雇用を流動化させながら完全雇用を実現するかたちに協力した」［宮本 2009:83-84］。

134 若者に対する勤労福祉政策は、ヨーロッパの各国において異なっている。イギリスでは「経済的自律」が主たる目標とされ、これまで業界ごとに任されてきた資格制度を国家が整理・調整することによって、「資格取得の機会」を提供することに重点が置かれている。これに対してフィンランドは九〇年代において、若年層の職業訓練を促すことで、失業率を低下させてきた。教育による潜在能力開発の重要性について、フィンランド労働省は報告書「フィンランドの雇用と福祉――1860-2030」（一九九九年）のなかで、次のように指摘している。「構造的失業問題の脅威は、職業訓練を受けていない若年層の失業率が最近にいたるまで上昇してきた反面、教育を受けた若年層の失業率が急速に低下したという事実にも反映されている」［寺岡 2006:100］。また、デンマークやスウェーデンでは、若者たちを個別にキャリア形成へと導くためのアドバイス制度が試みられている。例えばスウェーデンでは、一九九八年一月一日から「地方自治体発達保証プログラム」が導入され、これによって二〇歳から二四歳までのすべての若者は、就職先が見つからなかった場合に、フルタイムの活動に参加することで手当てを得ることになった（日本労働研究機構編［1997］、駒村［1999：52］）。若者がなにも実務体験をしないまま、長期失業の結果として陥りやすい消極的態度や永続的な排除の状態に置かれるべきではない、という配慮がある。失業者は、失業後九〇日以内に、地方自治体と職業紹介センターの職員といっしょに行動計画を作成し、ふさわしい実習場所で実習をすることになっている。フィンランドにおけるこうした職業訓練政策は、「成長論的自由主義」モデルの福祉国家として位置づけることができるだろう。これに対して、既存の福祉国家のモデルは、祭司型の開発主義であり、温情的な観点から、財の配分を設計的に行う点に特徴がある。祭司型の開発主義もまた、職業訓練を促すかもしれないが、それは一定の型にはめるようなキャリア形成に限定されるのではないだろうか。

135 八代 [2007][2009]

136 菊地 [2007]

137 Levitas [2005: Ch.1]

138 Rosanvallon [1995=2006]

139 Rosanvallon [1995=2006: 128-130]

140 ただし二〇一一年一月から、この制度は廃止されることになった。子供信託基金をめぐって、以下、Prabhakar [2008] を参照。

141 Cunliffe and Erreygers [2003], Cunliffe and Erreygers eds. [2005]

142 Haveman [1988]、参照。丸尾 [1996: Ch.10] は、J・E・ミードのアガサトピア論（労働者が自社株を保有して資産を形成し、経営の意思決定に参加するパートナーシップ社会の理想）を、市場志向と資産形成の観点から支持して紹介している。

143 スウェーデンでは、フェルスター [Fölster 2001] によって、資産ベースの諸政策が提起された。フェルスターによれば、生涯所得の格差は、年間ベースの所得格差よりもずっと小さいのであるから、それぞれの個人が自分の生涯所得をうまく分配・管理することができるように手助けすべきだ、という。

144 Finlayson [2009]

145 インフレ率二・五％、利子率七％という想定の下である [Gregory and Drakeford 2006: 151]。

146 Ackerman and Alstott [1999]

147 Ackerman [2003]

148 Thaler and Sunstein [2008=2009]

149 Paxton and White [2006]、ホワイトの議論は White [2003] を参照。

150 本章は、二〇〇九年九月に行われた、シノドス主催のシンポジウム（光文社の会議室で開催された）における報告原稿を修正したものである。

151 金子勝 [2002: 58]

152 金子勝 [2002: 92]

153 金子勝 [2002: 194]

154 金子勝 [2009]

155 Krugman [2008=2009: 203]

156 Krugman [2008=2009: 307]

157 若田部 [2008: 181-182, 217]

158 Smick [2008=2009: 250]

159 Smick [2008=2009: 241]

160 Barbera [2009=2009: 168]

161 Muolo and Padilla [2008=2009]

162 Hirsh [2008=2008]

163 「……マネタリーベースの動きを見ると、一九八一年まではGDP成長率の上昇・下降に連動した動き方だったのに対し、一九八二年からはGDP成長率が落ち込んでいるときに引き上げるという動きになっている。ケインズ主義時代のほうがむしろマネタリスト的原則に従っており、新自由主義時代の方が裁量的・景気対策的に動かしているのである。しかもその上下幅はますます大きくなっていく」[平野 2009: 163-164]。

164 http://www.epips.com/s&p500.html

165 住宅取得のためのローン優遇政策は、内需拡大を狙う点では重商主義的ではないが、しかしこの政策によって外貨を自国の金融市場に招きよせる点では、新重商主義的であるといえる。

166 田中 [2009: 209]

167 イラク戦争と住宅バブルは、政治によって仕組まれたという主張について、広瀬 [2009: 66-67] を参照。ファニー・メイの重役には、例えば、ゴールドマン・サックスの会長からホワイトハウスに入り、二〇〇二年一二月にブッシュ政権の経済政策担当大統領補佐官・国家経済会議委員長を務め、米軍のイラク攻撃用軍事費を増大させたスティーヴン・フリードマンがいる。この他にも、ブッシュ大統領、あるいはブッシュ政権と人脈や地位でつながりの深い人たちが、ファニー・メイの重役を務めていたとされる。

168 小幡 [2009]

169 長原 [2009]

170 その当時、ヨーロッパの諸銀行は、いっそうの金融緩和を断行していた。重藤 [2008] によれば、アメリカの商業銀行の「貸付金／預金比率」の単純平均は九八%であったのに対して、ヨーロッパでは主要銀行全体で一二九%になっていた。二〇〇〇年から二〇〇七年までのヨーロッパの主要銀行のレバレッジと自己資本比率については、岩田 [2009] の論文に詳しい。それによると、とくにドイツ銀行は、レバレッジを四五倍前後にまで高めていたという。

171 証券化は、大きな銀行でないとコスト面で見合わないと考えられた [星野 2009]。

172 「……レバレッジ・ビジネスについていえば、むしろ、欧州の金融機関の方が米銀よりも過激な面が多分にある。株主資本対総資産比率でいえば、欧州大手行の数字が三五倍、ライバル米銀の平均が二〇倍というような関係にある。ドイチェ銀行に至っては、この数値が五〇倍に達している」[浜 2009 : 97]。

173 ただし金融安定化法案をめぐって、アメリカの共和党員の多くは政府による銀行の救済に反対だったことについて、記憶に留めておきたい。この法案は、二〇〇八年九月二九日の議会採決でいったん否決され、修正された後に一〇月三日に可決されているが、それぞれの採決に際して、共和党員の過半数は、法案の採決に反対を表明している。九月二九日の採決においては、共和党員の六五名が賛成したのに対して、一三三名が反対。一〇月三日の採決においては、共和党の九一名が賛成したのに対して、一〇八名が反対している。アメリカの共和党員の多くは、金融危機に際しても市場原理を擁護するという思想的な潔さを示したのだった。このことはつまり、破綻しかけた金融業者を支援すべきではないという市場原理主義的な考え方が、アメリカでは依然として根強いことを意味している。

174 中谷 [2008 : 21-22, 314]

175 中谷 [2008 : 330f]

176 例えばハイエクの場合、消費税率を上げても、それは公平なルールの改定であって、市場に対する恣意的な政府介入ではないとみなされる [橋本努 1994]。

177 中谷は、中央官庁を三分の一に縮小すべきだとも述べているが、これも新自由主義的な発想である [中谷 2009b]。

178 二宮 [2009 : 257]

179 二宮 [2009 : 265]

180 二宮 [2009 : 268-269]

181 Barbera [2008=2008 : 56]

182 Barbera [2008=2008 : 66]

183 Luhmann [1991]。この他、小松 [2003] を参照。

184 Meadows, Randers and Meadows [2004=2005 : 214]

185 Bremmer [2010=2011]

186 水野 [2009]

187 Meadows, Randers and Meadows [2004=2005 : 313]

188 丸山茂徳 [2008]

189 Hawken [2007=2009]

190 Hawken [2007=2009 : 45-46]

191 本章は、橋本努[2010]を加筆修正したものである。

192 Hayek [1960=2007]

193 Friedman, M&R [1980=2002]

194 橋本努[2007a]

195 ラテンアメリカ諸国は、ここでの定義においては「新」自由主義の体制ではない。新自由主義の「新」とは、近代福祉国家を形成した後の歴史的局面を意味するからである。しかし近年の新自由主義批判と反グローバリズム運動の言説は、中南米諸国でとりわけ興隆している。

196 Fukuyama [1992=1992]

197 L'association attac [2001=2002]

198 高木／宮尾／沢田／渋谷[2003]

199 橋本努[2007b]

200 Ejército Zapatista de Liberación Nacional [1992-1994=1995]

201 北沢[1999]

202 Wallach and Sforza [1999=2001]

203 ディレクト・アクション・ネットワークは非暴力の団体であり、ここに参加する人は四日間のトレーニングと研修を受けて平和的に活動するという。WTO反対運動全体では、一部の人たちが暴徒化して、マクドナルドやスターバックスを襲撃した。

204 Bové [2000=2001]

205 Ritzer [2004=2008]

206 Fisher and Ponniah eds. [2003=2003] その後の世界社会フォーラムが抱えた困難について、Sen et al. [2004=2005]を参照。

207 L'association attac [2007=2008]

208 小林／上村編[2007]

209 栗原[2008]

210 詳しい定義と特徴については、橋本努[2007a]を参照。

211 特集「活況ラテンアメリカ」『エコノミスト』二〇〇八年六月二四日号、参照。

212 上野[2006]

213 Heritage Foundation [2010]

214 Harvie, Milburn, Trott and Watts eds. [2005]

215 反グローバリズム運動のアナキズムを代表する論客として、Graeber [2009]を参照。また国際連帯税を求める運動について、金子文夫[2009]を参照。

216 本章は、朝日新聞北海道主催「北海道フォーラム2011：3・11大震災と原発事故をどう乗り越えるか　文明論的視点をベースに」のために用意した原稿内容を元にして書かれた。

217 藤田[1965→2010]

218 丸山眞男[1964]、所収

219 丸山眞男[1964:102]

220 例えば白鳥は、「あなたはいわゆる中日事変に賛成でありましたか反対でありましたか」という検察官の質問に対して、「私はその事変を早く解決したいという考え方でありまして、反対とか賛成とかいうことは起こってしまったことでありますから、適切に当てはまる表現ではないような気がしますが……」と答えている。あるいは小磯は、「われわれ日本人の行き方として、自分の意見は意見、議論は議論といたしまして、国策がいやしくも決定せられました以上、われわれはこの国策に従って努力するというのがわれわれに課せられた従来の慣習であり、また尊重せらるる行き方であります」と答えている[丸山眞男1964:107, 109]。

221 ミルトン・メイヤー著『彼等は自由だと思っていた』（一九五五年）所収、丸山眞男[1964:411]より引用。

222 吉村 [2004]

223 栗原編 [2000:195-196]

224 斉藤編 [1983]

225 「検証・大震災：発生直後に原発ベント指示、東電動かず　首相「おれが話す」」『毎日新聞』二〇一一年四月四日、東京朝刊、一頁

226 第十七回　班目反対尋問二二四～二二八項。原子力資料室「班目春樹氏は委員長として不適格　交代をもとめる」二〇〇七年七月三一日より引用 http://cnic.jp/modules/news/article.php?storyid=558

227 原発老朽化問題研究会編 [2008:19]

228 原発老朽化問題研究会編 [2008:60]

229 石油の「消費量」の観点からみると、二〇〇九年の段階では、一日当たり一、五〇〇万バレルの石油が消費されていたが、二〇三五年には、九、九〇〇万バレルの石油が消費されるだろうという。実に、現在の約六倍の石油消費増加が予測されている。

230 日本電気教会新聞部編 [2009:3]

231 唯一正当化可能な理由は、原子力エネルギーを「国防」の観点から正当化するというものである。しかしかりに原子力を国産したとしても、エネルギーの自給率は、日本の場合、一八％程度にすぎないともいわれる。

232 藤田 [1985→2010]

233 藤田 [1985→2010:387-388]

234 本章は、『地域経済経営ネットワーク研究センター』（北海道大学）ジャーナル、第一号（二〇一二年）所収の拙論を加筆修正したものである。

235 経済産業省「二〇三〇年に向けたエネルギー政策」（二〇一〇年七月）では、二〇三〇年に原子力発電所の新増設一四基、設備利用率九〇％を目指していた。再生可能エネルギーに関しては、二〇二〇年に一次エネルギーの一〇％との目標を掲げていた。http://eco.nikkeibp.co.jp/article/report/20100909/104752/?ST=print

236 金子祥三 [2010]

237 西尾 [2003:25]

238 「総合資源エネルギー調査会原子力安全・保安部会廃止措置安全小委員会報告書」（二〇〇一年八月二日）が「一応の目途」として示した廃炉期間が、三〇年である［西尾 2003］。

239 二ヘクタール付近にある灰色の横線は生物生産力の世界平均（一・八ヘクタール／人）。データは「生きている地球レポート2006」www.footprintnetwork.org/download.php?id=319 を参照。

240 『環境白書』平成22年度版を参照。欧州では「持続的発展戦略」を踏まえ、二〇〇五年、OECDとユーロスタット（欧州委員会の統計担当部局）において、持続可能性を評価する指標群を作成した（二〇〇七年に改訂）。この指標群は、持続的発展戦略にある九つの目標ごとに、さまざまな指標を目標との関連性や関係の深さから体系的に三つのレベルに整理している。具体的には、レベル1で一一指標、レベル2で三三指標、レベル3で七八指標により持続可能性を捉えている。

241 『環境白書』平成22年度版を参照。世界銀行によって開発された指標「ジェニュイン・セイビング（Genuine Savings）」は、国民総貯蓄から固定資本の消費を控除し、教育への支出を「人的資本への投資」と考えて加算し、さらに、天然資源の枯渇・減少分及び二酸化炭素排出等による損害額を除算した、合

計額である。
http://www.env.go.jp/policy/hakusyo/zu/h22/html/hj10010504.html

242 この経緯について、本田[2005]を参照。

243 Jaenicke and Jacob [2008]、竹内[2010:58]所収

244 内藤／森川／清水[1994:13]

245 内藤／森川／清水[1994:37]の図7は、各技術の困難度と対策効果の評価結果であり、どんな技術革新が求められているかを示している。

246 Pehnt et al. eds. [2006]

247 Sauter and Watson [2007:117 Table 6.1]を元に、一部削除した。

248 Walker and Devine-Wright [2008]

249 ウィスコンシン州ミルウォーキーにある団体、「センター・オン・ウィスコンシン・ストラテジー」は、「ミルウォーキー・エナジー・エフィシェンシー」という会社を作り、全市民に対して、低コストでエネルギー効率にすぐれた設備を家庭や企業に導入する機会を提供している。利用者は、先行投資せず、借金を背負わずに、光熱費の負担が少なくなることを保証される。利用者は、劇的に減った月々の電気料金に上乗せするか、メンテナンス費用に含める形で、複数年にわたって改修費用を返済することになる[Jones 2009:143-144]。

250 Jones [2008=2009:63-64]

251 小宮山[2010:16]

252 Jones [2008=2009:114-116]

253 http://www.env.go.jp/press/file_view.php?serial=9167&hou_id=8032

254 吉田[2001:73, 75]を一部省略した。

255 http://www.iae.or.jp/research/result/ene_2009.html

256 高知県における森林環境税導入の報告について、竹崎[2003]を参照。
またhttp://www.rinya.maff.go.jp/j/kikaku/hakusyo/20hakusho_h/all/h14_09.html も参照。

257 実効的な議論として、花田[2000]を参照。

258 その改革は、一九八〇年代のはじめに、スイスの経済学者ビンスバンガーが提唱した考え方に基づいているといわれる[竹内2006]。

259 山下[2010]

260 飯田[2002]

261 飯田[2002:24]

262 飯田[2007]。これらの事例は、「環境エネルギー政策研究所」の協力と助言の下ですすめられている。

263 飯田[2004]

264 経済産業省・再生可能エネルギーの全量買取に関するプロジェクトチーム[2010:54]、参照。再生可能エネルギーの全量買取制度についての組み合わせの比較については、
http://www.meti.go.jp/committee/materials2/downloadfiles/g100324a05j.pdf 参照。

265 黒田[2009] および http://taiyoseikatsu.com/news/201107/tn201107-06.html 参照。

266 日向[2009]

267 新聞記事「フロントランナー　前高知県梼原町・中越武義さん自然エネルギーで、町づくり」『朝日新聞』二〇一一年六月一一日、週末Be、参照。

268 飯田市は二〇〇三年度に地域省エネルギービジョンの研究調査を実施、二〇〇九年には「環境都市コンテスト」で総合第二位（人口別第一位）となる。長野県飯田市環境課[2005]、横田

[2002]を参照。

269 岡田[2005:57]

270 中口[2004a]

271 （独）産業技術総合研究所における、分散型エネルギーネットワークの研究開発結果による［安芸 2007:52]。

272 http://staff.aist.go.jp/h-aki/research_energynet/energynet_jpR1.2.html

273 中口[2004b:32]

274 http://www.city.sapporo.jp/kankyo/ondanka/haisyutsu/documents/2008gas.pdf

275 http://www.city.sapporo.jp/kankyo/ondanka/vision/documents/vision.pdf
この他「札幌市環境基本計画」では、自然エネルギーの導入について具体的な数値目標が掲げられている。
http://www.city.sapporo.jp/kankyo/keikaku/newkeikaku/newindex.html

276 環境自治体会議環境政策研究所による二〇〇五年の推計。図の単位は、一人あたりの年間CO_2トン数。寒冷地では、民生部門のCO_2発生量が温暖地の二～三倍に達している。http://www.colgei.org/info/news/40/1.html

277 「日本IBM、スマートシティーのフォーラムを札幌市と日本初開催」を参照。データの試算根拠は札幌市の内部資料に基づく。http://eco.nikkeibp.co.jp/article/report/20100624/104102/?P=4 以上、ネット上の情報はすべて二〇一一年一月一一日に確認。

278 橋本努[2007a]

279 Benyus [1997=2006]

280 Allenby and Cooper [1994]

281 松田清[1978]

282 笠井[2009]、笠井／西部／富岡[2009]

283 マンチェフ[2009]

284 橋本努[2008]では二択四問の問いから、一六のイデオロギー類型を抽出している。現在、まだ名前のない新しいイデオロギー意識（「YYYY」型）が台頭していることが、主として大学生へのアンケート調査から明らかになっている。私はその意識を「近代卓越主義」と呼んでいるが、このイデオロギーは、環境市民の意識ときわめて近いところにあるだろう。

あとがき

「ロスト近代」のモードは、およそ九〇年代の中頃からしだいに芽生え、ベビー・ブーマーたちの世代交代とともに浸透してきた。若き日に「高度経済成長」の担い手となった戦後の「第一ベビー・ブーマー（団塊の世代）」たちは、現在、六〇代を迎え、定年退職とともに新たな人生に差しかかっている。代わって、青春時代にポストモダンを謳歌した「第二次ベビー・ブーマー（一九七一年から一九七四年に生まれた世代）」たちが台頭してきた。「アラフォー」（四〇代前後）とも呼ばれるこの世代が、新たな家族を育み、持ち家を購入するならば、日本経済はしばらくのあいだ、ちょっとしたブームを迎えるかもしれない。ところがその次の世代になると、人口は一気に減少する。八〇年代生まれの世代は、第二次ベビー・ブーマーよりも二五％くらい少ない。すると経済社会の在り様は、どうなるだろうか。

もはや私たちは、「ポストモダン」の思考習慣には戻れない。変化を見極めなければ、諸々の政策において対応を誤るかもしれない。悪夢のような「３・11」を直視しつつ、なお上を向いて歩くためにも、「ロスト近代」の到来を解明する必要がある。

本書は、拙著『帝国の条件』のいわば姉妹編であり、いずれも、二一世紀初頭（とりわけゼロ年代）の資本主義を解剖することに主眼を置いている。『帝国の条件』は、「9・11」テロ事件以降の世界を問題にしたのに対して、本書は主として、日本の問題を扱っている。本書をまずもって、これからの日本社会を担うすべての人々に捧げたい。

現代資本主義の全体像を描きながら、時代にメスを入れるという試みは、ソースタイン・ヴェブレンやカール・ポランニー、ジョン・ガルブレイスやダニエル・ベル、ミルトン&ローズ・フリードマンや村上泰亮などによって、これまでさまざまな仕方で独創的に試みられてきた。本書の刊行に際して、かかる思想伝統にある巨匠たちに敬意を表したいと思う。また本書の執筆に際して、多くの方々のご好意に浴し、恩恵を受けてきた。とりわけ、阿部八重子、宇野常寛、大澤真幸、押村高、坂口緑、芹沢一也、中野剛充、長谷川晃、松原隆一郎、山田陽の各氏に、心より感謝の気持ちを伝えたい。最後に、弘文堂編集者の中村憲生氏には、『帝国の条件』に引き続き、お世話になった。氏には言葉に尽くせないほど多くを負っている。心よりお礼を申し上げたい。

二〇一二年四月　大震災と原発事故の犠牲者・被害者に心を痛めつつ

橋本　努

・八代尚宏 [2007]『「健全な市場社会」への戦略　カナダ型を目指して』東洋経済新報社
・八代尚宏 [2009]『労働市場改革の経済学　正社員「保護主義」の終わり』東洋経済新報社
・八代尚宏／森永卓郎 [2007]「対談　格差社会の犯人は誰だ」『文藝春秋』2007 年 4 月号、所収
・安田雪 [2002]「働きたい　でも働けない　第二回」『論座』2002 年 11 月号、所収
・横田耕一 [2002]「北海道稚内市における風力発電事業への取組みと今後」『資源環境対策』第 38 巻、第 4 号、所収
・吉田誠宏 [2001]「循環型社会への途上技術」（前編）『環境技術』第 30 巻、第 7 号、所収
・吉村昭 [2004]『関東大震災』文春文庫
・Young, Jock [1999=2007] *The Exclusive Society: Social Exclusion, Crime and Difference in Late Modernity*, Sage Publications. ジョック・ヤング『排除型社会　後期近代における犯罪・雇用・差異』青木秀男／伊藤泰郎／岸政彦／村澤真保呂訳、洛北出版
・湯浅誠 [2006]「「生活困窮フリーター」たちの生活保護」『世界』2006 年 12 月号、所収
・湯元健治／佐藤吉宗 [2010]『スウェーデン・パラドックス』日本経済新聞社

・その他、雑誌『東洋経済』、『エコノミスト』、『ダイヤモンド』、『SAPIO』、『オルタ』、新聞『朝日新聞』『毎日新聞』『日経流通新聞』『フィナンシャル・タイムズ』を参照。

・竹崎望 [2003]「森林環境税の導入と展望」『環境技術』第 32 巻、第 12 号、所収
・竹内恒夫 [2006]「日本版「エコロジー税制改革」試案」『資源環境対策』第 42 巻、第 2 号、所収
・竹内恒夫 [2010]「グリーン成長戦略の国際的展開 (1)　ドイツを中心に」『資源環境対策』2010 年、第 46 巻、第 8 号、所収
・田中隆之 [2009]『金融危機にどう立ち向かうか　「失われた 15 年」の教訓』ちくま新書
・Tannock, Stuart [2001=2006] *Youth at Work: The Unionized Fast-food and Grocery Workplace*, Philadelphia: Temple University Press. スチュアート・タノック『使い捨てられる若者たち　アメリカのフリーターと学生アルバイト』大石徹訳、岩波書店
・寺岡寛 [2006]『比較経済社会学　フィンランドモデルと日本モデル』信山社
・Thaler, Richard H. and Cass R. Sunstein [2008=2009] *Nudge: Improving Decisions about Health, Wealth, and Happiness*, New Haven: Yale University Press. リチャード・セイラー／キャス・サーンスティン『実践行動経済学　健康、富、幸福への聡明な選択』遠藤真美訳、日経 BP 社
・Thatcher, Margaret [1993=1996] *The Downing Street Years*, London: CFCF & Associates. マーガレット・サッチャー『サッチャー回顧録　ダウニング街の日々』石塚雅彦訳、日本経済新聞社
・辻井喬／金子勝 [2009]「未完の近代と自己愛に沈む日本社会」『世界』2009 年 10 月号、所収
・上野隆弘 [2006]「複数制度化する温暖化防止の国際枠組み」『電力中央研究所報告　研究報告 Y』通号 05004、所収
・宇野常寛 [2008]『ゼロ年代の想像力』早川書房
・和田秀樹 [2006]『「新中流」の誕生　ポスト階層分化社会を探る』中公新書ラクレ
・若田部昌澄 [2008]『危機の経済政策　なぜ起きたのか、何を学ぶのか』日本評論社
・Walker, Gordon and Patrick Devine-Wright [2008] “Community Renewable Energy: What should it mean?,” in *Energy Policy*, Vol.36, Issue 2.
・Wallach, Lori and Michelle Sforza [1999=2001] *Whose Trade Organization? Corporate Globalization and the Erosion of Democracy: an Assessment of the World Trade Organization*, Washington, D.C.: Public Citizen. ロリー・M・ワラチ／スーザン・スフォーザ著、ラルフ・ネーダー監修『誰のための WTO か？』海外市民情報活動センター訳、緑風出版
・渡辺治 [2009]「鳩山政権と新自由主義の行方」『現代思想』2009 年 10 月号、所収
・White, Stuart [2003] *The Civic Minimum: On the Rights and Obligations of Economic Citizenship*, Oxford: Oxford University Press.
・Whitfield, Charles L. [1987=1997] *Healing the Child Within: Discovery and Recovery for Adult Children of Dysfunctional Families, Deerfield Beach*, Fla.: Health Communications. チャールズ・ウィットフィールド『内なる子どもを癒す　アダルトチルドレンの発見と回復』鈴木美保子訳、誠信書房
・Wolf, Martin [2004] *Why Globalization Works*, New Haven: Yale University Press.
・山田昌弘 [2009]「ワーキングプアとセーフティネット」『神奈川大学評論』第 64 号、所収
・山下紀明 [2010]「中小企業における再生可能エネルギー導入と複雑な補助制度の現状と今後の動向」『資源環境対策』第 46 巻、第 4 号、所収

清家篤訳、東洋経済新報社
・Ritzer, George [2004=2008] *The McDonaldization of Society, Thousand Oaks*, California: Pine Forge Press. ジョージ・リッツァ『マクドナルド化した世界　果てしなき合理化のゆくえ　21 世紀新版』正岡寛司訳、早稲田大学出版部
・Rosanvallon, Pierre [1995=2006] *La Nouvelle Question Sociale: Repenser L'État-providence*, Paris: Seuil. ピエール・ロザンヴァロン『連帯の新たなる哲学　福祉国家再考』北垣徹訳、勁草書房
・労働政策研究・研修機構 [2010]『データブック国際労働比較 2010』労働政策研究・研修機構
・斉藤稔編 [1983]『伊達火力発電所反対闘争　住民は語った』三一書房
・斎藤環 [2006]「ニートがそれでもホリエモンを支持する理由」『中央公論』2006 年 4 月号→文春新書編集部編『論争　格差社会』文春新書、所収
・佐藤俊樹 [2005]「「勝ち負け」の欲望に取り憑かれた日本」『論座』2005 年 6 月号、所収
・Sauter, Raphael and Jim Watson [2007] "Micro-Generation: A Distributive Innovation for the UK Energy System?." in Joseph Murphy ed., *Governing Technoloy for Sustainability*, London: Earthscan.
・Sen, Jai, and Peter Waterman, et al., eds. [2004=2005] *World Social Forum: Challenging Empires*, New Delhi, India: The Viveka Foundation. ジャイ・セン／アルトゥーロ・エスコバル／アニタ・アナンド／ピーター・ウォーターマン『世界社会フォーラム　帝国への挑戦』武藤一羊／戸田清／小倉利丸／大屋定晴訳、作品社
・芹沢一也／荻上チキ編 [2009]『経済成長って何で必要なんだろう』光文社
・柴由花 [2007]「スウェーデン富裕税法の廃止」『ジュリスト』第 1346 号、所収
・重藤哲郎 [2008]「厳しさを増す欧州の経済と銀行セクター」『国際金融』第 1195 号、所収
・篠田武司 [2001]「変化しつつある労使関係」篠田武司編『スウェーデンの労働と産業　転換期の模索』学文社、所収
・下平好博 [2004]「〈サービス化〉と〈グローバル化〉はリスク構造をどのように変えたか」橘木俊詔編『リスク社会を生きる』岩波書店、所収
・Smick, David M. [2008=2009] *The World is Curved: Hidden Dangers to the Global Economy*, New York: Portfolio. デビッド・スミック『世界はカーブ化している　グローバル金融はなぜ破綻したか』田村源二訳、徳間書店
・数土直紀 [2010]『日本人の階層意識』講談社選書メチエ
・杉田敦 [2009]「道徳的非難の政治を超えて　「ネオリベ」排除は自明か？」『世界』2009 年 3 月号、所収
・鈴木謙介 [2005]『カーニヴァル化する社会』講談社新書
・スティグレール、ベルナール [2010]「二〇世紀型「消費主義」が終わった　象徴的貧困と資本主義の危機」『世界』2010 年 3 月号、所収
・橘木俊詔 [2006]『アメリカ型不安社会でいいのか』朝日新聞社
・橘木俊詔編 [2004]『封印される不平等』東洋経済新報社
・高木信二／宮尾龍蔵／沢田康幸／渋谷浩 [2003]『通貨危機と資本逃避　アジア通貨危機の再検討』東洋経済新報社
・竹中平蔵／財部誠一 [2010]「北欧・豪州　競争精神が豊かさを呼ぶ」『Voice』2010 年 3 月号、所収

所収
・中谷巌 [2008]『資本主義はなぜ自壊したのか 「日本」再生への提言』集英社インターナショナル
・中谷巌 [2009a]「北欧型「転職安心」社会を 地域の特色あふれる雇用の受け皿づくり」『Voice』2009 年 4 月号、所収
・中谷巌 [2009b]「中央官庁を 3 分の 1 に縮小し、「還付金付き消費税」を導入せよ」『エコノミスト』2009 年 2 月 3 日号、所収
・棗《なつめ》一郎 [2009]「「派遣村」前夜」、年越し派遣村実行委員会編『派遣村 国を動かした 6 日間』毎日新聞社、所収
・ＮＨＫ放送文化研究所編 [2010]『現代日本人の意識構造 第 7 版』NHK ブックス
・日本電気教会新聞部編 [2009]『原子力ポケットブック 2009』日本原子力産業会議
・日本住宅会議編 [2008]『若者たちに「住まい」を！』岩波ブックレット
・日本労働研究機構編 [1997]『スウェーデンの職業教育・訓練制度』日本労働研究機構
・二宮厚美 [2009]『新自由主義の破局と決着 格差社会から 21 世紀恐慌へ』新日本出版社
・西尾漠 [2003]「原子力発電所廃炉の後始末は可能なのか」『環境技術』第 32 巻、第 9 号、所収
・小幡績 [2009]「パニックは市場の宿命 不安が行動を通じて現実となる」『エコノミスト』2009 年 8 月 10 日号、所収
・小川朋編 [2009]『派遣村、その後』新日本出版社
・大辺《おおべ》誠一 [2007]「日本経団連の税制提言と格差問題」森岡孝二編『格差社会の構造 グローバル資本主義の断層』桜井書店、所収
・大澤真幸 [2008]『不可能性の時代』岩波新書
・大澤真幸編集 [2010] 雑誌『THINKING「O（オー）」』創刊号
・太田清 [2006]「日本の賃金格差は小さいのか」*ESRI Discussion Paper Series*, No. 172、内閣府経済社会総合研究所、所収
・大竹文雄 [2005]『日本の不平等』日本経済新聞社
・岡田裕二 [2005]「温暖化対策における補完性原理 国から地方への政策イニシアティブのシフト」『環境技術』第 34 巻、第 2 号、所収
・尾木直樹 [2002]「若者が希望をもてない社会に未来はない」『世界』2002 年 1 月号、所収
・Paxton, Will and Stuart White [2006] “Universal Capital Grants: the issue of responsible use,” in Paxton, W., White, S., and Maxwell, D. eds., *The Citizen's Stake: Exploring the Future of Universal Asset Policies*, Bristol: Polity Press.
・Pedersen, Peter David [2009] *Fifth Competitive Axis*. ピーター・D・ピーダーセン『第 5 の競争軸 21 世紀の新たな市場原理』朝日新聞出版社
・Pehnt, M. et al, eds. [2006] *Micro Cogeneration: Towards Decentralized Energy Systems*, Springer: Heidelberg
・Prabhakar, Rajiv [2008] *The Assets Agenda: Principles and Policy*, UK: Palgrave Macmillan.
・Putnam, Robert D. [2000=2006] *Bowling Alone: The Collapse and Revival of American Community*, New York: Simon & Schuster. ロバート・D・パットナム『孤独なボウリング 米国コミュニティの崩壊と再生』柴内康文訳、柏書房
・Reich, Robert B. [2001=2002] *The Future of Success: Working and Living in the New Economy*, Knopf. ロバート・ライシュ『勝者の代償：ニューエコノミーの深淵と未来』

2009 年 3 月号、所収
・丸尾直美 [1996]『市場志向の福祉改革』日本経済新聞社
・丸尾直美 [2008]「制度改革による日本経済再生のシナリオ」『企業研究』第 14 号、所収
・丸尾直美／カール・レグランド／レグランド塚口淑子編 [2008]『福祉政策と労働市場　変容する日本モデル・スウェーデンモデル』ノルディック出版
・丸山眞男 [1949 → 1964]「軍国主義者の精神形態」『現代政治の思想と行動』未來社、所収
・丸山茂徳 [2008]『「地球温暖化」論に騙されるな！』講談社
・増田悦佐 [2009]『格差社会論はウソである』PHP 研究所
・松田久一 [2009a]「「消費嫌い」世代にも受ける企業だけが生き残る」『エコノミスト』2009 年 12 月 22 日号、所収
・松田久一 [2009b]「収入に見合った支出をしない嫌消費世代が経済を揺るがす」『週刊ダイヤモンド』2009 年 12 月 26 日 - 2010 年 1 月 2 日合併号、所収
・松田清 [1978]「ルソーの野生人について」『思想』1978 年 6 月号、所収
・松本哉 [2008]『貧乏人の逆襲！　タダで生きる方法』筑摩書房
・マンチェフ、ボヤン [2009]「野生の自由」『現代思想』2009 年 7 月号、所収
・Meadows, Donella H., Jorgen Randers, Dennis L. Meadows [2004=2005] *Limits to Growth: The 30-year Update*, White River Junction, Vt: Chelsea Green Publishing Company. ドネラ・H・メドウズ／デニス・L・メドウズ／ヨルゲン・ランダース『成長の限界　人類の選択』枝廣淳子訳、ダイヤモンド社
・Miettinen, Reijo [2002=2010] *National Innovation System: Scientific Concept or Political Rhetoric*, Helsinki: Edita. レイヨ・ミエッティネン『フィンランドの国家イノベーションシステム　技術政策から能力開発政策への転換』森勇治訳、新評論
・見田宗介 [1996]『現代社会の理論』岩波新書
・見田宗介 [2006]『社会学入門』岩波新書
・三浦展 [2009]『シンプル族の反乱　モノを買わない消費者の登場』KK ベストセラーズ
・宮本太郎 [2009]『生活保障』岩波新書
・溝口憲文 [2005]「成果主義に向く企業、向かない企業」『論座』2005 年 6 月号、所収
・水野和夫 [2009]「近代の終焉と脱“近代”経済学」『現代思想』2009 年 8 月号、所収
・森田実／雨宮処凛 [2009]『国家の貧困　格差社会を今こそ粉砕せよ！』日本文芸社
・Muolo, Paul and Mathew Padilla [2008=2009] *Chain of Blame: How Wall Street Caused the Mortgage and Credit Crisis*, Hoboken: Wiley. ポール・ミュオロ／マシュー・パディラ『実録サブプライム危機』可児滋訳、日本評論社
・長原豊 [2009]「経済と「政治」の季節」『現代思想』2009 年 1 月号、所収
・長野県飯田市環境課 [2005]「普及率 30% を目指す太陽光発電システム　飯田市の新エネルギー省エネルギー計画」『産業と環境』2005 年 6 月号、所収
・永山泰彦 [2006]「スウェーデン経済の構造改革　新しい福祉社会モデルへ」『尚美学園大学総合政策研究紀要』第 11 号、所収
・内藤正明／森川徹夫／清水浩 [1994]『環境調和型技術　いま求められる技術の変革』エッソ石油
・中口毅博 [2004a]「自治体における温暖化防止対策の特性とその推進力に関する分析」『環境科学会誌』第 17 巻、第 3 号、所収
・中口毅博 [2004b]「脱温暖化の地域づくりに向けて」『資源環境対策』第 40 巻、第 4 号、

・経済産業省・再生可能エネルギーの全量買取に関するプロジェクトチーム [2010]「諸外国の買取制度」『産業と環境』2010 年 3 月号、所収
・吉池基泰「コラム」『エコノミスト』2009 年 12 月 22 日号、所収
・菊地英明 [2007]「「社会的排除―包摂」とは何か　概念整理の試み」日本ソーシャル・インクルージョン推進会議編『ソーシャル・インクルージョン　格差社会の処方箋』中央法規出版、所収
・木下武男 [2007]『格差社会にいどむユニオン』花伝社
・木下武男 [2009]「「格差論壇」ＭＡＰとは何なのか」『POSSE』第 4 号、所収
・北村寧 [2008]「格差社会論における平等概念の把握　橘木俊詔の所説の検討」『行政社会論集』（福島大学行政社会学会編）20(3)、所収
・北岡孝義 [2010]『スウェーデンはなぜ強いのか』PHP 新書
・北沢洋子 [1999]「最貧国の「債務帳消し」はなぜ必要か　ジュビリー 2000 キャンペーン」『世界』1999 年 10 月号、所収
・駒村康平 [1999]「マクロ経済と労働市場政策」丸尾直美／塩野谷祐一編『先進諸国の社会保障５　スウェーデン』東京大学出版会、所収
・小林正弥／上村雄彦編 [2007]『世界の貧困問題をいかに解決できるか 「ホワイトバンド」の取り組みを事例として　千葉大学講義録』現代図書
・小松丈晃 [2003]『リスク論のルーマン』勁草書房
・小宮山宏 [1999]『地球持続の技術』岩波新書
・小宮山宏 [2010]「課題先進国「日本」が果たすべき役割」『一橋ビジネスレビュー』2010 年、summer、所収
・小杉礼子 [2003]『フリーターという生き方』勁草書房
・厚生労働省政策統括付労働政策担当参事官室 [2009]「就業形態の多様化と労働者の意識の変遷」『ジュリスト』2009 年 4 月 15 日号、所収
・Krugman, Paul [2008=2009] *The Return of Depression Economics and the Crisis of 2008*, London: Penguin Books. ポール・クルーグマン『世界大不況からの脱出』三上義一訳、早川書房
・栗原彬編 [2000]『証言　水俣病』岩波書店
・栗原康 [2008]『Ｇ８サミット体制とはなにか』以文社
・黒田誠 [2009]「新エネルギー先進県をめざして 「佐賀県新エネルギー導入戦略的行動計画」とその後の施策」『産業と環境』2009 年 6 月号、所収
・L'association attac [2001=2002] *remettre l'OMC à sa place*, Paris: Mille et une nuits. スーザン・ジョージ『WTO 徹底批判 !』杉村昌昭訳、作品社
・L'association attac [2007=2008] *Le G8 illégitime*, Paris: Mille et une nuits. ATTAC フランス編『徹底批判　Ｇ８サミット　その歴史と現在』コリン・コバヤシ／杉村昌昭訳、作品社
・Levitas, Ruth [2005] *The Inclusive Society? Social Exclusion and New Labour*, Second Edition, Hampshire: Palgrave Macmillan.
・Luhmann, Niklas [1991] *Soziologie des Riskos*, Berlin: Walter de Gruyter.
・前市岡楽正 [2006]「経済格差―橘木・大竹両教授の論点」KISER Research Paper No.1（関西社会経済研究所）2006 年 12 月号、所収
・真木悠介（見田宗介）[1977]『現代社会の存立構造』筑摩書房
・正木鞆彦／植田正也／伊藤洋子 [2009]「広告の概念そのものが変わりつつある時代」『創』

・本田宏 [2005]『脱原子力の運動と政治　日本のエネルギー政策の転換は可能か』北海道大学図書刊行会
・本田由紀／阿部真大／湯浅誠 [2008]「鼎談　まやかしに満ちた社会からの脱出」本田由紀『軋む社会』双風舎、所収
・星野郁 [2009]「ヨーロッパの金融構造の変貌と金融危機」『世界経済評論』2009 年 3 月号、所収
・日向信二 [2009]「エネルギーの地産地消をめざして」『産業と環境』2009 年 6 月号、所収
・井手英策 [2010]「政府は信頼を作り出せるか」宮本太郎編『自由への問い 2　社会保障』岩波書店、所収
・飯田哲也 [2002]「自然エネルギー推進のための法整備について」『環境技術』第 31 巻、第 5 号、所収
・飯田哲也 [2004]「風力発電をめぐる近況と展望　新エネ利用特措法の検証を踏まえて」『資源環境対策』第 40 巻、第 7 号、所収
・飯田哲也 [2007]「持続可能なエネルギーは誰のものか」『資源環境対策』第 43 巻、第 4 号、所収
・稲上毅／ H・ウィッタカー [1994]「スウェーデン・モデルの崩壊」稲上毅他著『ネオ・コーポラティズムの国際比較』日本労働研究機構、所収
・石田浩 [2008]「世代間階層継承の趨勢　生存分析によるアプローチ」『理論と方法』23 (2)（通号 44）、所収
・岩間夏樹 [2005]『新卒ゼロ社会』角川 one テーマ 21
・岩田健治 [2009]「なぜヨーロッパで危機が顕在化したのか？」『世界経済評論』2009 年 3 月号、所収
・Jaenicke, Martin and Klaus Jacob [2008] *Die dritte industrielle Revolution : Aufbruch in ein ökologisches Jahreshundert*, Bon: Bundesministerium für Umwelt, Naturschutz und Reaktorsicherheit.
・神野直彦 [2010]『「分かち合い」の経済学』岩波書店
・神野直彦／井手英策編 [2006]『希望の構想　分権・社会保障・財政改革のトータルプラン』岩波書店
・神野直彦／宮本太郎 [2006]「「格差社会」を超えるために」、神野直彦／宮本太郎編著『脱「格差社会」への戦略』岩波書店、所収
・Jones, Van [2008=2009] *The Green Collar Economy: How One Solution Can Fix Our Two Biggest Problems*, HarperOne. ヴァン・ジョーンズ『グリーン・ニューディール　グリーンカラー・ジョブが環境と経済を救う』土方奈美訳、東洋経済新報社
・金子文夫 [2009]「新しい可能性　金融危機と国際連帯税」『世界』2009 年 3 月号、所収
・金子勝 [2002]『長期停滞』筑摩書房
・金子勝 [2009]「金融資本主義の終焉」『情況』2009 年 1・2 月合併号、所収
・金子勝／武本俊彦 [2010]「鳩山政権「新成長戦略」は国民への裏切りである」『世界』2010 年 3 月号、所収
・金子祥三 [2010]「温室効果ガス削減」『一橋ビジネスレビュー』2010 年夏号、所収
・笠井潔 [2009]『例外社会』朝日新聞出版
・笠井潔／西部邁／富岡幸一郎 [2009]「対談　何処にもない国」『表現者』2009 年 7 月号、所収
・川田菜穂子「若者の家族形成と住まいの国際比較」日本住宅会議編 [2008] 所収

・玄田有史 [2010]『人間に格はない　石川経夫と 2000 年代の労働市場』ミネルヴァ書房
・玄田有史編 [2006]『希望学』中公新書ラクレ
・原発老朽化問題研究会編 [2008]『まるで原発などないかのように』現代書館
・Glyn, Andrew [2006=2007] *Capitalism Unleashed: Finance, Globalization, and Welfare*, Oxford: Oxford University Press. アンドルー・グリーン『狂奔する資本主義　格差社会から新たな福祉社会へ』横川信治／伊藤誠訳、ダイヤモンド社
・後藤道夫 [2009a]「データで浮かび上がる社会保障後進国の姿」『週刊金曜日』2009 年 8 月 28 日号、所収
・後藤道夫 [2009b]「構造改革が生んだ貧困と新しい福祉国家の構想」渡辺治ほか編 [2009]『新自由主義か新福祉主義か　民主党政権下の日本の行方』旬報社、所収
・Graeber, David [2009] デヴィッド・グレーバー『資本主義後の世界のために　新しいアナキズムの視座』高祖岩三郎訳・構成、以文社
・Gregory, Lee and Mark Drakeford [2006] “Social Work, Asset-based Welfare and the Child Trust Fund,” in *British Journal of Social Work*, No. 36.
・浜矩子 [2009]『グローバル恐慌　金融暴走時代の果てに』岩波新書
・花田眞理子 [2000]「環境に配慮した自動車関係の税政策」『環境技術』第 29 巻、第 10 号、所収
・Harvie, David, Keir Milburn, Ben Trott and David Watts eds. [2005] *Shut Them Down!: The G8, Gleneagles 2004 and the Movement of Movements*, UK: Dessent.
・橋本健二 [2007]『新しい階級社会　新しい階級闘争』光文社
・橋本努 [1994]『自由の論法　ポパー・ミーゼス・ハイエク』創文社
・橋本努 [2006]「近代（主義）」『現代倫理学事典』弘文堂、所収
・橋本努 [2007a]『帝国の条件　自由を育む秩序の原理』弘文堂
・橋本努 [2007b]「郵政民営化にみる公共性の倫理」『公営企業』2007 年 5 月号、所収
・橋本努 [2007c]『自由に生きるとはどういうことか』ちくま新書
・橋本努 [2008]『経済倫理＝あなたは、なに主義？』講談社
・橋本努 [2010]「グローバル化の逆説」押村高編『政治の発見 8　越える　境界なき政治の予兆』風行社、所収
・Haveman, Robert [1988] *Starting Even: An Equal Opportunity Program to Combat the Nation's New Poverty*, New York: Simon and Schuster.
・Hawken, Paul [2007=2009] *Blessed Unrest: How the Largest Social Movement in History is Restoring Grace, Justice, and Beauty to the World*, New York: Viking. ポール・ホーケン『祝福を受けた不安　サステナビリティ革命の可能性』阪本啓一訳、バジリコ
・速水由紀子 [2006]『「つながり」という危険な快楽　格差のドアが閉じていく』筑摩書房
・Hayek, Friedrich von A. [1960=2007] *The Constitution of Liberty*, London: Routledge & Kegan Paul. フリードリッヒ・ハイエク『ハイエク全集　第 1 期　第 5 巻～第 7 巻　自由の条件』気賀健三／古賀勝次郎訳、春秋社
・Heritage Foundation [2010] *2010 Index of Economic Freedom*, Heritage Foundation.
・平野健 [2009]「アメリカ新自由主義の現在」『現代思想』2009 年 3 月号、所収
・広瀬隆 [2009]『資本主義崩壊の首謀者たち』集英社新書
・Hirsh, Michael [2008=2008] “Greenspan's Folly,” in *Newsweek*, September 16, 2008. マイケル・ハーシュ「検証　戦犯の名はグリーンスパン」『ニューズウィーク（日本版）』2008 年 10 月 1 日号、所収

· Easterlin, Richard [1974] "Does Economic Growth Improve the Human Lot? Some Empirical Evidence," in Paul A. David and Melvin W. Reder, eds., *Nations and Households in Economic Growth: Essays in Honor of Moses Abramovitz*, New York: Academic Press.

· Ejército Zapatista de Liberación Nacional [1992-1994=1995] *Basta: documentos y comunicados del EZLM* (tomo 1). サパティスタ民族解放軍『もう、たくさんだ！ メキシコ先住民蜂起の記録〈1〉』太田昌国／小林致広訳、現代企画室

· Esping-Andersen, Gøsta [1999=2000] *Social Foundations of Postindustrial Economies*, Oxford, U.K.: Oxford University Press. G・エスピン＝アンデルセン『ポスト工業経済の社会的基礎　市場・福祉国家・家族の政治経済学』渡辺雅男／渡辺景子訳、桜井書店

· Esping-Andersen, Gøsta [2004] "Unequal Opportunities and Social Inheritance," in M. Corak ed., *Generational Income Mobility in North America and Europe*, Cambridge, U.K.: Cambridge University Press.

· Esping-Andersen, Gøsta [2007] "Sociological Explanations of Changing Income Distributions," in *American Behavioral Scientist*, Volume 50, Number 5.

· Esping-Andersen, Gøsta [2008] "Childhood Investments and Skill Formation," in *International Tax and Public Finance*, Volume 15, Number 1.

· Finlayson, Alan [2009] "Financialisation, Financial Literacy and Asset-Based Welfare," in *The British Journal of Politics and International Relations*, Vol.11.

· Fisher, William F. and Thomas Ponniah eds. [2003=2003] *Another World is Possible: Popular Alternatives to Globalization at the World Social Forum*, London, Zed Books. ウィリアム・フィッシャー／トーマス・ポニア編『もうひとつの世界は可能だ！　世界社会フォーラムとグローバル化への民衆のオルタナティブ』大屋定晴／白井聡／山口響／木下ちがや訳、加藤哲郎監修、日本経済評論社

· Fölster, Stephan [2001] "Asset-based Social Insurance in Sweden," in Regan, S. and Paxton, W. eds., *Asset-based Welfare: International Experiences*, London: Institute for Public Policy Research.

· Friedman, Milton & Rose [1980=2002] *Free to Choose: a Personal Statement*, New York: Avon Books. M＆R・フリードマン『選択の自由　自立社会への挑戦』西山千明訳、日本経済新聞社（日経ビジネス人文庫）

· 藤田省三 [1965 → 2010]「維新の精神」『藤田省三セレクション』平凡社、所収

· 藤田省三 [1985 → 2010]「「安楽」への全体主義」『藤田省三セレクション』平凡社、所収

· 福田誠治 [2007]『競争しても学力行き止まり　イギリス教育の失敗とフィンランドの成功』朝日新聞社

· Fukuyama, Francis [1992=1992] *The End of History and the Last Man*, New York: Free Press. フランシス・フクヤマ『歴史の終わり』渡部昇一訳、三笠書房

· Furlong, Andy and Fred Cartmel [1997=2009] *Young People and Social Change*, Maidenhead: Open University Press. アンディ・ファーロング／フレッド・カートメル『若者と社会変容』乾彰夫／西村貴之／平塚眞樹／丸井妙子訳、大月書店

· 玄田有史 [2008]「格差問題に取り組むために必要なこと」『法律時報』2008 年 11 月号、所収

· 玄田有史 [2009]「データが語る日本の希望」東大社研・玄田有史・宇野重規編『希望学 1　希望を語る』東京大学出版会、所収

文献

・阿部彩 [2008]『子どもの貧困』岩波新書
・Ackerman, Bruce [2003] “Radical Liberalism,” in Dowding, K. De Wispelaere, J. and White, S. eds., *The Ethics of Stakeholding,* Basingstoke: Palgrave MacMillan.
・Ackerman, Bruce and Anne Alstott [1999] *The Stakeholder Society*, New Haven: Yale University Press.
・安芸裕久 [2007]「分散型エネルギーネットワークの研究の現状と将来像　住宅地を対象とした燃料電池と電気・熱・水素によるネットワーク」『産業と環境』2007 年 2 月号、所収
・Allenby, Braden R. and William E. Cooper [1994] “Understanding Industrial Ecology from a Biological System,” in *Environmental Quality Management*, Volume 3, Issue 3.
・Anderson, Chris [2009=2009] *Free: The Future of a Radical Price*, New York: Hyperion. クリス・アンダーソン『フリー　〈無料〉からお金を生み出す新戦略』小林弘人監訳・解説、高橋則明訳、ＮＨＫ出版
・浅羽通明 [1991]『天使の王国　「おたく」の倫理のために』JICC 出版局
・馬場義久 [2010a]「高福祉国家と消費税　スウェーデンからの教訓　第 4 章」『税務経理』2010 年 11 月 9 日号、所収
・馬場義久 [2010b]「高福祉国家と消費税　スウェーデンからの教訓　第 5 章」『税務経理』2010 年 11 月 26 日号、所収
・Barbera, Robert J. [2009=2009] *The Cost of Capitalism: Understanding Market Mayhem and Stabilizing Our Economic Future*, New York: McGraw-Hill. ロバート・Ｊ・バーバラ『資本主義のコスト』菊地正俊訳、洋泉社
・Benyus, Janine M. [1997=2006] *Biomimicry: Innovation Inspired by Nature*, New York: Morrow. ジャニン・ベニュス『自然と生体に学ぶバイオミミクリー』山本良一監訳、吉野美耶子訳、オーム社
・Blanden, J., P. Gregg and S. Machin [2005] “Intergeneration Mobility in Europe and North America,” in *Center for Economic Performance*, Apr.
・Bové, José (Auteur), François Dufour [2000=2001] *Le Monde n'est pas une marchandise : Entretiens avec Gilles Luneau*, France: La Découverte. ジョゼ・ボベ／フランソワ・デフュール『地球は売り物じゃない！ ジャンク・フードと闘う農民たち』新谷淳一訳、紀伊国屋書店
・Bremmer, Ian [2010=2011] *The End of the Free Market: Who Wins the War Beteen States and Corporations?*, Portfolio. イアン・ブレマー『自由市場の終焉　国家資本主義とどう闘うか』有賀裕子訳、日本経済新聞社
・Cunliffe, John and Gido Erreygers [2003] “Basic Income? Basic Capital! Origins and Issues of a Debate,” in *Journal of Political Philosophy,* 11(1).
・Cunliffe, John and Gido Erreygers eds. [2005] *The Origins of Universal Grants: Anthology of Historical Writings on Basic Capital and Basic Income*, Basingstoke: Palgrave Macmillan.
・Duru-Bellat, Marie [2006=2007] *L'inflation Scolaire: Les Désillusions de la Méritocratie*. マリー・ドュリュ＝ベラ『フランスの学歴インフレと格差社会　能力主義という幻想』林昌宏訳、明石書店

略記号

さ行

索引

[著者紹介]
橋本　努（はしもと つとむ）
1967年、東京中野生まれ。横浜国立大学経済学部卒業。
東京大学大学院総合文化研究科課程博士号取得。
現在、北海道大学大学院経済学研究科教授。
主な業績：『自由の論法—ポパー・ミーゼス・ハイエク』（創文社、1994年）、『社会科学の人間学—自由主義のプロジェクト』（勁草書房、1999年）、『帝国の条件—自由を育む秩序の原理』（弘文堂、2007年）、『自由に生きるとはどういうことか—戦後日本社会論』（筑摩書房、2007年）、『経済倫理=あなたは、なに主義？』（講談社、2008年）、『自由の社会学』（NTT出版、2010年）、編著に『マックス・ヴェーバーの新世紀』（共編、未來社、2000年）、『オーストリア学派の経済学—体系的序説』（共編、日本経済評論社、2003年）、『経済思想　第8巻　20世紀の経済学の諸潮流』（日本経済評論社、2006年）、『日本マックス・ウェーバー論争—「プロ倫」読解の現在』（共編、ナカニシヤ出版、2008年）、共著に『革命待望！—1968年がくれる未来』（芹沢一也監修、ポプラ社、2008年）、『1970年転換期の『展望』を読む—思想が現実だった頃』（筑摩書房、2010年）、翻訳にデボラ・A・レドマン『経済学と科学哲学』（文化書房博文社、1994年）、G・オドリスコル／M・リッツォ『時間と無知の経済学』（共訳、勁草書房、1999年）、R・メーソン『顕示的消費の経済学』（共訳、名古屋大学出版会、2000年）などがある。

ロスト近代——資本主義の新たな駆動因

平成24年5月30日　初版1刷発行

著　者　橋本　努
発行者　鯉渕友南
発行所　株式会社　弘文堂　101-0062 東京都千代田区神田駿河台1の7
TEL 03(3294)4801　振替 00120-6-53909
http://www.koubundou.co.jp

装　丁　笠井亞子
組　版　スタジオトラミーケ
印　刷　大盛印刷
製　本　牧製本印刷

©2012 Tsutomu Hashimoto. Printed in Japan

JCOPY ＜(社) 出版者著作権管理機構 委託出版物＞

本書の無断複写は著作権法上での例外を除き禁じられています。複写される場合は、そのつど事前に、(社)出版者著作権管理機構（電話 03-3513-6969、FAX 03-3513-6979、e-mail: info@jcopy.or.jp）の許諾を得てください。
また本書を代行業者等の第三者に依頼してスキャンやデジタル化することは、たとえ個人や家庭内の利用であっても一切認められておりません。

ISBN978-4-335-55152-9

帝国の条件

——自由を育む秩序の原理

橋本 努【著】

定価（本体**3500**円+税）

9.11以後に、もう一つの世界は可能か？

善き帝国の世界を構想する倫理的実践の試み

2001年9月11日のテロ事件、すなわちテロリストたちによるニューヨーク世界貿易センタービルの爆破が企てられたとき、私はニューヨークの自宅で朝食をとっていた。事件の約一年前から、私は客員研究員としてニューヨークに滞在していたのである。この事件を間近に経験した私は、その後約3ヶ月間つづいた炭疽菌事件の余波で、文字通り「テロられる」ことになってしまった。以来私は恐怖に怯えながらも、世界秩序の問題に関心を寄せてきた。テロ事件の直後はニューヨークから発言し、約一年後に帰国した後には、主として思想的な問題について考察をすすめてきた。本書は、その思想的な考察をまとめたものである。20世紀前半の二人の思想家に託して言えば、私はシモーヌ・ヴェイユのように現状を理論化し、エルンスト・ブロッホのように希望を語りたいと願っている。本書は、崖っぷちから紡ぎ出されている。漠たる生の危機感から、私はある種の不可能性に賭けている。（本書「はじめに」より）